utb 4559

Eine Arbeitsgemeinschaft der Verlage

Böhlau Verlag · Wien · Köln · Weimar
Verlag Barbara Budrich · Opladen · Toronto
facultas · Wien
Wilhelm Fink · Paderborn
A. Francke Verlag · Tübingen
Haupt Verlag · Bern
Verlag Julius Klinkhardt · Bad Heilbrunn
Mohr Siebeck · Tübingen
Nomos Verlagsgesellschaft · Baden-Baden
Ernst Reinhardt Verlag · München · Basel
Ferdinand Schöningh · Paderborn
Eugen Ulmer Verlag · Stuttgart
UVK Verlagsgesellschaft · Konstanz, mit UVK/Lucius · München
Vandenhoeck & Ruprecht · Göttingen · Bristol
Waxmann · Münster · New York

Florian Wilk

Erzählstrukturen im Neuen Testament

Methodik und Relevanz der Gliederung narrativer Texte

Mohr Siebeck

ISBN 978-3-8252-4559-7 (utb Band 4559)

Online-Angebote oder elektronische Ausgaben sind erhältlich unter www.utb-shop.de.

Die Deutsche Nationalbibliothek verzeichnet diese Publikation in der Deutschen National-
bibliographie; detaillierte bibliographische Daten sind im Internet über *http://dnb.dnb.de*
abrufbar.

Das Buch wurde von Pagina in Tübingen gesetzt und von Hubert & Co. in Göttingen auf
alterungsbeständiges Werkdruckpapier gedruckt und gebunden.

Vorwort

»Der Reihe nach« oder, wie es in der Lutherbibel heißt, »in guter Ordnung« (Lk 1,3) hat Lukas nach eigenem Bekunden aufgeschrieben, was er vom Lebensweg Jesu zu erzählen hatte. Die Auskunft des dritten Evangelisten hat mir seit den Anfängen meiner exegetischen Bemühungen zu denken gegeben: Welcher Art ist die genannte »Ordnung«, und wie lässt sie sich erfassen? Im Zuge fortgesetzter Beschäftigung mit dem Neuen Testament wurde mir deutlich, dass die Beantwortung der Frage nach dem Aufbau grundlegende Bedeutung für die Interpretation wohl jedes seiner Bücher und Texte hat. Ich bin dieser Frage daher viele Jahre hindurch wiederholt, für mich und im Dialog mit anderen, nachgegangen. Dabei zeigte sich, wie heikel sie ist – und dass sie für jede Textsorte gesondert bearbeitet werden muss. Besonders drängend erschien und erscheint sie mir im Hinblick auf die Erzählungen des Neuen Testaments zu sein. So bin ich froh, nun die lange geplante Studie zum Thema vorlegen zu können. Ich hoffe, sie ist geeignet, die gebotene Aufmerksamkeit für die Strukturen, die solche Texte aufweisen, zu erhöhen und die notwendige Klarheit bei ihrer Analyse zu fördern.

Dank sage ich allen, die die Entstehung der Arbeit gefördert haben: den theologischen Lehrerinnen und Lehrern, die mir allererst ans Herz gelegt haben, sorgfältig auf Textstrukturen zu achten; den Studentinnen und Studenten, die bereit waren, in meinen Lehrveranstaltungen mit mir über die Gliederung neutestamentlicher und in Sonderheit narrativer Texte nachzudenken und zu diskutieren; den Kolleginnen und Kollegen, die mich ermutigten, dieses Buch zu schreiben, und mir in Gesprächen wichtige Anregungen dafür gaben; dem Präsidium der Georg-August-Universität Göttingen, das mir durch Gewährung eines Forschungssemesters die Möglichkeit gab, meine Vorarbeiten in einem Manuskript zusammenzuführen; Herrn Henning Ziebritzki, der den langen Entstehungsprozess der Untersuchung freundlich und mit mancherlei sachdienlichen Hinweisen begleitet hat; und Frau Jana Trispel samt allen Mitarbeiterinnen und Mitarbeitern in Verlag und Setzerei, die den komplizierten Herstellungsprozess mit Geduld und Umsicht bewältigt haben.

Insbesondere aber danke ich all denen, die mich während meiner bisherigen Tätigkeit an der Theologischen Fakultät zu Göttingen als wissenschaftliche Mitarbeiterinnen oder Mitarbeiter sowie als wissenschaftliche oder studentische Hilfskräfte unterstützt haben: Dr. Birke Siggelkow-Berner, Ingo Vespermann, Dr. Martin Jagonak, Dr. Martina Janßen, Dr. Frank Schleritt, Wibke Winkler, Julian Bergau und Eduard Käfer sowie Tina Oehm, Sehun Kang, Markus Sauerwein, Prof. Dr. Jacob Wright, Johanna Löber (geb. Rudolph), Ina Jäckel (geb. Schmidt), Heike Rozek (geb. Fürch), Krystyna-Maria Redeker, Valentin Wendebourg, Martijn Wagner, Johanna Waldmann, Dr. Heidrun Gunkel, Swantje Morgenstern, Kristina Krehl (geb. Bode), Kristin Bogenschneider, Janine Müller, Christiane Reschke (geb. Korf), Konrad Otto, Charlotte Behr und Christina Bünger. Die Lern- und Arbeitsgemeinschaft mit ihnen war und ist mir lieb und teuer. Ihre Recherchen und Korrekturen, ihre Fragen und Gesprächsbeiträge, ihre Hilfsbereitschaft und Sorgfalt sind auch dem vorliegenden Buch teils direkt, teils indirekt zugutegekommen. Ihnen sei es daher gewidmet.

Göttingen, im Februar 2016 *Florian Wilk*

Inhaltsverzeichnis

1. Einleitung

1.1 Die Aufgabe

Wer erzählt, bringt anderen Menschen gegenüber zur Sprache, dass und wie sich ein bestimmtes Geschehen vollzogen hat. Das Erzählen gehört insofern »zu den Basisformen sozialer Kommunikation«[1] – und somit auch zu den Redeweisen, die für die Weitergabe der Christusbotschaft von Anfang an grundlegende Bedeutung hatten.[2] Demgemäß hat es das Neue Testament maßgeblich geprägt: Die Evangelien und die Apostelgeschichte bilden insgesamt narrative Texte,[3] und die Briefe enthalten ihrerseits viele erzählende Passagen[4].

In neuerer Zeit sind daher mit Recht sprach- und literaturwissenschaftliche Verfahren auf die Erzählungen des Neuen Testaments angewendet worden, um diese in ihrer textuellen Eigenart zu erfassen.[5] Dabei wird auch und gerade nach der Struktur oder – mit anderen Worten – dem Aufbau neutestamentlicher Erzählungen gefragt. Die Bestandteile eines Textes sind ja

nicht nur ineinander gehängt wie die Glieder einer Kette, sondern bilden ein mehr oder weniger kompliziertes Gefüge mit Überordnung und Unterordnung, sind zu einem Netz … von Beziehungen untereinander verknüpft, d.h., sie bilden eine *Struktur*. Durch diese Struktur erst wird aus Wörtern und Sätzen ein einheitliches Ganzes mit einer Gesamtbedeutung.[6]

---

[1] *Seidl*, Erzählung 1500.

[2] Vgl. erstens die in den synoptischen Evangelien verarbeiteten, kleinen Erzählungen von einzelnen Taten Jesu, deren oft hohes Alter die Analyse des Erzählstoffes (zumal im Anschluss an und in Auseinandersetzung mit *Bultmann*, Geschichte 223–346) erwiesen hat, zweitens zusammenfassende Darstellungen wie 1Kor 15,3–5, drittens Notizen wie Lk 24,35.

[3] Dies gilt unbeschadet der Möglichkeit, die Evangelien in formaler Hinsicht der Gattung des antiken Bios zuzuordnen (vgl. dazu *Aune*, New Testament 27–76) oder die Apostelgeschichte als »historische Monographie« (*Plümacher*, Apostelgeschichte) zu bezeichnen. Mit solchen Klassifizierungen wird spezifiziert, welche Art von Erzählung jeweils vorliegt, nicht bestritten, dass es sinnvoll ist, diese Schriften (wie viele ihrer Bausteine) generell als Erzählungen aufzufassen. Vgl. dazu die Präsentation diverser erzählender Gattungen im Rahmen der Epideiktik bei *Berger*, Formen 338–424.

[4] Sie betreffen vor allem in »Schrift« bezeugte Vorgänge sowie Erlebnisse der Autoren und/oder der Adressaten und können kurz (wie Hebr 6,15: »Und so erlangte er [sc. Abraham, vgl. V. 13], da er geduldig ausharrte, die Verheißung«), aber auch recht umfangreich (wie der autobiographische Rückblick Gal 1,13–2,21 [einschließlich der Rede 2,14c–21]) ausfallen.

[5] Vgl. dazu z.B. *Egger/Wick*, Methodenlehre 106–221, sowie die Artikel von Reed, Stamps und Pearson in *Porter*, Handbook 189–266. – Dass solch ein Zugang nicht verabsolutiert werden darf, versteht sich von selbst, wenn man die Texte des Neuen Testaments exegetisch (mit *Söding*, Schriftauslegung 97) »als literarische Zeugnisse geschichtlicher Glaubenserfahrung« wahrnimmt, also im Zusammenhang mit ihrer literarischen sowohl ihre geschichtliche als auch ihre kerygmatische Dimension berücksichtigt.

[6] *Stenger*, Methodenlehre 39.

Auf Erzählungen bezogen bedeutet das:

Ein narrativer Text … entsteht nicht schon dadurch, daß einzelne Episoden rein additiv hintereinander gereiht werden … Vielmehr müssen die im Nacheinander erzählten Ereignisse ›etwas miteinander zu tun haben‹, einen gemeinsamen roten Faden aufweisen, gewissermaßen in einer Syntax der Erzählung aufeinander bezogen, d. h. einander über- und untergeordnet sein, kurz: im Ganzen der Erzählung zu einer Struktur gefügt sein …[7]

Das wissenschaftliche Bemühen, die Strukturen neutestamentlicher Erzählungen zu ermitteln, ist deshalb sehr zu begrüßen. Das gilt umso mehr, als immer noch viele exegetische Untersuchungen zwei markante Lücken aufweisen. Die erste Lücke besteht darin, dass der Aufbau der jeweils behandelten Erzählung zwar beschrieben oder in einer Übersicht dargestellt, aber bei der Einzelinterpretation kaum berücksichtigt wird.[8] Wenn jedoch, wie festgestellt, die »Gesamtbedeutung« eines Textes auf seiner Struktur basiert, sollte diese im Zuge der Auslegung durchgehend Beachtung finden; und die genannte Übersicht müsste dann das Gesamtverständnis des betreffenden Textes widerspiegeln. Zweitens liegt eine Lücke dort vor, wo ein Aufbau skizziert wird, ohne dass man erfährt, aus welchen Beobachtungen und Urteilen die Skizze hervorgegangen ist.[9] Wenn aber die Beschreibung der Struktur eines Textes ein Spiegelbild der Auffassung seiner »Gesamtbedeutung« bildet, muss jene Beschreibung ebenso begründet werden wie die Auslegung selbst.

Die Pflicht, eine Übersicht zum Aufbau einer neutestamentlichen Erzählung zu legitimieren, erwächst im wissenschaftlichen Diskurs zudem bereits aus dem Sachverhalt, dass wohl für jeden derartigen Text verschiedene Strukturmodelle vorliegen, die teils erheblich voneinander abweichen und so in Konkurrenz zueinander stehen. Freilich lässt sich deren Vielfalt nicht einfach dadurch aufheben oder jedenfalls begrenzen, dass alle am Diskurs Beteiligten Rechenschaft ablegen, aus welchen Gründen sie jeweils eine bestimmte Ansicht zum Aufbau der betreffenden Erzählung vertreten. Die Forschungssituation ist gerade durch einen Dissens darüber geprägt, auf welche Weise sich die Ermittlung der Textstruktur zu vollziehen hat.

Uneinigkeit herrscht schon bei der grundlegenden Frage nach der Rangfolge von Synchronie und Diachronie. So legen etwa manche Kommentare zum Johannes-Evangelium nicht den textkritisch hergestellten, sondern einen literarkritisch bearbeiteten Wortlaut der Erzählung aus.[10] Doch selbst wenn man nicht

---

[7] *Stenger*, Methodenlehre 56 f.

[8] Das lässt sich bei großen Kommentaren (vgl. das ernüchternde Ergebnis einer diesbezüglichen Sichtung deutschsprachiger Kommentare zum Markus-Evangelium durch *Larson*, Structure 142) ebenso beobachten wie bei studentischen Seminararbeiten.

[9] Vgl. dazu das Resümee einer Prüfung einschlägiger Literatur zum Markus-Evangelium bei *Cook*, Structure 16: »Scholars apparently do not agree on the following principle: any outline or structure that is proposed needs to be argued for.«

[10] Etliche Umstellungen nahm *Bultmann*, Evangelium, vor (vgl. die Übersicht 6*–8*). Nach *Vielhauer*, Geschichte 421–423, »ist der Text« zumindest an vier Stellen (in Joh 14,31–18,1; 5–6; 7,1–24; 10,1–29) »in Unordnung und durch Umstellungen relativ leicht wieder in Ordnung zu bringen« (422). »Das Nebeneinander solcher Textunordnungen und glänzend disponierter Passagen« lasse »vermuten, daß der Verfasser selbst nicht mehr letzte Hand an sein Werk legen konnte und daß der Herausgeber es ohne Umstellungen publiziert hat.« (423) Ein ähnliches Urteil fällt *Wilckens*, Evangelium 5 f. 91 f., jedenfalls für Kap. 5–7. Radikaler verfährt

alle »Quellen- und Redaktionstheorien« schlicht für »unbegründbar[ ]« hält und das »im Kanon ... überlieferte Werk« *a priori* »als einen kohärenten ... Text inter- pretieren« will,[11] darf man doch wohl voraussetzen, »daß der letzte Redaktor das Werk als einheitlich ... angesehen hat«[12]. Dann aber gilt es, allererst dieses Werk auf seinen Aufbau hin zu untersuchen.[13]

Strittig ist ferner, mit welcher Methodik solch eine Untersuchung durchgeführt werden soll. Einige betrachten die Struktur als »the architectural end-product« des Prozesses, in dem ein Erzähler oder eine Erzählerin einen »plot« geschaffen, also diverse Ereignisse »into a coherent narrative whole« arrangiert habe;[14] sie ermitteln die Struktur deshalb im Rahmen einer narrativen Analyse[15]. Anderen gilt die Struktur eines Textes ebenso als Aspekt seiner sprachlichen Form wie Wortwahl, Stil oder Syntax;[16] sie bedienen sich deshalb linguistischer Verfahren, zumal einer Kombination aus syntaktischer und semantischer Analyse, um seinen Aufbau zu beschreiben[17]. Dieser Disput ergibt sich nicht zuletzt aus dem Um- stand, dass die Erzählungen des Neuen Testaments aufgrund ihres Alters und ihres stark divergierenden Umfangs nicht einfach den üblichen Gegenständen der Textlinguistik oder denen der Literaturwissenschaft zuzuordnen sind; er lässt sich daher auch nicht einfach so oder so entscheiden. Dann aber bleibt zu prüfen, inwieweit die Ergebnisse verschiedener Analyseverfahren miteinander kompatibel und in welcher Weise sie ggf. in eine Beschreibung des Textaufbaus zu integrieren sind.

---

dann wieder *Siegert*, Evangelium, der den »verworrenen Zustand« (18) des Textes behebt, um den ursprünglichen »Erzählentwurf[ ] des Evangelisten« (38) wiederherzustellen.

[11] So *Thyen*, Johannesevangelium 4.

[12] *Broer*, Einleitung 188 f.

[13] Dass auch etwaige Quellen der Evangelien auf ihre Struktur hin untersucht werden, ist da- mit nicht ausgeschlossen; vgl. etwa die Überlegungen zum Aufbau der Logienquelle bei *Ebner*, Spruchquelle 85–90; *Theißen*, Entstehung 60 f. (deren Grundannahme, dass Lukas die Reihen- folge der Q-Stoffe im Wesentlichen bewahrt habe, aber sehr hypothetisch ist) oder die Aus- legung des vorjohanneischen Passionsberichts bei *Schleritt*, Passionsbericht 543–584.

[14] Vgl. *Stibbe*, John 26.

[15] Vgl. dazu *Stamps*, Criticism 230: »Narrative structure is the pattern of the narrative ele- ments ... of the story. In particular, structure relates to the order of the events. Events may be ordered chronologically or topically, by using prediction or foreshadowing or flashback. Structural patterns include devices like repetition, chiasm, contrast or comparison, and summa- ry, which are used to organize and develop the story and shape the discourse. In addition, the duration and frequency of the events are part of the structure ...«

[16] Vgl. *Söding*, Wege 128. – Dementsprechend fehlt in diversen narratologischen Studien zu den neutestamentlichen Evangelien ein Abschnitt zur Struktur oder zum Aufbau dieser Erzäh- lungen; vgl. etwa *Rhoads/Dewey/Michie*, Mark, oder *Culpepper*, Anatomy (der Passus »Plot Development in John« [89–97] folgt weitgehend der tradierten Kapiteleinteilung).

[17] Nach *Ebner/Heininger*, Exegese 98, umfasst »die linguistische Analyse des Textes« mit Blick auf die »Erarbeitung seines Aufbaus« drei »Arbeitsschritte ...: • Abgrenzung der Text- einheit durch Aufspüren von Texttrennern wie Zeit- und Ortsangaben, Auftreten neuer Per- sonen, Wechsel von Erzählung und direkter Rede; • syntaktische Analyse: Untersuchung von Wortarten und Wortformen, der Verknüpfung von Wörtern und Sätzen, das Aufspüren von Stilmerkmalen (*inclusio*, Ironie, parallelismus membrorum, ›sandwiching‹); • semantische Ana- lyse: Erstellen eines semantischen Inventars durch Wortfeldanalyse (Herausarbeiten von Sinn- linien/Isotopien); Aufdecken von semantischen Oppositionen.«

Im Übrigen herrscht oftmals Uneinigkeit, welchen (narrativen oder sprachlichen) Gesichtspunkten entscheidendes Gewicht bei der Strukturanalyse eines konkreten Textes zugemessen werden kann.[18] Die Forschungslage zur Struktur neutestamentlicher Erzählungen ist also von disparaten methodischen Ansätzen und Verfahrensweisen geprägt. Es gilt deshalb zu klären, anhand welcher Kriterien über die Sachgemäßheit solcher Ansätze entschieden werden kann und welche analytischen Mittel dann zur Ermittlung des Aufbaus solch einer Erzählung eingesetzt werden sollen. Der Bearbeitung dieser Aufgabe ist das vorliegende Buch gewidmet.

1.2 Grundlagen und Vorgehensweise

Das Fundament der Untersuchung bildet ein Ensemble aus sieben Grundüberzeugungen. Sie lauten:

1. Jede neutestamentliche Erzählung ist auf die eine oder andere Weise strukturiert.
2. Diese Struktur ist – wie bei anderen Texten auch – an der Textoberfläche anhand bestimmter Textmerkmale zu erkennen.[19]
3. Textmerkmale, die die Struktur einer Erzählung anzeigen, sind für die Textsorte »Erzählung« charakteristisch.[20]
4. Die Identifizierung und Gewichtung solcher Textmerkmale obliegt denen, die die Erzählung lesen und auslegen; es ist, mit anderen Worten, die Aufgabe des Interpreten und der Interpretin, die Erzählung zu *gliedern*.

   Gliederung meint hier und im Folgenden demnach entweder den analytischen Vorgang, der sich bei der Textlektüre vollzieht, oder dessen Ergebnis. Solch ein Vorgang führt insofern über eine *Segmentierung* hinaus, als er die dazu benannten Textmerkmale in eine hierarchische Ordnung bringt.[21]

5. Keine Gliederung kann für sich den Anspruch erheben, gleichsam objektiv die Struktur einer Erzählung abzubilden; solche Objektivität ist für niemanden, die oder der Texte auslegt, erreichbar.
6. Gerade deshalb muss jede Gliederung im wissenschaftlichen Diskurs plausibilisiert werden; dabei ist eine Gliederung dann plausibel (bzw. plausibler als andere Gliederungsentwürfe), wenn sie die für die Struktur relevanten Textmerkmale möglichst umfassend (bzw. in höherem Maße als andere Glie-

---

[18] So gibt es in der Markus-Forschung keinen Konsens »as to whether a governing principle can be applied to the text in order to suggest definitive breaks« (*Larson*, Structure 155).

[19] Vgl. *Gülich/Raible*, Überlegungen 74.

[20] Die Struktur nicht-narrativer Texte des Neuen Testaments – wie Reden und Briefe – ist daher nach ihrerseits der jeweiligen Textsorte entsprechenden Gesichtspunkten zu ermitteln. Dass manche Aspekte für mehrere oder alle Textsorten relevant sind, bleibt unbenommen.

[21] Anders *Stein*, Textgliederung 17, der das »Gliedern« als »prozessuale Tätigkeit des Produzenten einer Äußerung – *im Prozess* der … Textproduktion« vom »Segmentieren« als »Analysetätigkeit … – *im Nachhinein* auf Äußerungen angewandt« unterscheidet.

derungsentwürfe) berücksichtigt[22] und der Eigenart der jeweiligen Erzählung gemäß gewichtet.

7. Die Plausibilität einer Gliederung zeigt sich überdies daran, dass sie den Gesamtzusammenhang und die Intention der Erzählung zu verstehen hilft.

Auf dieser Basis soll im Folgenden zunächst (in Kapitel 2) eine Methodik zur Gliederung neutestamentlicher Erzählungen im Kontext der einschlägigen Forschungsdiskussion entwickelt werden. Anschließend gilt es, diese Methodik (in Kapitel 3) mittels Anwendung auf mehrere, unterschiedlich geartete und unterschiedlich lange Textbeispiele zu bewähren. In einer Schlussbetrachtung (Kapitel 4) ist zu erheben, welche Folgerungen für den Einsatz der Methodik aus der exemplarischen Anwendung zu ziehen sind.

1.3   Technische Hinweise

Abkürzungen einzelner Wörter folgen den Angaben im Duden, Band 1.

Die Abkürzungen biblischer Bücher und antiker Schriften entsprechen dem Verzeichnis im Exegetischen Wörterbuch zum Neuen Testament.[23]

Bei der Angabe neutestamentlicher Stellen folgt die Einteilung einzelner Verse in erster Linie den Satzzeichen im »Novum Testamentum Graece«, ohne Unterschied zwischen Klammer, Komma, Kolon oder Punkt; die betreffenden Teilverse werden fortlaufend mit kleinen, ohne Zwischenraum an die Versziffer angefügten lateinischen Lettern benannt. Sind weitere Einteilungen erforderlich, erfolgen diese entweder – wenn zuvor in Textübersichten eindeutig zugeordnet – durch Ergänzung kleiner griechischer Buchstaben[24] oder durch Hinzufügung der Angaben »$_{init.}$«, »$_{md.}$« und »$_{fin.}$«; in letzterem Fall wird der übrige Teilvers bei Bedarf durch das zusätzliche Sigel * gekennzeichnet. Die mit einem verminderten Zwischenraum an eine Ziffer angeschlossene Angabe »f.« verweist auf den folgenden Vers oder das folgende Kapitel.

In den Anmerkungen wird die benutzte Literatur mit Autorname und Kurztitel benannt.

---

[22] *Mlakuzhyil*, Structure 87, spricht treffend von der Notwendigkeit, »to discover as many different types of criteria as possible«, unterlässt es aber, die Kompatibilität der verschiedenen Kriterien zu prüfen, und verfolgt dann doch das Ziel, »to detect the structure *objectively*« (Kursivierung F. W.).

[23] Vgl. *Balz/Schneider*, EWNT I, XII–XIX.

[24] Siehe z. B. u. 3.1.

2. Klärung der Methodik anhand des Gleichnisses vom verlorenen Sohn (Lk 15,11b–32)

2.1 Einführung

Im Sinne neuerer Erzähltheorien lässt sich eine schriftlich vorliegende Erzählung als *Text* definieren, durch den eine Erzählerin oder ein Erzähler mit bestimmten Adressaten im *Erzählvorgang* so kommuniziert, dass ein aus diversen, aufeinander folgenden Ereignissen bestehendes *Geschehen* zur Darstellung kommt.[1] Demgemäß können Erzählungen generell auf den drei Ebenen des Erzählvorgangs, des dargestellten Geschehens und des Textes auf ihre jeweilige Eigenart hin untersucht werden.[2]

Für die Gliederung einer Erzählung ist naturgemäß die Analyse auf der Textebene entscheidend. Allerdings muss eine derartige Textanalyse die geschilderten Ereignisse[3] und die mittels der Erzählung vollzogene Kommunikation insoweit berücksichtigen, als sie sich im Text selbst widerspiegeln. Andererseits zeitigt nicht jeder auf der Textebene denkbare Untersuchungsschritt Ergebnisse, die zu einer Gliederung beitragen. Hilfreich dürften diejenigen Verfahren sein, die das Gesamtgefüge einer Erzählung hinsichtlich seines inhaltlichen Zusammenhangs oder seines gestalterischen Zusammenhalts in den Blick nehmen, die also darauf angelegt sind, überblicksweise zu klären, »was« und »wie« erzählt wird[4].

Beide Leitfragen sind der Klarheit halber zu differenzieren: In Bezug auf den *Inhalt* gilt es zu erheben,

a) wovon die Erzählung handelt und
b) welche Welt sie dabei aufbaut;

in Bezug auf ihre äußere *Gestalt* muss man ermitteln,

c) in welcher Weise sie dargeboten wird und
d) welche sprachlichen Mittel dabei eingesetzt werden.

Es geht also darum, eine Erzählung in der Ausrichtung einerseits auf (a) ihr Thema und (b) ihr narratives Inventar, andererseits auf (c) den sie prägenden Erzählstil und (d) ihre Sprache zu gliedern.

---

[1] Vgl. *Ebner/Heininger*, Exegese 67 f. (die von *Text*, *Narration* und *Story* sprechen).

[2] Dass dieser an *Genette*, Erzählung *passim*, orientierte Zugang sich »besonders gut« eignet »für Analysen ›historischer Erzählungen‹ …, die an eine Geschichte erinnern, die sich ereignet hat«, betont treffend *Zumstein*, Analysen 14.

[3] Ob diese als reale Ereignisse vorausgesetzt oder als fiktionale Ereignisse erdacht werden, spielt für die Analyse des Textaufbaus keine Rolle.

[4] Zu dieser grundlegenden Unterscheidung vgl. *Schunack*, Interpretationsverfahren 42.

In einem Schema lassen sich diese analytischen Zugänge wie folgt darstellen:

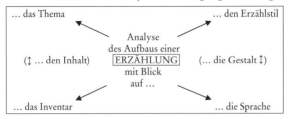

Im Folgenden sollen die den genannten vier Aspekten entsprechenden Analyseverfahren der Reihe nach vorgestellt, auf ihre Sachgemäßheit geprüft und hinsichtlich ihrer Stärken und Schwächen ausgewertet werden. Dazu werden sie exemplarisch auf einen Text angewendet, der bekannt und übersichtlich ist, zugleich aber – wie die Auslegungsgeschichte zeigt – interpretatorische Fragen aufgibt und daher eine eingehende Untersuchung lohnt: das Gleichnis vom verlorenen Sohn (Lk 15,11b–32). Anschließend sind die Ergebnisse der Analysen miteinander zu vergleichen, um auf dieser Basis ein geeignetes Verfahren zur Gliederung neutestamentlicher Erzählungen zu entwickeln.

Damit die weiteren Ausführungen leichter nachzuvollziehen sind, sei die Erzählung aus Lk 15 nachstehend synoptisch in ihrem griechischen Wortlaut[5] und einer möglichst wortgetreuen deutschen Übersetzung[6] dargeboten.

---

[5] Zwei wichtige, in der Literatur immer wieder diskutierte Textvarianten sind verzeichnet; ich sehe allerdings keinen triftigen Grund, von den textkritischen Entscheidungen des Herausgeberkreises der 28. Auflage des Novum Testamentum Graece abzuweichen.

[6] Vom deutschen Sprachgebrauch her notwendige Ergänzungen stehen in runden Klammern.

Lk 15,11b–32: griechischer Text (NT Graece²⁸)

11 …· ἄνθρωπός τις εἶχεν δύο υἱούς.
12 καὶ εἶπεν ὁ νεώτερος αὐτῶν τῷ πατρί·
πάτερ, δός μοι τὸ ἐπιβάλλον μέρος τῆς οὐσίας.
ὁ δὲ διεῖλεν αὐτοῖς τὸν βίον.
13 καὶ μετ' οὐ πολλὰς ἡμέρας συναγαγὼν πάντα
ὁ νεώτερος υἱὸς ἀπεδήμησεν εἰς χώραν μακρὰν
καὶ ἐκεῖ διεσκόρπισεν τὴν οὐσίαν αὐτοῦ ζῶν ἀσώτως.
14 δαπανήσαντος δὲ αὐτοῦ πάντα
ἐγένετο λιμὸς ἰσχυρὰ κατὰ τὴν χώραν ἐκείνην, καὶ αὐτὸς ἤρξατο ὑστερεῖσθαι.
15 καὶ πορευθεὶς ἐκολλήθη ἑνὶ τῶν πολιτῶν τῆς χώρας ἐκείνης,
καὶ ἔπεμψεν αὐτὸν εἰς τοὺς ἀγροὺς αὐτοῦ βόσκειν χοίρους,
16 καὶ ἐπεθύμει χορτασθῆναιᵃ ἐκ τῶν κερατίων ὧν ἤσθιον οἱ χοῖροι,
καὶ οὐδεὶς ἐδίδου αὐτῷ.
17 εἰς ἑαυτὸν δὲ ἐλθὼν ἔφη· πόσοι μίσθιοι τοῦ πατρός μου
περισσεύονται ἄρτων, ἐγὼ δὲ λιμῷ ὧδε ἀπόλλυμαι.
18 ἀναστὰς πορεύσομαι πρὸς τὸν πατέρα μου καὶ ἐρῶ αὐτῷ·
πάτερ, ἥμαρτον εἰς τὸν οὐρανὸν καὶ ἐνώπιόν σου,
19 οὐκέτι εἰμὶ ἄξιος κληθῆναι υἱός σου·
ποίησόν με ὡς ἕνα τῶν μισθίων σου.
20 καὶ ἀναστὰς ἦλθεν πρὸς τὸν πατέρα ἑαυτοῦ.
Ἔτι δὲ αὐτοῦ μακρὰν ἀπέχοντος εἶδεν αὐτὸν ὁ πατὴρ αὐτοῦ καὶ ἐσπλαγχνίσθη
καὶ δραμὼν ἐπέπεσεν ἐπὶ τὸν τράχηλον αὐτοῦ καὶ κατεφίλησεν αὐτόν.
21 εἶπεν δὲ ὁ υἱὸς αὐτῷ· πάτερ, ἥμαρτον εἰς τὸν οὐρανὸν καὶ ἐνώπιόν σου,
οὐκέτι εἰμὶ ἄξιος κληθῆναι υἱός σου.
22 εἶπεν δὲ ὁ πατὴρ πρὸς τοὺς δούλους αὐτοῦ·
ταχὺ ἐξενέγκατε στολὴν τὴν πρώτην καὶ ἐνδύσατε αὐτόν,
καὶ δότε δακτύλιον εἰς τὴν χεῖρα αὐτοῦ καὶ ὑποδήματα εἰς τοὺς πόδας,
23 καὶ φέρετε τὸν μόσχον τὸν σιτευτόν, θύσατε, καὶ φαγόντες εὐφρανθῶμεν,
24 ὅτι οὗτος ὁ υἱός μου νεκρὸς ἦν καὶ ἀνέζησεν,
ἦν ἀπολωλὼς καὶ εὑρέθη.
καὶ ἤρξαντο εὐφραίνεσθαι.
25 Ἦν δὲ ὁ υἱὸς αὐτοῦ ὁ πρεσβύτερος ἐν ἀγρῷ·
καὶ ὡς ἐρχόμενος ἤγγισεν τῇ οἰκίᾳ, ἤκουσεν συμφωνίας καὶ χορῶν,
26 καὶ προσκαλεσάμενος ἕνα τῶν παίδων ἐπυνθάνετο τί ἂν εἴη ταῦτα.
27 ὁ δὲ εἶπεν αὐτῷ ὅτι ὁ ἀδελφός σου ἥκει,
καὶ ἔθυσεν ὁ πατήρ σου τὸν μόσχον τὸν σιτευτόν, ὅτι ὑγιαίνοντα αὐτὸν ἀπέλαβεν.
28 ὠργίσθη δὲ καὶ οὐκ ἤθελεν εἰσελθεῖν,
ὁ δὲ πατὴρ αὐτοῦ ἐξελθὼν παρεκάλει αὐτόν.
29 ὁ δὲ ἀποκριθεὶς εἶπεν τῷ πατρὶ αὐτοῦᵇ·
ἰδοὺ τοσαῦτα ἔτη δουλεύω σοι καὶ οὐδέποτε ἐντολήν σου παρῆλθον,
καὶ ἐμοὶ οὐδέποτε ἔδωκας ἔριφον ἵνα μετὰ τῶν φίλων μου εὐφρανθῶ·
30 ὅτε δὲ ὁ υἱός σου οὗτος ὁ καταφαγών σου τὸν βίον μετὰ πορνῶν ἦλθεν,
ἔθυσας αὐτῷ τὸν σιτευτὸν μόσχον.
31 ὁ δὲ εἶπεν αὐτῷ· τέκνον, σὺ πάντοτε μετ' ἐμοῦ εἶ, καὶ πάντα τὰ ἐμὰ σά ἐστιν·
32 εὐφρανθῆναι δὲ καὶ χαρῆναι ἔδει, ὅτι ὁ ἀδελφός σου οὗτος
νεκρὸς ἦν καὶ ἔζησεν, καὶ ἀπολωλὼς καὶ εὑρέθη.

ᵃ A K N P Q u. v. a. Hss. lesen: γεμίσαι τὴν κοιλίαν αὐτοῦ.
ᵇ Fehlt in ℵ K LW u. v. a. Hss.

Lk 15,11b–32: deutscher Text (eigene Übersetzung)

11 …: Ein Mensch hatte zwei Söhne.

12 Und der jüngere von ihnen sagte dem Vater:
»Vater, gib mir den (mir) zustehenden Teil des Gutes.«
Er aber teilte ihnen das Eigentum zu.

13 Und nach wenigen Tagen, als er alles zusammengeholt hatte,
zog der jüngere Sohn fort in ein fernes Land,
und dort vergeudete er sein Gut mit heilloser Lebensweise.

14 Nachdem er aber alles ausgegeben hatte,
kam eine schwere Hungersnot über jenes Land, und er begann zu darben.

15 Und er ging hin und unterstellte sich einem der Bürger jenes Landes,
und der schickte ihn auf seine Felder zum Schweinehüten.

16 Und er gierte danach, ᵃsatt zu werdenᵃ von den Schoten, die die Schweine fraßen,
und niemand gab ihm (zu essen).

17 Er aber ging in sich und sagte: »Wie viele Tagelöhner meines Vaters
haben Brot im Überfluss, doch ich komme hier vor Hunger um.

18 Ich will mich aufmachen, zu meinem Vater gehen und ihm sagen:
›Vater, ich habe gesündigt gegen den Himmel und vor dir,

19 ich bin es nicht mehr wert, dein Sohn genannt zu werden;
mache mich wie einen deiner Tagelöhner.‹«

20 Und er machte sich auf und ging zu seinem eigenen Vater.
Als er aber noch fern war, sah ihn sein Vater und wurde von Mitleid ergriffen,
lief (hin) und fiel ihm um den Hals und küsste ihn.

21 Der Sohn aber sagte ihm: »Vater, ich habe gesündigt gegen den Himmel und vor dir,
ich bin es nicht mehr wert, dein Sohn genannt zu werden.«

22 Aber der Vater sagte zu seinen Dienern:
»Schnell, holt das beste Gewand heraus und kleidet ihn ein,
und gebt (ihm) einen Ring an seine Hand und Schuhe an die Füße,

23 und holt das Mastkalb, schlachtet es, und lasst uns essen und feiern;

24 denn dieser mein Sohn war tot und ist wieder lebendig geworden,
er war verloren und ist gefunden worden.«
Und sie begannen zu feiern.

25 Sein älterer Sohn aber war auf dem Feld;
und als er (heim)kam und sich dem Haus näherte, hörte er Musik und Tanz;

26 und er rief einen der Burschen herbei und erkundigte sich, was dies sei.

27 Der aber sagte ihm: »Dein Bruder ist gekommen,
und dein Vater hat das Mastkalb geschlachtet, weil er ihn gesund zurückerhalten hat.«

28 Er aber wurde zornig und wollte nicht hineingehen.
Doch sein Vater kam heraus und redete ihm zu.

29 Er aber antwortete und sagte seinemᵇ Vater:
»Siehe, so viele Jahre diene ich dir, und niemals habe ich dein Gebot übertreten –
und mir hast du niemals eine Ziege gegeben, auf dass ich mit meinen Freunden feiere;

30 als aber dein Sohn da, der dein Eigentum mit Huren aufgezehrt hat, kam,
hast du für ihn das Mastkalb geschlachtet.«

31 Er aber sagte ihm: »Kind, du bist allezeit bei mir, und alles was mein ist, ist dein;

32 (jetzt) aber war es nötig, zu feiern und fröhlich zu sein, denn dein Bruder da
war tot und ist lebendig geworden, und (er war) verloren und ist gefunden worden.«

ᵃ⁻ᵃ Nach A K N P Q u. v. a. Hss.: seinen Bauch zu füllen.
ᵇ Nach ℵ K LW u. v. a. Hss.: dem.

2.2 Themaorientierte Analyse

Als »Kern des Textinhalts« umfasst das Thema »den Grund- oder Leitgedanken« eines Textes; jener Textinhalt ist also »das Resultat der Entfaltung«, d. h. der »gedankliche[n] Ausführung des Themas«.[7] Sofern es nicht »in einem Textsegment realisiert« ist, muss es »aus dem Textinhalt abstrahiert werden«.[8] Hat man es erhoben, kann man von ihm aus die Textstruktur beschreiben.

Ein ebenso einleuchtendes wie praktikables Verfahren für die thematisch orientierte Analyse des Aufbaus literarischer Werke hat bereits Friedrich Schleiermacher in seinem Kolleg »Hermeneutik und Kritik« entwickelt. Wie er zeigt, lässt sich die »Eigentümlichkeit in der Komposition« aus der »Einheit des Ganzen« – die als »innere Einheit« mit dem »Thema eines Werkes« identisch ist – ableiten.[9] Das Thema »zu finden« sei daher die »[e]rste Aufgabe« des Interpreten. Dafür dürfe man sich nicht auf eine ggf. vorhandene »Angabe des Verfassers zu Anfang oder zu Ende« verlassen.[10] Vielmehr bedürfe es einer gesonderten Untersuchung; und diese sollte sich wie folgt vollziehen:

»1. Man vergleiche die entgegengesetzten Punkte Anfang und Ende. [Anm. Die erste Übersicht fängt also so elementarisch an als möglich]. Fortschreitendes Verhältnis = Charakter der historischen und rhetorischen Komposition. Gleichheits-Verhältnis = Char[akter] der intuitiven Komposition. Zyklisches Verhältnis = Char[akter] der dialektischen Kompos[ition]. ... *Kautelen.* 1.) Man unterscheide wohl, was an beiden Punkten auf den Zweck sich bezieht, und was auf die Idee. 2.) Man unterscheide wohl den rechten Anfang und das rechte Ende. a) Der Anfang des Ganzen ist zugleich Anfang seines ersten, das Ende des Ganzen zugleich Ende seines letzten Gliedes. ... b) Man unterscheide ja die Grenzen des Ganzen. ...

2. Wenn Anfang und Ende nichts oder nicht genug für die Einheit geben, so vergleiche man die akzentuierten Stellen. Die gleich akzentuierten müssen zur Idee im gleichen Verhältnis stehen und daher diese daraus hervorgehen. ...

3. Man geht nun weiter ins Einzelne ..., um den Akzent zu verfolgen ... – Je genauer nun das Abnehmen des Akzents übereinstimmt mit der Entfernung von der vorausgesetzten Idee, desto mehr bestätigt sich die Voraussetzung.«[11]

Dieses Verfahren eignet sich in der Tat dazu, das Thema einer Erzählung zu erfassen und von dort her einen Überblick über ihren Aufbau zu gewinnen. Es weist allerdings auch gewisse Unschärfen auf. Seine Vorzüge und seine Grenzen werden bei der Anwendung auf Lk 15,11b–32 gleichermaßen deutlich.

Vergleicht man zunächst *Anfang und Ende*, so fällt unmittelbar auf, dass am Ende ein Pendant zum ersten, vom Erzähler gesprochenen Satz Lk 15,11b: »Ein Mensch hatte zwei Söhne«, fehlt. Die Erzählung schließt stattdessen mit einer an den älteren Sohn (V. 25a) gerichteten Äußerung des Vaters (15,31 f.).

---

[7] Vgl. *Brinker*, Textstrukturanalyse 169 f.
[8] Vgl. *Brinker*, Textstrukturanalyse 169.
[9] Vgl. *Schleiermacher*, Hermeneutik 175. Nach *Ricœur*, Poetik 103, führt gerade die Konfiguration eines Handlungsablaufs »in die Erzählung ein Prinzip der Abschließung« ein, »das es uns ermöglicht, das erzählerische Ganze auf der Grundlage des Endes zu begreifen«.
[10] Vgl. ebd.: »Viele Schriften geben etwas dem eigentlichen Thema weit Untergeordnetes als Gegenstand an. Auch wird weit öfter der Zweck dargestellt als die Idee.«
[11] *Schleiermacher*, Hermeneutik 175 f.

Dieser Mangel deutet vor allem den *Zweck* der Erzählung an. Sie richtet sich ja – als zweiter Teil einer Rede Jesu[12] – an »Pharisäer und Schriftgelehrte«, die gegen seine Hinwendung zu und Tischgemeinschaft mit »allen Zöllnern und Sündern« protestieren (Lk 15,1 f.). Sie, die Adressaten, sehen sich infolge des offenen Schlusses gleichsam selbst vom Vater angeredet[13] – und somit implizit aufgefordert, ihre Kritik am Verhalten Jesu zu überdenken. Gleichwohl ist jene Diskrepanz auch für die Suche nach dem *Thema* der Erzählung von Belang.

In seinem Schlussvotum reagiert der Vater (Lk 15,28b) auf den Widerspruch seines älteren Sohnes (15,29 f.). Dabei vergewissert er ihn als »Kind« ihrer wechselseitigen Gemeinschaft (V. 31), um ihm daraufhin die Notwendigkeit des laufenden Festes zu erläutern (V. 32a); sie ergebe sich aus der Tatsache, dass sein »Bruder« ins Leben zurückgekehrt sei (V. 32b–c). Der Vater verknüpft also den Status des Kindes (das der Ältere für den Vater ist) mit dem des Bruders (das ist er dem jüngeren Sohn) – und sucht so den älteren Sohn in die familiäre Verbundenheit aller drei Personen hineinzuziehen. Angesichts eines solchen Schlusses taugt aber V. 11b alleine nicht als »rechter Anfang« des Ganzen.[14] Dieser umfasst vielmehr 15,11b–12; denn erst V. 12 benennt mit der vom jüngeren Sohn geforderten, vom Vater daraufhin vollzogenen Erbteilung[15] die Voraussetzung für das Zerwürfnis, dessen vollständige Heilung der Vater am Ende herbeiführen möchte. Das auf den Protest des Älteren antwortende Schlusswort des Vaters greift demnach seine auf Wunsch des Jüngeren vollzogene Erbteilung auf, sodass – mit Schleiermacher zu sprechen – ein »fortschreitendes Verhältnis« von Anfang und Ende und damit eine Art »historischer Komposition« vorliegt. Deren Thema ist dann die freudvolle Wiederherstellung der Gemeinschaft zwischen dem Vater und seinen beiden Söhnen; und dabei besteht die Pointe darin, dass jene Wiederherstellung zwar durch das Verhalten des Jüngeren notwendig geworden, schließlich jedoch seitens des Älteren zu vervollständigen ist.

Es besteht also durchaus Anlass, die traditionelle Überschrift »Das Gleichnis vom verlorenen Sohn« zu verändern; diese bildet den elementaren Sachverhalt, dass eine »Dreiecksgeschichte« vorliegt, nicht ab.[16] Freilich sollte man dann nicht von »den verlorenen Söhnen« sprechen. Es werden ja gerade nicht einfach »zwei Typen einander gegenübergestellt«[17]. Vielmehr macht schon der Kontrast von Anfang und Ende deutlich, dass es dem Erzähler um die Reaktion des älteren auf das Geschick des jüngeren Sohnes geht.

Fragt man nun weiter nach *den akzentuierten Stellen*, so gilt es Stellen aufzuspüren, die für den Fortschritt der Erzählung im Zeichen des Themas maßgeblich sind. Da sie von der Wiederherstellung einer familiären Gemeinschaft handelt,

---

[12] Vgl. die beiden Rede-Einleitungen in Lk 15,3a.11a.

[13] Vgl. *Klein*, Lukasevangelium 534.

[14] Gegen *Scott*, Son 50, der den Abschluss der Geschichte als Ausdruck eines Verhältnisses zwischen Vater und Söhnen auffasst, welches dem in Lk 15,11b implizierten entspreche.

[15] Vgl. dazu *Eichholz*, Gleichnisse 204: »Teilt der Vater sein Vermögen unter die beiden Söhne, so verliert der abgefundene jüngere Sohn jeden weiteren Anspruch, während der ältere … auf dem Hof bleibt, ohne schon das Verfügungsrecht zu haben.«

[16] Vgl. *Osborne*, Jesuserzählung 172; er bevorzugt den Titel »Das Gleichnis vom barmherzigen Vater und seinen zwei Söhnen«. Das ist jedenfalls treffender als die zu einseitige Bezeichnung »das Gleichnis von der Liebe des Vaters« (so *Jeremias*, Gleichnisse 128).

[17] So *Bultmann*, Geschichte 212.

kommen dafür solche Stellen in Betracht, die Veränderungen in den Beziehungen zwischen den beteiligten Personen signalisieren. Dies geschieht zum ersten Mal mit *Lk 15,13*: Nach der vom Vater durchgeführten Erbteilung (V. 12d) zog der jüngere Sohn mit seinem Anteil in ein fernes Land, wo er all sein Gut verprasste. Die folgenden Verse (15,14–16) schildern, wie er danach immer tiefer ins Elend geriet.[18] Die zweite deutliche Zäsur ist mit *V. 17* gegeben: Angesichts seiner Not ging der Sohn in sich und gedachte seines Vaters. In 15,18–20a wird erzählt, dass er sich daraufhin entschloss, in der Stellung eines Tagelöhners zu seinem Vater zurückzukehren. *V. 20b* markiert den nächsten Einschnitt: Noch bevor der Sohn das Vaterhaus erreichte, sah ihn sein Vater, wurde von Mitleid ergriffen und begrüßte ihn herzlich. Bis ans Ende von V. 24 reicht dann die Darstellung der freudigen, in ein Freudenfest einmündenden Aufnahme des reuigen Sohnes durch den Vater. Erneut vorangetrieben wird die Geschichte mit *V. 25*: Der ältere Sohn kam vom Feld, näherte sich dem Haus und hörte, dass dort gefeiert wurde. In 15,26–28a folgt die Darstellung seiner in zwei Stufen vollzogenen, in zornigem Fernbleiben gipfelnden Reaktion auf das Fest. Schließlich leitet *V. 28b* den letzten Abschnitt ein; die Notiz, dass der Vater herauskam und dem älteren Sohn zuredete, führt zur Wiedergabe eines Wortwechsels zwischen beiden (15,29–32), mit der das Ganze endet. Somit weist der Text insgesamt fünf markante Stellen auf, an denen jeweils von einer – und sei es innerlichen – Bewegung gesprochen wird, die die Beziehungsgeschichte zwischen dem Vater und seinen beiden Söhnen weiterführt.

Diese Akzente sind allerdings *unterschiedlich stark*. Vergleichbar sind zum einen Lk 15,13 und V. 25; beide Stellen lenken das Augenmerk darauf, dass je einer der Söhne durch sein anschließend geschildertes Verhalten die familiäre Gemeinschaft verletzte. Auf derselben Ebene stehen zum andern V. 20b und V. 28b; hier wie dort wird gezeigt, wie der Vater dem betreffenden Sohn entgegenkam. So ergibt sich folgende Gliederung:

11b–12: ein Vater teilte seinen beiden Söhnen (auf Wunsch des jüngeren) das Erbe zu
    13: der jüngere Sohn zog fort und verprasste sein Gut
14–16: der Sohn versank nach und nach im Elend
    17: der Sohn ging in sich und gedachte seines Vaters
18–20a: der Sohn machte sich (in Reue und Hoffnung auf Tagelohn) auf den
        Heimweg
    20b: durch den Anblick von Mitleid ergriffen, begrüßte der Vater den Sohn
21–24: der Vater nahm den reuigen Sohn mit einem Freudenfest auf
25: der ältere Sohn kam heim und hörte den Festlärm
26–28a: in Kenntnis des Anlasses blieb dieser Sohn dem Fest voller Zorn fern
    28b: der Vater kam heraus und redete dem älteren Sohn zu
29–32: der Vater warb um das Einverständnis des protestierenden Sohnes

Die exemplarische Anwendung auf Lk 15,11b–32 zeigt: Eine thematisch orientierte Analyse im Sinne Schleiermachers führt zu einem klaren, durchaus erhellenden Ergebnis. Solch eine Analyse ist insbesondere dazu geeignet, den Spannungsbogen, der eine Erzählung als ganze überspannt, zu erfassen und daraufhin die wesentlichen Schnittstellen zu erkennen, die jeweils den weiteren

---

[18] Ähnlich *Jülicher*, Gleichnisreden II 342.345.

Verlauf jenes Bogens vom Anfang bis zum Ende gewährleisten. Dieses Verfahren eröffnet somit einen Zugang zur Logik einer Erzählung und erlaubt es, deren sukzessives Fortschreiten nachzuzeichnen.

Allerdings hat es auch deutliche Schwächen. Erstens überlässt es vieles der Intuition derer, die den Text untersuchen, stellt es ihnen doch für die grundlegenden Arbeitsschritte – die Abgrenzung von Anfang und Ende sowie die Identifikation der Zäsuren und Akzente – keine formalen oder sprachlichen, sondern ausschließlich inhaltliche Gesichtspunkte zur Verfügung.

Schleiermacher wies die Hörer seines Kollegs auf diesen Kennzeichen des Verfahrens ausdrücklich hin. Zum einen präsentierte er die »Auffindung der Eigentümlichkeit in der Komposition«[19] als Aufgabe innerhalb der »psychologischen Auslegung«[20], die darauf abziele, die Rede eines anderen »zu verstehen als Tatsache im Denken«[21], als »Darstellung der Gedanken«[22] – eine Aufgabe, die er als »technische« bezeichnete, da sie sich »dem abgeschlossenen Gedankencomplexus« widme, in dem »das Bewußtsein eines bestimmten Fortschreitens nach einem Ziel« vorherrsche[23]. Zum andern merkte er bei seinen Ausführungen zum Vergleich der akzentuierten Stellen an: »Man sieht wieder, wie hier die grammat[ische] Interpret[ation] vorausgesetzt wird. Denn diese muß lehren, die akzent[uierten] Stellen unterscheiden; auch die andere Aufgabe der techn[ischen] Interpr[etation], nämlich die Bestimmung des individuellen Sprachgebrauchs. Denn jeder hat seine Art zu akzentuieren.«[24]

Eine themaorientierte Analyse muss deshalb durch Untersuchungen ergänzt werden, die die konkrete Sprachgestalt der Erzählung (mit ihren Kommunikationsebenen, ihren begrifflichen und semantischen Verknüpfungen sowie ihren syntaktischen Eigenarten) ebenso auswertet wie ihren Stil.

Zweitens bietet solch eine Analyse kaum Kriterien, um die einzelnen Textabschnitte einander hierarchisch zuzuordnen. Dazu müsste man nämlich erheben, wie der Erzähler seine Erzählung (mit Figuren und ihren Interaktionen, mit Zeiten und Orten) eingerichtet und (durch Hinweise auf diesbezügliche Veränderungen) strukturiert hat. Es bedarf also auch einer Bestandsaufnahme des narrativen Inventars.

Da das letztgenannte Verfahren enger an die thematisch orientierte Analyse anschließt, soll es nachstehend zuerst vorgestellt werden.

2.3 Inventarorientierte Analyse

»Jede Erzählung entwirft eine eigene kleine Welt mit Personen, Geschehnissen, Orten usw.«[25] Die Struktur der Erzählung hängt deshalb eng mit den Entwicklungen zusammen, die sich in der entworfenen Welt vollziehen. Sollen diese Entwicklungen aber jene Struktur zu erschließen helfen, müssen sie für Lese-

---

[19] *Schleiermacher*, Hermeneutik 175.
[20] *Schleiermacher*, Hermeneutik 167.
[21] *Schleiermacher*, Hermeneutik 77.
[22] *Schleiermacher*, Hermeneutik 171.
[23] Vgl. *Schleiermacher*, Hermeneutik 178 f.
[24] *Schleiermacher*, Hermeneutik 176.
[25] *Söding*, Wege 141.

rinnen und Leser an der Textoberfläche erkennbar, dort also markiert sein. Es müssen, mit anderen Worten, Gliederungsmerkmale vorliegen, die es erlauben, unter formalen Gesichtspunkten kleinere Sinneinheiten innerhalb der Erzählung voneinander abzugrenzen und einander so zuzuordnen, dass ihre Abfolge die dargestellten Entwicklungen nachvollziehbar macht.

Elisabeth Gülich und Wolfgang Raible haben dargelegt, wie solche textinternen »Gliederungsmerkmale« identifiziert und priorisiert werden können:

»Handlungsabläufe [sc. Geschehensabläufe, die belebte Handlungsträger haben] finden in Raum-Zeit-Kontinua statt und lassen sich nach Veränderungen in der Dimension der Zeit, in den Dimensionen des Raumes und nach Veränderungen in der Konstellation der Handlungsträger gliedern. Das heißt, Handlungsabläufe können (1) zu verschiedener Zeit an verschiedenen Orten, (2) zu verschiedener Zeit an gleichen Orten – in beiden Fällen also nacheinander – oder (3) zu gleicher Zeit an verschiedenen Orten stattfinden.

Jede der drei Möglichkeiten ist ihrerseits kombinierbar mit dem Merkmal ›Veränderung in der Konstellation der Handlungsträger‹. Die Relevanz der genannten drei Parameter der Zeit, des Ortes und der Personenkonstellation erweist sich sehr deutlich darin, daß Dramen, also schriftlich fixierte Handlungsabläufe, nach genau diesen Kriterien in Akte und Szenen gegliedert werden. Die lokalen Parameter eines dargestellten Handlungsablaufs scheinen allerdings weniger wichtig zu sein, als die zeitlichen. Dies ist eine Folge davon, daß sich bei Geschehens- oder Handlungsabläufen mit Notwendigkeit die Zeit verändert, der Ort jedoch gleichbleiben kann. … Berücksichtigt man nun, daß eine Veränderung der Zeit in Geschehens- und Handlungsabläufen auch von einer Veränderung in der Konstellation der Handlungsträger unabhängig ist, so ergibt sich, daß solche Merkmale, welche die Zeitbefindlichkeit – eventuell in der Ko-Okkurrenz mit denjenigen der Ortsbefindlichkeit – anzeigen, in der Hierarchie der Gliederungsmerkmale über den Merkmalen stehen, die eine Veränderung der Personenkonstellation anzeigen.«[26]

Daraus ergibt sich ein klares Verfahren: Um eine Erzählung zu strukturieren, sind nacheinander Signale zur Zeitbefindlichkeit, Signale zur Ortsbefindlichkeit und Veränderungen in der Personenkonstellation zu identifizieren. Da auf diese Weise das Inventar der erzählten Welt hinsichtlich der dargestellten Entwicklung in seinen wesentlichen Bestandteilen erfasst wird, leuchtet dieses Verfahren auf den ersten Blick ein. Es führt allerdings nicht in jeder Hinsicht zu eindeutigen Ergebnissen. Seine Plausibilität tritt bei der Anwendung auf Lk 15,11b–32 ebenso zutage, wie es seine Desiderata tun.

Achtet man zunächst auf den Parameter der *Zeit*, so entdeckt man eine einzige explizite Zeitangabe: Lk 15,13 zufolge zog der jüngere Sohnes schon »wenige Tage nach« der in V. 12d erwähnten Erbteilung seitens des Vaters von Zuhause fort. Daneben finden sich allerdings zwei weitere ausdrückliche Hinweise auf eine Zeitverschiebung. Der erste erfolgt in 15,24 f., insofern hier die Aussage »sie begannen zu feiern« (V. 24c) einen länger andauernden Vorgang anzeigt, in dessen Verlauf der ältere Sohn eintrat, »als er« – seinen Aufenthalt »auf dem Feld« (V. 25a) beendend – »(heim)kam und sich dem Haus näherte« (V. 25b). Der zweite wird in 15,29–31 gegeben, indem dort »so vielen Jahren«, in denen der ältere Sohn dem Vater gedient habe,[27] der Zeitpunkt gegenübergestellt wird, »als« der jüngere Sohn wieder nach Hause »kam« (V. 30a). Freilich steht dieser zweite

---

[26] *Gülich/Raible*, Überlegungen 85 f.
[27] Auf denselben Zeitraum deuten die Adverbien »niemals« und »allezeit« in Lk 15,29.31.

Hinweis in einer direkten Rede, die die vorhergehenden Ereignisse kommentiert; markiert wird also rückblickend das in V. 20b einsetzende Geschehen.

Verstrichene Zeit zeigen zudem die griechischen Partizipialwendungen in Lk 15,14$_{init.}$ (»nachdem er alles ausgegeben hatte«) und V. 20b (»als er noch weit entfernt war«) an; da dies aber jeweils nur implizit geschieht, sind jene Wendungen an sich allenfalls in untergeordnetem Sinne als Gliederungsmerkmale zu werten.

*Orts*wechsel werden explizit in Lk 15,13 (»der jüngere Sohn zog fort in ein fernes Land«) und V. 25 (der »ältere Sohn«, der zunächst »auf dem Feld war«, »näherte sich dem Haus«) markiert. Dabei ist von »jenem Land« in 15,13–15 fortlaufend die Rede; dass einer seiner Bürger den jüngeren Sohn in dessen Not zum Schweinehüten »auf seine Felder« schickte (V. 15b), wo ihn dennoch hungerte (V. 17c: »hier«), hat daher als Ortsangabe nur untergeordnete Bedeutung. Andererseits weisen die Verben »herausholen« in V. 22b sowie »hineingehen« und »herauskommen« in V. 28 auf das in V. 25b genannte Haus voraus bzw. zurück, so dass die zugehörigen Szenen mit ihm verknüpft werden.[28] Umso mehr fällt auf, dass der in V. 20a (»er machte sich auf und ging …«) angekündigte Ortswechsel nur implizit – mit der personal gefassten Richtungsangabe »zu seinem Vater« – angezeigt wird; die Notiz in V. 20b: »als er noch weit entfernt war, sah ihn sein Vater«, bezieht sich dann ja nur auf einen Bruchteil der tatsächlich vom Sohn überbrückten Distanz und lokalisiert die folgende Begegnung jedenfalls in der Nähe des väterlichen Hauses.

Was endlich die Veränderungen in der *Konstellation der Handlungsträger* angeht, ergibt sich folgendes Bild: In Lk 15,11b–12 sind der Vater und beide Söhne präsent – auch wenn nur der jüngere spricht und der Vater daraufhin handelt.[29] Ab V. 13 konzentriert sich der Erzähler auf den jüngeren Sohn. Ihm werden zwar in 15,15 f. »einer der Bürger jenes Landes« und – mit dem Wort »niemand« – eine Gruppe weiterer, namenloser Personen zur Seite gestellt; beide unterstreichen mit ihrem jeweiligen Verhalten aber nur das Ausmaß des Elends, in dem der Sohn leben muss. Mit dem Selbstgespräch in 15,17–19 tritt er gedanklich wieder in Kontakt zu seinem Vater, wobei er sich mit dessen Tagelöhnern vergleicht (V. 17b.19b). V. 20a notiert daraufhin den faktischen Aufbruch »zu seinem eigenen Vater«. Ab V. 20b wird seine Begegnung mit dem Vater geschildert. Als der das Wort ergreift (V. 22a), spricht er jedoch nicht den Sohn, sondern »seine Diener« an: Sie sollen den Sohn neu einkleiden und ein Fest vorbereiten; und an dessen Durchführung sind sie – der Aufforderung V. 23c: »Lasst *uns* essen und feiern!«, gemäß – selbst beteiligt (V. 24c: »Und *sie* begannen zu feiern.«). Ab V. 25 tritt dann der ältere Sohn in Erscheinung und führt zwei Gespräche: Das erste mit »einem der Burschen« (15,26 f.) eröffnet er selbst, das zweite mit »seinem Vater« wird von diesem initiiert (15,28b–32).[30] Der jüngere Sohn kommt jetzt nur noch – jeweils im Verein mit dem Vater – als Gesprächsgegenstand in den Blick

---

[28] *Niebuhr*, Kommunikationsebenen 486, bezeichnet das Haus des Vaters mit Recht als den »lokale[n] Bezugspunkt des gesamten Geschehens«.

[29] Man beachte, dass in Lk 15,12d von der Aufteilung des väterlichen Eigentums unter *beiden* Söhnen (»ihnen«) die Rede ist.

[30] Zu den notierten Einschnitten bei Lk 15,13.20b.25.28b vgl. *Funk*, Poetics 178–180.

(V. 27. 30. 32); und dabei bringt ihn der Ältere einmal mit »Huren« in Verbindung, um ihn so sich selbst und seinen »Freunden« gegenüberzustellen (15,29c–30a).

In der hierarchisch geordneten Zusammenschau aller genannten *Gliederungsmerkmale* lässt sich Lk 15,11b–32 wie folgt strukturieren:

11b–12   Aufteilung des väterlichen Erbes auf beide Söhne (auf Wunsch des jüngeren)
  11b   ein Mensch mit zwei Söhnen
  12   *Auftritt des jüngeren Sohnes:* Bitte um und Vollzug der Erbteilung
13–32 *explizite Zeitangabe, expliziter Ortswechsel, Fokussierung auf den jüngeren*
         Sohn: Weggang des jüngeren Sohnes, seine Rückkehr und deren geteiltes Echo
  13–24   Weggang, Rückkehr und feierliche Aufnahme des jüngeren Sohnes
    13–20a Weggang, Elend und Aufbruch des Sohnes
      13–16   Weggang und Elend des Sohnes
        13   Weggang und heilloses Leben des Sohnes
      14–16   *implizite Zeitangabe, weitere Personen:* das Elend des Sohnes
    17–20a *gedankliche Kontaktaufnahme zum Vater (und dessen Tagelöhnern):*
          Planung der Rückkehr und Aufbruch zum Vater
      17–19   Planung der Rückkehr
      20a   *personal gefasste Richtungsangabe:* Aufbruch zum Vater
    20b–24 *nachträglicher Hinweis auf Zeitverschiebung (V.30a), implizit angezeigter*
          Ortswechsel, Auftritt des Vaters: feierliche Aufnahme des Sohnes
      20b–21 Begegnung und Gespräch zwischen Vater und Sohn
      22–24 *Einziehung der Diener:* Anordnung und Durchführung des Festes
25–32 *Hinweis auf Zeitverschiebung, Ortsangabe, Auftritt des älteren Sohnes:*
         Reaktion des älteren Sohnes und Gespräch mit dem Vater
  25–28a Annäherung und zorniges Fernbleiben des Sohnes
    25a   der Aufenthalt des Sohnes auf dem Feld
    25b–c *Zeit- und Ortswechsel:* Annäherung des Sohnes an das häusliche Fest
    26–28a *Auftritt eines Burschen:* Information und Fernbleiben des Sohnes
  28b–32 *implizite Ortsangabe, Auftritt des Vaters:* Gespräch zwischen Sohn (der
         weitere Figuren erwähnt) und Vater (der um Einverständnis wirbt)

Die Erzählung setzt also mit einer knappen Einleitung (Lk 15,11b–12) ein, die die grundlegenden Voraussetzungen (Personenkonstellation und Ausgangslage) der folgenden Geschichte benennt. Diese (15,13–32) umfasst zwei Hauptteile, die nacheinander den Lebensweg des jüngeren Sohnes bis zu seiner feierlichen Aufnahme durch den Vater (15,13–24) und deren Ablehnung seitens des älteren Sohnes samt der väterlichen Reaktion darauf (15,25–32) behandeln.[31] Beide Hauptteile bestehen aus je zwei Abschnitten, die jeweils durch Notizen zur Hinwendung des Vaters zu dem im Blickpunkt stehenden, auf je andere Weise heimkehrenden Sohn (V. 20b.28b) miteinander verknüpft sind. Die Abschnitte lassen sich ihrerseits noch einmal feiner untergliedern, sodass der wechselvolle Verlauf der Geschichte bis ins Detail erkennbar wird.

Die Anwendung auf Lk 15,11b–32 macht die Vorzüge einer inventarorientierten Analyse sichtbar: Mit dieser kann man anhand klarer Textmerkmale die Schnittstellen einer Erzählung identifizieren sowie im Verhältnis zueinander gewichten und daraufhin eine hierarchisch geordnete Gliederung erstellen. Das

---

[31] Zur Gleichwertigkeit beider Handlungsstränge vgl. *Scott*, Son 55 f.; gegen *Delorme*, Zeichen 105, der (bei zusätzlicher Beachtung der Handlungsorientierung) drei Abschnitte identifiziert: Lk 15,11–16 (Degradierung), 15,17–24 (Wiedereingliederung) und 15,25–32 (Protest).

Verfahren eröffnet somit einen Zugang zur Struktur einer Erzählung und erlaubt es, darin Haupt- und Nebenstränge zu unterscheiden.

Es hat freilich auch Mängel. Erstens setzt es eine bestimmte Hierarchie der Gliederungsmerkmale – 1. Angaben zum Zeitverlauf, 2. Angaben zum Ortswechsel, 3. Angaben zur Veränderung der Personenkonstellation – als allgemein gültig voraus. Es ist jedoch zweifelhaft, ob diese Voraussetzung zutrifft.

Im vorliegenden Fall ergibt sich z. B. die Wertung des Neueinsatzes in Lk 15,25 als Eröffnung des zweiten Hauptteils primär aus dem erstmaligen Auftreten des älteren Sohnes – nachdem die Geschichte in 15,13–24 auf den jüngeren Sohn fokussiert war. An dieser Wertung würde sich nichts ändern, wenn am Übergang von V. 24 zu V. 25 kein Hinweis auf eine Zeitverschiebung erfolgte und etwa (statt des in 15,24c–28a Geschilderten) erzählt würde, dass der ältere Sohn unmittelbar auf den Auftrag des Vaters an die Diener reagiert und wutentbrannt den Hof verlassen hätte. Umgekehrt würde die Einfügung einer expliziten Zeitangabe am Beginn von V. 16 kaum zu einer Ausgliederung des Verses aus dem Zusammenhang 15,14–16 führen; entscheidend bleibt dessen Kohärenz in Hinsicht auf Personen und Raum.[32]

Näher liegt es, die Hierarchie der genannten Gliederungsmerkmale von der Eigenart eines Textes her je neu zu bestimmen. Das Verfahren bedarf also der Ergänzung durch eine thematische Analyse, die jene Eigenart erschließt.

In der obigen Gliederungsübersicht habe ich an einer Stelle eine entsprechende Umgewichtung bereits vorgenommen: Da Lk 15,11b–32 eine »Beziehungsgeschichte« darstellt, führt die wiederholte Erwähnung des Vaters als der Person, an die sich der jüngere Sohn in seinem Selbstgespräch (15,17–19) erinnerte und zu der hin er aufbrach (V. 20a), zur Einschätzung von 15,17–20a als eines Passus, der auf derselben Gliederungsebene liegt wie 15,13–16.

Zweitens kann man bei einer inventarorientierten Analyse Angaben von untergeordneter Bedeutung[33] kaum als solche erkennen und gewichten. Dazu müsste die konkrete sprachliche Gestaltung des Textes mit bedacht werden.

Daher sind nun Analyseverfahren vorzustellen, die genau dies gestatten.

2.4 Sprachorientierte Analyse

Jede als Text dargebotene Erzählung stellt eine »sprachliche Äußerung[ ]« dar, »die als Einheit betrachtet werden« kann[34]. Bei ihrer Segmentierung ist daher zu berücksichtigen, welche sprachlichen Mittel in ihr verwendet werden. Es kann freilich angesichts der Aufgabe, einen Überblick über ihren Aufbau zu gewinnen, nicht darum gehen, eine umfassende linguistische Analyse durchzuführen.[35] Vielmehr muss die Untersuchung auf Textmerkmale beschränkt werden, die an

---

[32] Die an sich plausible Unterscheidung zwischen »absoluten« und »relativen Episodenmerkmalen«, von denen Letztere »nur in Verbindung mit einer Veränderung in der Konstellation der Handlungsträger als (sc. gleichrangige) Gliederungsmerkmale … gelten« (*Gülich/ Raible*, Überlegungen 109), reicht nicht, um diesen Einwand zu entkräften.

[33] Siehe etwa o. nach Anm. 27 zu den Zeit- und Ortsveränderungen in Lk 15,14 f.

[34] Zum Textbegriff vgl. *Auerochs*, Text 196.

[35] Für Lk 15,11b–32 vgl. die strukturalistischen Arbeiten: *Patte*, Analysis; *Grelot*, Essai.

der Textoberfläche liegen und dort der Abgrenzung und/oder Verknüpfung von Sinneinheiten dienen. Als solche Merkmale können gelten

- die Einbindung von Sätzen, die direkte Rede anzeigen und damit jeweils eine weitere Kommunikationsebene in die Erzählung einführen,
- Wiederholungen (von Satzfolgen, Aussagen oder Begriffen), die einzelne Abschnitte der Geschichte miteinander verknüpfen,
- Wiederaufnahmen (von Personen oder Gegenständen bzw. Sachverhalten), die wesentlich zur Kohärenz des Textes beitragen, sowie
- auffällige syntaktische Phänomene.[36]

Was Zusammenstellung und Auswertung dieser Merkmale erkennen lassen und was nicht, wird bei der Anwendung auf Lk 15,11b–32 gut sichtbar.

2.4.1 Metakommunikative Sätze mit folgender direkter Rede

Innerhalb der Erzählung[37] finden sich folgende Belege: a) Nach Lk 15,12a–c brachte der jüngere Sohn einen Wunsch vor den Vater; anstelle einer Antwort wird vom Vollzug des Erbetenen erzählt. b) In 15,17–19 wird ein Selbstgespräch jenes Sohnes zitiert, in dem er auch eine Ansprache an den Vater konzipierte (15,18a$_{fin.}$–19); es folgt (beginnend mit V. 20a) die Darstellung der Umsetzung seines Vorhabens. c) Laut V. 21 trug der Sohn dem Vater auf dessen wortlose Begrüßung hin den ersten Teil der geplanten Ansprache vor. Die Verse 22–24b bieten dann, statt einer Antwort an den Sohn, einen Auftrag des Vaters an seine Diener, dessen Erledigung V. 24c voraussetzt. d) V. 27 stellt dar, was eine Bursche, den der ältere Sohn gerufen hatte (V. 26$_{init.}$), auf dessen in indirekter Rede angeführte Frage (V. 26$_{fin.}$) antwortete; die Reaktion des Sohnes erfolgte ohne weitere Worte (V. 28a). e) Während V. 28b erzählt, wie der Vater diesem Sohn »zuredete«, wird zum Schluss ein Wortwechsel zwischen Sohn (15,29 f.) und Vater (15,31 f.) wörtlich wiedergegeben.

Die Relevanz der Sequenzen aus Redeeinleitung und direkter Rede erhellt schon daraus, dass sie insgesamt gut die Hälfte des Textes ausmachen.[38] Zudem enthalten sie Wertungen des Geschehens.[39] In der Tat lassen sie sich anhand der Identitäten von Sprecher und Adressat sowie des jeweils Gesagten zu Gruppen verbinden, die den Aufbau der Erzählung erkennbar machen. Zuerst redet nur der jüngere Sohn: Er fordert den Vater auf, ihm sein Erbteil auszuzahlen (Lk 15,12a–c), und bereitet damit seinen Fort- sowie Niedergang vor; er gedenkt im Selbstgespräch seines Vaters und plant Aufbruch und Rückkehr (15,17–19), inklusive einer Ansprache an ihn; angekommen – und voll Mitleid begrüßt –, bekennt er dem Vater, gesündigt und den Sohnesstatus verspielt zu haben (V. 21). Daraufhin spricht der Vater, wendet sich aber an seine Diener (15,22–24b); das in Auftrag gegebene Fest wird sofort begonnen. Ab V. 25 ist es der ältere Sohn, der Gespräche führt: zunächst mit einem der Burschen, der, herbeigerufen und befragt, ihm erklärt, warum es ein Fest gibt (15,26 f.); sodann mit dem Vater, der

---

[36] Vgl. *Stenger*, Methodenlehre 47–56, der bei seiner Beschreibung von »Texttrennern« freilich noch andere, nämlich strukturelle und inhaltliche, Signale aufführt.

[37] Dass diese selbst durch einen metakommunikativen Satz in den Erzählgang von Lk 15 eingegliedert wird (V. 11a; dazu s. o. bei Anm. 12), bleibt hier unberücksichtigt.

[38] Im NT Graece[28] umfassen die betreffenden Verse 25,5 von insgesamt 45,5 Zeilen.

[39] Vgl. dazu *Schnider*, Söhne 51; ferner s. u. bei Anm. 78.

ihm in seinem Zorn zuredet (V. 28a–b) und auf seinen Protest hin (15,29 f.) das Schlusswort spricht, das ihn der Gemeinschaft mit dem Vater versichert, zugleich aber das Fest für den »Bruder« für notwendig erklärt (15,31 f.). Demnach ist der Text wie folgt zu gliedern:

11b	Einführung der drei Protagonisten
12a–c	*jüngerer Sohn zum Vater:* Bitte um Erbteilung
12d	Vollzug der Erbteilung durch den Vater
13–16	Weggang, heilloses Leben und Elend des Sohnes
17–18a	*jüngerer Sohn zu sich selbst:* Planung des Aufbruchs und der Rückkehr
18a_{fin}.–19b	*jüngerer Sohn zum Vater (geplant):* Bekenntnis und Bitte um Anstellung
20a	Aufbruch zum Vater
20b	Entgegenlaufen und Begrüßung seitens des Vaters
21	*jüngerer Sohn zum Vater:* Bekenntnis des eigenen Versagens
22–24b	*Vater zu den Dienern:* Anweisung, den Sohn einzukleiden, das Fest ein zuleiten
24c	Beginn des Festes

25	Annäherung des älteren Sohnes
26	älterer Sohn (indirekte Rede): Befragung eines herbeigerufenen Burschen
27	*Bursche zum älteren Sohn:* Erläuterung des Festes
28a	zorniges Fernbleiben des älteren Sohnes
28b	Herauskommen und Zureden des Vaters
29–30	*älterer Sohn zum Vater:* Protest mit Verweis auf das eigene Leben beim Vater
31–32	*Vater zum älteren Sohn:* Bestätigung der Gemeinschaft, Begründung des Festes

Diese Betrachtungsweise lässt die Zweiteiligkeit der Erzählung (mit der Grenze zwischen Lk 15,24 und 25) klar zutage treten. Sie macht darüber hinaus deutlich, dass auf der erst entworfenen,[40] dann dem Vater vorgetragenen Ansprache des jüngeren Sohnes (15,18b–19.21) – der Sache nach also auf dessen Reue und Umkehr – ein starker Akzent liegt. Nicht zuletzt vermittelt sie die Einsicht, dass die beiden Hauptteile zum Ende hin parallel strukturiert sind: Beiden Söhnen kam der Vater freundlich entgegen (V. 20b, V. 28b); beide betonten, auf je eigene Weise, ihre innere Distanz zum Vater (V. 21 und 15,29 f.); beide vergewisserte er daraufhin ihrer Gemeinschaft mit ihm (V. 22b–c, V. 31b–d)[41], um abschließend hier wie dort von dem Fest zu sprechen, mit dem die Rückkehr des jüngeren Sohnes ins Leben gefeiert wurde (15,23–24b und 32). Freilich richtet sich das Wort des

---

[40] Zur Relevanz innerer Monologe in lukanischen Gleichnissen vgl. *Sellew*, Monologue.

[41] Dabei geht es hier wie dort auch und gerade um die Rechtsstellung der Söhne im Haus des Vaters; vgl. für den Älteren die Verknüpfung der Anrede τέκνον »Kind« – die »das Verhältnis zu den Eltern« ausdrückt, »das in der natürlichen Verbundenheit begründet ist« (*Delling*, Lexikalisches 280) – mit der Aussage »alles, was mein ist, ist dein«, für den Jüngeren seine Ausstattung mit »dem besten Gewand« (das anzuziehen auch in JosAs 15,10; 18,5 einen Statuswechsel anzeigt) und einem Ring (und dazu Jub 40,7: »Und er [sc. Pharao] gab ihm [sc. Joseph] einen Ring an seine Hand und gab ihm Gewalt in seinem ganzen Haus« [Übersetzung nach *Berger*, Buch 519]; in Gen 41,42; Est 3,10^{LXX} geht es um die Übergabe des *eigenen* Rings). Die Kombination des Rings mit »Schuhen« (Lk 15,22c) steht dieser Deutung nicht entgegen; Lukas präsentiert Schuhe ja in 10,4 und 22,35 als Ausrüstung, die wirtschaftliche Unabhängigkeit anzeigt. Zum Ganzen vgl. ferner *Rengstorf*, Re-Investitur 30–39.

Vaters in 15,22–24b an seine Diener. Ihnen, die er zu Mitfeiernden gemacht hat (V. 23c.24c), wird also in der Erzählung der ältere Sohn gegenübergestellt, der sich fernhielt und von dem am Ende offen bleibt, ob er sich zur Mitfreude bewegen ließ.

Am Beispiel von Lk 15,11b–32 zeigt sich somit: Anhand der Einbindung wörtlich zitierter Äußerungen von und Gespräche zwischen den Protagonisten einer Erzählung kann man einen Überblick über ihre Anlage gewinnen und erkennen, welche Rollen jene Figuren in einzelnen Abschnitten und im Gesamtgefüge des Textes einnehmen. Zudem wird sichtbar, welche Impulse das Fortschreiten der Handlung bewirken. Offen bleibt freilich, in welchem hierarchischen Verhältnis zueinander die einzelnen Sequenzen stehen und welche Sinnlinien sie miteinander verbinden; dabei geraten auch begriffliche Differenzierungen (wie die zwischen »dein Sohn« in V. 30a und »dein Bruder« in V. 32b) aus dem Blick. Eine sprachorientierte Analyse muss deshalb auch die »Wiederaufnahmestruktur«[42] eines Textes erheben. Deren auffälligstes Element ist die schlichte Wiederholung; sie ist deshalb als Nächstes zu erörtern.

2.4.2 Wiederholungen

Innerhalb von Lk 15,11b–32 werden an zwei Stellen ganze *Sätze* wiederholt: In V. 21b–d zitiert der jüngere Sohn die ersten zwei Drittel seiner in 15,18b–19b konzipierten Ansprache; der letzte Teil des Konzepts: »Mache mich wie einen deiner Tagelöhner«, wird durch den unmittelbar auf sein Schuldeingeständnis folgenden Auftrag des Vaters an die Diener, den Heimkehrer feierlich als Sohn willkommen zu heißen (15,22–24b), verdrängt. In V. 32 weist der Vater seinen älteren Sohn dann mit signifikanten Modifikationen auf denselben Zusammenhang hin, den er in 15,23c–24b den Dienern angezeigt hat:

15,23c–24b	15,32
»*Lasst uns essen und* feiern,	»*(Jetzt) aber war es nötig, zu* feiern *und fröhlich zu sein,*
denn *dieser mein Sohn* war tot	denn *dein Bruder da* war tot
und ist *wieder* lebendig geworden,	und ist lebendig geworden,
er war verloren	*und* (er war) verloren
und ist gefunden worden.«	und ist gefunden worden.«

Beide Wiederholungen verstärken die innere Geschlossenheit des Gesamttextes;[43] im Übrigen erfüllen sie jedoch verschiedene Funktionen. Das wörtliche Zitat von 15,18b–19a in V. 21b–d unterstreicht, dass gerade das Schuldbekenntnis den Vater veranlasste, die feierliche Aufnahme des Heimgekehrten als seines Sohnes zu vollziehen – und markiert somit unübersehbar die aus dem Elend ins Fest führende Wende auf dessen Lebensweg. Dies Zitat verknüpft also Teilabschnitte innerhalb des dem jüngeren Sohn gewidmeten Teils der Erzählung. Die Variation von 15,23c–24b in V. 32 verstärkt hingegen den Kontrast zwischen den Dienern, die eingeladen wurden, an der Freude des Vaters über die Rettung des jüngeren Sohnes teilzuhaben, und dem älteren Sohn, der genau jene Freude nicht teilte,

---

[42] *Brinker*, Textstrukturanalyse 165.
[43] Nach *Niebuhr*, Kommunikationsebenen 485 f., geben sie ihm seinen »Richtungssinn«.

damit aber seine Aufgabe als Bruder des Jüngeren verfehlte. Diese Variation hebt also die analoge Zuspitzung der auf je einen der Söhne fokussierten Hauptteile hervor. So zeigt sich: Wiederholungen können auf verschiedenen Ebenen der Erzählung als Gliederungsmerkmale dienen; gewichten lassen sie sich jedoch nur aufgrund einer mit anderen Kriterien vorgenommenen hierarchischen Ordnung jener Ebenen.

Dies wird noch deutlicher im Blick auf die *Aussagen* zur Schlachtung des »Mastkalbes«. Dreimal ist davon die Rede – nacheinander in der Anweisung des Vaters, im Bericht des Burschen und im Protest des älteren Sohnes:

15,23: »und holt *das Mastkalb, schlachtet es,* und lasst uns essen und feiern.«
15,27: »… Dein Bruder ist gekommen, und dein Vater *hat das Mastkalb geschlachtet* …«
15,30: »als aber dein Sohn da … kam, *hast du* für ihn *das Mastkalb geschlachtet.*«

Die doppelte Wiederholung signalisiert, dass etwas Außergewöhnliches vollzogen wurde: ein Akt, der zugleich die große Freude des Vaters ausdrückt und den zornigen Protest des älteren Sohnes erklärt.[44] Damit aber knüpft sie die Begegnungen des älteren Sohnes mit Bursche und Vater an das Fest, mit dessen Eröffnung die Darstellung der Heimkehr des jüngeren Sohnes schließt.

Verschiedenen Zwecken dienen auch die Wiederholungen bestimmter *Ausdrücke*. So markiert die Aufnahme des Adjektivs μακρά »fern« aus Lk 15,13 (»ein fernes Land«) im Adverb μακράν (V. 20b: »Als er … noch fern war …«) den Beginn des Abschnitts, der die Rückkehr des ausgewanderten Sohnes behandelt. Zuvor werden zum einen sein Selbstgespräch durch zwei Hinweise auf die »Tagelöhner« (V. 17b.19b), zum andern die ganze Schilderung seines inneren wie faktischen Aufbruchs durch Kombinationen des Reflexivpronomens ἑαυτόν/ἑαυτοῦ mit dem Verb »gehen« (V. 17a: »Er … ging in *sich* …«; V. 20a: »… und ging zu seinem *eigenen* Vater«) gerahmt; dabei repetiert V. 20a zugleich die Formulierung ἀναστὰς … πρὸς τὸν πατέρα aus V. 18a. Die Rede vom tötenden »Hunger« (λιμός) des Sohnes in V. 17c greift die Erwähnung der »schweren Hungersnot« (λιμὸς ἰσχυρά) in V. 14a auf, verknüpft also sein Selbstgespräch (15,17–19) mit der Darstellung seines Elends (15,14–16). Später zeigt die Umsetzung des Adhortativs »lasst uns feiern« (V. 23_fin_) in die Aussage »und sie begannen zu feiern« (V. 24c) das Ende des Hauptteils an, der vom Werdegang des jüngeren Sohnes handelt; die erneute Aufnahme des Verbs »feiern«[45] im Disput zwischen älterem Sohn (V. 29_fin_: »auf dass ich … feiere«) und Vater (V. 32a: »… war es nötig zu feiern …«) unterstreicht dann, wie der Schluss der Erzählung auf den jenes Hauptteils zurücklenkt.

Im letztgenannten Zusammenhang ist eine weitere Beobachtung bedeutsam. Die Erwähnung der δοῦλοι »Diener« in Lk 15,22a spiegelt sich im Selbstporträt des älteren Sohnes wider, der in V. 29b von sich sagt: »Siehe, so viele Jahre diene (δουλεύω) ich dir …« Der Erzähler verstärkt also den Kontrast zwischen den *Dienern*, die auf Anweisung des Vaters das Fest der reuigen Heimkehr des jüngeren Sohnes nicht nur ausrichteten, sondern auch *mitfeierten* (V. 23c.24c), und dem älteren *Sohn*, der dem Fest für seinen Bruder voller

---

[44] Man beachte, dass konsequent von *dem* (einen) Mastkalb die Rede ist und dessen Bezeichnung impliziert, dass es mit Getreide (σῖτος) »gemästet« (σιτευτός) worden ist.
[45] *Berger*, Gleichnisse 62f., notiert eine »Häufung« solcher Verben in Lk 15,23–32.

Zorn *fernblieb* (V. 28a),⁴⁶ dadurch, dass er jenen Sohn sich selbst die Rolle eines *Dieners* zuschreiben lässt.

So dienen Wortwiederholungen in 15,11b–32 zur Kennzeichnung von Neueinsätzen (vgl. V. 20b nach V. 13), zur Rahmung von Abschnitten (vgl. V. 17a / 20a und V. 17b / 19b), zur Verklammerung von Absätzen (vgl. V. 17c im Gefolge von V. 14), zur Anzeige eines Abschnittsendes (vgl. V. 24c nach V. 23_fin_.) etc. Wie und auf welcher Ebene der Erzählung sie auf deren Aufbau hindeuten, kann man deshalb nur im Verein mit weiteren, deutlich segmentierenden Textmerkmalen entscheiden. Dies gilt umso mehr, als manche begrifflichen Doppelungen für die Gliederung wenig bis gar nichts besagen.⁴⁷

Demnach ist festzuhalten: Wiederholungen von Sätzen, Aussagen und Begriffen *können* innerhalb einer Erzählung durchaus Grenzen oder Verknüpfungen zwischen einzelnen Abschnitten anzeigen; verlässlich in diesem Sinne deuten darf man sie jedoch nur im Konnex mit anderen, klaren Gliederungsmerkmalen. Wie aber steht es mit Rückbezügen, die sich nicht (primär) auf begrifflicher, sondern auf funktionaler und semantischer Ebene vollziehen?

2.4.3 Wiederaufnahmen

»Die explizite Wiederaufnahme besteht in der Referenzidentität bestimmter sprachlicher Ausdrücke in aufeinanderfolgenden Sätzen eines Textes.«⁴⁸ Eine »implizite Wiederaufnahme« liegt dort vor, wo zwischen den Bezeichnungen »bestimmte … semantische Beziehungen« wie z. B. eine »Teil-von-Relation« bestehen.⁴⁹ Solche Wiederaufnahmen sind für die Struktur einer Erzählung zumal dann bedeutsam, wenn sie an den Handlungsträgern und den zentralen Gegenständen oder Sachverhalten des Textes vollzogen werden.

Achtet man zunächst darauf, wo und wie in Lk 15,11b–32 die *Handlungsträger* eingeführt und wieder aufgenommen werden, so ergibt sich folgender Befund: Als Hauptfigur wird in Lk 15,11b »ein Mensch« mit zwei Söhnen benannt. Er heißt im Weiteren »der Vater« (V. 12a.22a) bzw., mit Bezug auf den einen oder anderen Sohn, »sein Vater« (V. 20a.b, V. 28b.29a); bisweilen wird er auch nur mit Artikel im Nominativ (V. 12d.31a) oder Personalpronomen (V. 21a: Dativ, V. 22a.25a: Genitiv) bezeichnet.

Innerhalb von Passagen direkter Rede wird er zum einen als »mein Vater« (so der jüngere Sohn in Lk 15,17b.18a) oder »dein Vater« (so der Bursche in V. 27b) betitelt, zum andern auf verschiedene Weisen angesprochen: vom jüngeren Sohn als »Vater« (V. 12b.18b.21b) und mit Imperativen (V. 12c.19b), von beiden Söhnen mit Pronomina der 2. Person Singular (15,18c–19b.21c–d, V. 29b.30a), vom älteren Sohn auch mit Verben derselben Person (V. 29c.30b); zweimal spricht er zudem von sich selbst in der 1. Person Singular (V. 24a.31c–d), und einmal fasst er sich mit den Dienern in der 1. Person Plural zusammen (V. 23c).

---

⁴⁶ Dazu s. o. nach Anm. 41.
⁴⁷ Das trifft z. B. zu auf die Wiederholung der Wörter »Feld« aus Lk 15,15b in V. 25a, »essen« aus V. 16a in V. 23c und ἀπόλλυμι aus V. 17c in V. 24b.32c (dazu s. u. Anm. 63).
⁴⁸ *Brinker*, Textstrukturanalyse 166.
⁴⁹ Vgl. *Brinker*, Textstrukturanalyse 166 f.

Die beiden Söhne kommen gemeinsam nur in Lk 15,11b sowie – bezeichnet durch Personalpronomina der 3. Person Plural – in V. 12a.d in den Blick, freilich nie als Handlungssubjekte.[50]

Danach ist primär vom jüngeren Sohn die Rede. Er wird in Lk 15,12a »der jüngere von ihnen«, in V. 13 »der jüngere Sohn« und in V. 21a »der Sohn« genannt. In $15,13_{fin.}$–16b und 20b verweisen je fünf Personalpronomina der 3. Person Singular, in V.17a und V. 20a je ein Reflexivpronomen derselben Person auf ihn; zudem fungiert er als Subjekt der Verben in V. 15a.16a.

In den Passagen direkter Rede heißt er »dieser mein Sohn« aus Sicht des Vaters (Lk 15,24a), »dein Bruder« im Mund des Burschen (V. 27a), »dein Sohn da« aus Sicht des älteren Sohnes (V. 30a) und »dein Bruder da« im Mund des Vaters (V. 32b); er selbst spricht sich in V. 19a.21d in Bezug auf seinen Vater den Titel »dein Sohn« ab. Ferner sind innerhalb der direkten Rede Personalpronomina der 1. und 3. Person Singular (15,12c.17b–18a.19b und V. 22b–c.27c.30b) sowie Verben der 1. Person Singular (15,18a–19a.21c–d) auf ihn bezogen.

Der andere Sohn wird erst in Lk 15,25a mit der Angabe »sein (sc. des Vaters) älterer Sohn« eingeführt und fortan mit Artikel im Nominativ (V. 29a) oder mit Personalpronomen (V. 27a.31a: Dativ, V. 28b: Genitiv und Akkusativ) bezeichnet; außerdem agiert er in 15,25b–26 und 28a als Subjekt.

Innerhalb direkter Rede wird er in Lk 15,27a–b (vom Burschen) und V. 31c–d.32b (vom Vater) mit Personalpronomina der 2. Person Singular, in V. 31b überdies mit dem Ausdruck »Kind« adressiert; in V. 29b.c spricht er mit Verben und Personalpronomina der 1. Person Singular von sich selbst.

Von den weiteren Erzählfiguren werden die »Freunde« des älteren Sohnes nur einmal in wörtlicher Rede genannt (Lk 15,29c). Die übrigen nimmt der Erzähler nach ihrer Vorstellung auf verschiedene Weisen wieder auf: Erstens ist nach dem Verweis auf »einen der Bürger jenes Landes« (V. 15a) erst von »seinen Feldern« (V. 15b), dann implizit von sonstigen Bewohnern des Landes (V. 16b: »niemand«) und schließlich von dort lebenden »Huren« (V. 30a) die Rede. Zweitens beginnt und endet das Selbstgespräch des jüngeren Sohnes mit einem Blick auf die »Tagelöhner« des Vaters (V. 17b.19b). Drittens wird aus der Gruppe der »Diener« (V. 22a) – an die der Vater etliche Imperative richtet (15,22b–23b) – einer noch zweimal erwähnt: in V. 26 mit der Angabe »einer der Burschen« und in V. 27a mit dem Artikel im Nominativ.

Während die je neu anzustellenden »Tagelöhner« von den dauerhaft tätigen »Dienern« unterschieden werden müssen, herrscht dem lukanischen Sprachgebrauch zufolge zwischen Letzteren und den »Burschen« Referenzidentität.[51] Allerdings setzen beide Begriffe unterschiedliche Akzente: Während δοῦλος auf ein durch »unaufhebbare Pflichterfüllung und Dienstleistung« geprägtes Dasein und somit auf dessen »Bindung an einen Übergeordneten« hinweist,[52] unterstreicht παῖς als »Sammelbegriff für die im Haus dem Herrn unterstehenden Glieder des Hausstandes« deren »Zugehörigkeit« zum Haus[53]. Der Be-

---

[50] Gleichwohl stellt *Stock*, Gleichnis 81, mit Recht fest, die Rede von zwei Söhnen in der Einleitung wecke die Erwartung, dass die weitere Erzählung auf beide zu sprechen komme.
[51] Vgl. dazu das Nebeneinander von δοῦλος und παῖς bzw. παῖδες in Lk 7,2f.8.10 und V. 7 sowie 12,45a.46a und V. 45c.
[52] Vgl. *Tuente*, δοῦλος 1141 f. (Letzteres mit Bezug auf die Verwendung in der LXX).
[53] Vgl. *Bühner*, παῖς 12.

griffswechsel fällt umso mehr auf, als die Erwähnung der Diener (Lk 15,22a) implizit auch in den pluralischen Verbformen in V. 23c (»lasst uns feiern«) und V. 24c (»und sie begannen zu feiern«) wiederaufgenommen wird, durch die sie mit dem Vater – und im zweiten Fall wohl auch mit dem jüngeren Sohn – verbunden sind. Der bereits notierte[54] Kontrast zwischen den mitfeiernden Dienern und dem sich fernhaltenden älteren Sohn wird also noch dadurch verstärkt, dass jene im Verlauf des Festes als Glieder des väterlichen Hauswesens erscheinen.

Dieser Befund ist nun zu komplex, um in einer Textübersicht abgebildet und somit für die Gliederung des Textes ausgewertet werden zu können. Dazu ist eine Konzentration auf die wesentlichen Daten erforderlich. Zu diesen gehört erstens die Abfolge begrifflicher Substitutionen, bei denen der Erzähler die Erstbezeichnung eines Handlungsträgers (z. B. »ein Sohn«) präzisiert (»der jüngere Sohn«), determiniert (»der Sohn«), relational bestimmt (»sein Sohn«) oder pronominalisiert (»er«) und dann – durch Rückgriff auf eine der vorausliegenden Substitutionsstufen – wieder renominalisiert.[55] Zumal die Renominalisierung ist relevant, da sie oft anzeigt, dass eine Erzählfigur erneut aktiv oder nach längerer Zeit wieder erwähnt wird,[56] in jedem Fall aber ihrer Erwähnung besonderes Gewicht verleiht. Bedeutung hat zweitens, ob eine Person als Subjekt oder Objekt eines Satzes fungiert und ob eine direkte Rede an sie gerichtet ist oder von ihr handelt. Drittens ist zu beachten, welche Beziehungen zwischen den Handlungsträgern durch relationale Bestimmungen oder durch mehrere Personen betreffende Aussagen geknüpft werden.

Unter diesen Gesichtspunkten lässt sich die Wiederaufnahmestruktur der Erzählung Lk 15,11b–32 hinsichtlich der Handlungsträger in der nebenstehenden Tabelle darstellen. Sie gibt zu erkennen:
1. Die Einleitung in diese Geschichte von »ein(em) Mensch(en)« und seinen »zwei Söhne(n)« erfolgt in Lk 15,11b–12; sie benennt die Figurenkonstellation und die auf Initiative des jüngeren der Söhne vom Vater für beide geschaffene Ausgangssituation.
2. Lk 15,13 eröffnet den ersten Hauptteil, in dem »der jüngere Sohn« die zentrale Figur darstellt. Der Handlungsstrang reicht vom Fortgang in ein fernes Land bis zum Sündenbekenntnis bei der Heimkehr (V. 21). Dabei wird in 15,15 f. ausdrücklich von Kontakten zu Bewohnern jenes Landes erzählt; anschließend heißt es, er gehe »in sich« (15,17–19) und erneuere gedanklich die Beziehung zu »(s)einem Vater«, in der er jetzt aber nicht mehr dessen »Sohn« heißen, sondern nur noch als »Tagelöhner« für ihn arbeiten könne; Aufbruch (V. 20a) und Annäherung ans Haus ziehen dann die Begrüßung durch »sein(en) Vater« nach sich (V. 20b), die »der Sohn« mit seinem Bekenntnis beantwortet (V. 21).
3. In Lk 15,22a lenkt der Ausdruck »der Vater« auf die Einleitung zurück. Die folgende Rede (15,22b–24b) bildet den Höhe- und Wendepunkt der Erzählung: Einerseits rundet sie den ersten Hauptteil ab, insofern hier der Heimkehrer – in antithetischer Aufnahme des vorgetragenen Bekenntnisses – vom Vater »dieser mein Sohn« (V. 24a) genannt wird. Andererseits begründet der

---

[54] Siehe o. nach Anm. 41 und bei Anm. 46.
[55] Zur Unterscheidung der Substitutionsstufen vgl. *Gülich/Raible*, Überlegungen 95.
[56] Vgl. *Gülich/Raible*, Überlegungen 97.

Wiederaufnahme von Handlungsträgern in Lk 15,11b–32

	Vater		jüngerer Sohn		älterer Sohn		Diener etc.		im fernen Land	Land
	Subjekt/Objekt	Bez./Anrede	Subjekt/Objekt	Bezeichnung	Subjekt/Objekt	Bez./Anr.	Subj./Objekt	Bez./Anr.	Subj./Objekt	Bez.
11b	ein Mensch		zwei Söhne		zwei Söhne					
12a–b	dem Vater ←	*Vater*	← der jüngere von ihnen							
12d	der aber		ihnen		ihnen					
13			der jüngere Sohn							
14			er							
15a			(er)						einen Bürger	
15b			ihn						(er)	
16a			(er)							
16b			ihm						niemand	
17a			(er) / in sich							
17b		*meines Vaters*		*ich*				*Tagelöhner*		
17c				← *(ich)*						
18	meinem Vater ←	*Vater*		*nicht dein Sohn*						
19				*nicht dein Sohn*				*Tagelöhner*		
20a	seinem eig. Vater		(er)							
20b	sein Vater		er / ihn							
21	ihm ←	*Vater*	← der Sohn	*nicht dein Sohn*						
22	der Vater →				(er) →		→ seinen Dienern			
23		*lasst uns*						*lasst uns*		
24a	(sie)			*dieser mein Sohn*						
24c			(sie)				(sie)			
25					sein älterer Sohn					
26		*dein Vater*			(er) →		→ einen Burschen			
27				*dein Bruder*	ihm ←		← der aber			
28a					ihn					
28b					(er)					
29	seinem Vater ←				← der aber	*ich diene*				
30				*dein Sohn da*						*Huren*
31	der aber →				→ ihm	*Kind*				
32				*dein Bruder da*						

Zusammenschluss des Vaters mit »den Dienern« zu einem »Wir« (V. 23c) eine neue Gemeinschaft, deren gemeinsames Handeln (V. 24c) den Rahmen der anschließend dargestellten Begegnungen schafft.

4. Der Blick auf »sein(en) ältere(n) Sohn« in Lk 15,25 leitet den Schlussteil ein. Dessen Ziel wird bereits im Gespräch mit »einem der Burschen« erkennbar, weist dieser doch dem Sohn mit den Bezeichnungen »dein Bruder« und »dein Vater« (V. 27) diejenige Rolle im Familienverband zu, die er einnehmen müsste. Im anschließenden Dialog macht ihm »sein Vater« auf seinen Protest hin diese Aufgabe unmissverständlich klar, indem er einerseits ihn seiner Stellung als »Kind« vergewissert, andererseits seine distanzierende Redeweise »dein Sohn da« durch die Rede von »dein(em) Bruder da« korrigiert. Zugleich greift der Dialog mit der Aussage »ich diene dir« die Festgemeinschaft des Vaters mit den Dienern (15,22a.23.24c), mit dem Ausdruck »dein Sohn da« die Aufnahme des reuigen Sünders durch den Vater (15,18f.20b–21.22b–c.24a–b) und mit der Erwähnung von »Huren« das Leben des jüngeren Sohnes in der Fremde (15,13–16) auf und führt auf diese Weise alle wichtigen Fäden der Erzählung zusammen.

Wie sich an Lk 15,11b–32 zeigt, hilft diese Betrachtungsweise dazu, eine Erzählung plausibel zu strukturieren; sie macht zudem die Funktion der einzelnen Abschnitte im Verhältnis zueinander und somit das narrative Gefälle des Textes erkennbar. In einer Übersicht lässt sich Letzteres wie folgt darstellen:

Einleitung:	11b	*Konstellation:* ein Mensch hatte zwei Söhne
	12	*Ausgangslage:* auf Wunsch des jüngeren teilte »der Vater« ihnen das Erbe zu
Erster Handlungsstrang:	13–16	Fortgang und Leben »des jüngeren Sohnes« in der Ferne
	17–19	seine gedankliche Umkehr zu »meinem Vater«
	20–21	Aufbruch zu, Aufnahme bei und Bekenntnis vor »seinem Vater«
Höhe- und Wendepunkt:	22–24	»der Vater« nahm »diesen meinen Sohn« freudig auf – und stiftete dabei eine Festgemeinschaft mit »seinen Dienern«
Zweiter Handlungsstrang:	25–27	erste Einweisung in den Familienverband (mit »deinem Bruder« und »deinem Vater«) durch »einen der Burschen«
	28–32	Protest gegen das Handeln des Vaters (mit Blick auf »deinen Sohn da«) seitens »seines älteren Sohnes« und zweite Einweisung in den Familienverband (als »Kind« mit »deinem Bruder da«) durch »seinen Vater« – zugleich Rückgriff auf den ersten Handlungsstrang und Rückgriff auf den Höhe- und Wendepunkt der Erzählung

Die Fokussierung auf die Bezeichnungen der Handlungsträger ist freilich relativ einseitig; die Anlage der Erzählung in zeitlichen und räumlichen Dimensionen bleibt dabei ebenso unberücksichtigt wie ihre thematische Ausrichtung.

Der letztgenannte Mangel lässt sich nun dadurch beheben, dass man verfolgt, wie die wesentlichen *Gegenstände und Sachverhalte* der Erzählung in deren

Verlauf wieder aufgenommen werden. Hierzu sind folgende Verknüpfungen zu verzeichnen:

a) Das vom jüngeren Sohn anteilig erbetene, vom Vater aufgeteilte Erbe wird in Lk 15,12c (vom Sohn) οὐσία »Gut«, in V. 12d (vom Erzähler) βίος »Eigentum« genannt.[57] Der dem Sohn zustehende Anteil (τὸ ἐπιβάλλον μέρος) wird in V. 13$_{init.}$ mit dem Ausdruck πάντα »alles« wiederaufgenommen; danach wird dreimal auf die Verschwendung dieses Anteils verwiesen: Der Sohn habe »sein Gut vergeudet« (V. 13$_{fin.}$), »alles ausgegeben« (V. 14a) und – so hält es der ältere Sohn dem Vater vor – »dein Eigentum … aufgezehrt« (V. 30a). Der andere, in V. 12d implizit dem älteren Sohn zugesprochene Erbteil wird in V. 31d vom Vater erwähnt, indem er jenem Sohn gegenüber feststellt: »alles (πάντα), was mein ist, ist dein«.[58] In den Blick gerät dieser Erbteil freilich schon vorher: zum einen in der Nennung der »Tagelöhner«, die beim Vater in Lohn und Brot stehen (V. 17b.19b), zum andern mit dem »Ring«, den der Vater dem jüngeren Sohn »an seine Hand« stecken lässt (V. 22c) – denn damit gibt er dem Heimkehrer erneut die Verfügungsgewalt, die ihm als Sohn zustand, die er mit dem Empfangen seines Anteils aber aufgegeben hatte.[59]

Die logische Spannung, die damit zu der Zusage des Vaters an den älteren Sohn: »alles, was mein ist, ist dein« (Lk 15,31d), entsteht, gehört gerade zu der »Zumutung des Irrealen«[60], die die Erzählung als Gleichnis, als metaphorische Rede von Gott, ausweist.

b) Die »heillose Lebensweise« (Lk 15,13$_{fin.}$) des jüngeren Sohnes gipfelt in seiner Arbeit als Schweinehirte (15,15 f.)[61]; in V. 18c und V. 21c wertet er selbst sie als Sünde »gegen den Himmel und vor dir (sc. dem Vater)«. Der Vater bestätigt die Wertung, indem er erst zu den Dienern (V. 24), dann zum älteren Sohn (V. 32) sagt: »Dieser … war tot … [und] verloren«. Dabei lassen der Rückbezug seines Kommentars auf die reuevolle Rückkehr des jüngeren Sohnes (15,20b–21) und der Kontrast zu seiner an dessen Bruder gerichteten Feststellung: »du bist allezeit bei mir« (V. 31c), erkennen, dass jedenfalls der Vater schon den Fortgang jenes Sohnes »in ein fernes Land« (vgl. V. 13) als Schritt in den »Tod« ansieht.[62] In V. 30a spricht zudem der Bruder den Vater auf die heillose Lebensweise des Jüngeren an; indem er diesem vorwirft, er habe mit Huren »dein (sc. des Vaters) Eigen-

---

[57] Die Begriffe werden nicht nur »aus Stilgefühl« (*Jülicher*, Gleichnisreden II 337) gewechselt; οὐσία weist auf das Vorhandensein des Erbes, βίος charakterisiert es als Lebensgrundlage des Familienverbandes (vgl. *Bovon*, Evangelium III 45). Dass οὐσία im Gegensatz zu βίος die Selbständigkeit des Sohnes anzeige (so *Pesch*, Exegese 158), ist nicht zu belegen.

[58] Im Sinne *Brinker*s (s. o. bei Anm. 49) stellt der Verweis auf diesen Erbteil eine »implizite Wiederaufnahme« der Rede vom »Gut« und »Eigentum« in Lk 15,12 dar.

[59] Siehe o. Anm. 41 und Anm. 15.

[60] *Harnisch*, Gleichniserzählungen 223 (der sich freilich nur auf das »überraschende[ ] Ereignis einer idyllischen Festgesellschaft« bezieht).

[61] Da Juden Schweine weder essen noch züchten (vgl. Lev 11,4.7 f. u. ö.; m BQ 7,7) dürfen, stellt diese nur auf »heidnischem« Boden denkbare (s. Lk 8,32 f.) Arbeit den Höhepunkt der Trennung von der Lebensweise beim Vater dar (vgl. *Jeremias*, Gleichnisse 129). Insofern liegt in 15,15 f. eine »implizite Wiederaufnahme« (s. o. bei Anm. 49) von V. 13$_{fin.}$ vor.

[62] Vgl. ferner *Pöhlmann*, Sohn 186: »Im Sinne des bäuerlichen Ethos … wird man schon die Forderung des jüngeren Sohnes und seinen Aufbruch mit dem Vermögen in die Emigration als den entscheidenden Schritt ansehen müssen, der aus der Welt des Vaters … herausführt.« Ob dies auch die Sicht des jüngeren Sohnes ist, muss offen bleiben.

tum … aufgezehrt«, bezieht er auch die Vergeudung des zugeteilten Gutes (vgl. 15,13–14$_{init.}$) ein. Dass der jüngere Sohn infolge dieser Vergeudung Mangel und Hunger litt (V. 14b.16), wird an sich nur innerhalb seines Selbstgespräches aufgenommen: »ich komme hier vor Hunger um« (V. 17c); über das doppeldeutige Stichwort ἀπόλλυμαι »ich komme um / bin verloren« ist das Motiv des tötenden Hungers jedoch auch mit den Kommentaren des Vaters in V. 24b.32c verbunden[63].

c) Der jüngere Sohn plant (Lk 15,18 f.) und vollzieht (V. 20a.21) seine Rückkehr zum Vater; dieser heißt ihn willkommen (V. 20b) und bestätigt mit einem Auftrag an die Diener die Aufnahme des Sohnes in das Haus (V. 22). Rückkehr und Aufnahme werden dann mehrfach kommentiert: zuerst und zuletzt vom Vater (V. 24a–b.32b–c: »dieser … ist [wieder] lebendig geworden, … gefunden worden«), dazwischen vom Burschen (V. 27: »… dein Bruder ist gekommen, und dein Vater hat …, weil er ihn gesund zurückerhalten hat«[64]) und vom älteren Sohn (V. 30a: »als aber dieser dein Sohn … kam«).

d) Die mit der Schlachtung des Mastkalbes eingeleitete Feier der Rückkehr des jüngeren Sohnes wird vom Vater angeordnet (Lk 15,23), von allen Beteiligten begonnen (V. 24c) und dann eingehend besprochen: Der Erzähler notiert, der ältere Sohn habe »Musik und Tanz« gehört (V. 25c), sich bei einem Burschen erkundigt, »was *dies* sei« (V. 26$_{fin.}$), und sich nach dessen Auskunft entschieden, »nicht *hinein*(zu)gehen« (V. 28a). Ferner reden Bursche (V. 27b) und älterer Sohn (V. 30b) davon, dass der Vater »das Mastkalb geschlachtet« hat.[65] Auf den Protest des Älteren hin – dass der Vater ihm trotz seines treuen Dienstes »niemals eine Ziege gegeben« habe, »auf dass ich mit meinen Freunden feiere« (V. 29c) – betont der Vater dann, es sei »nötig« gewesen, »zu feiern« und, wie es jetzt ausdrücklich heißt, »fröhlich zu sein« (V. 32a).

e) In seinem Protest gegen das Fest weist der ältere Sohn mit der Aussage »so viele Jahre diene ich dir« (V. 29b) zumindest auf die seit der Erbteilung (V. 12d) verstrichene Zeitspanne zurück, vielleicht auch auf das Dasein beim Vater insgesamt (V. 11b). Letzteres ist auf jeden Fall in der Antwort des Vaters im Blick, wenn dieser ihn als »Kind« anspricht und ihm in Erinnerung ruft: »Du bist allezeit bei mir« (V. 31c).

Insgesamt ergibt sich zur Wiederaufnahme von Gegenständen und Sachverhalten in Lk 15,11b–32 das nebenstehend abgedruckte Bild. Es macht deutlich, wie die oben anhand der Bezeichnungen der Handlungsträger definierten Hauptteile und Szenen miteinander verbunden sind, und darüber hinaus auf weitere Übergänge aufmerksam:

---

[63] Siehe o. Anm. 47. – Zur Deutung des Partizips ἀπολωλώς in Lk 15,24b.32c auf das Verlorensein des Sohnes vgl. V. 4.6 (ähnlich V. 8 f.); zu seiner metaphorischen Verwendung im Blick auf »Sünder« vgl. 19,10 (im Anschluss an 19,7).

[64] Da Lukas das Partizip ὑγιαίνων »gesund« in Lk 7,10 auf die *Heilung* eines Kranken bezieht und in dem Bildwort 5,31 f. mit »zur Umkehr« gerufenen »Sündern« kontrastiert, ist die Äußerung des Burschen als – vorsichtiger – Hinweis auf die väterliche Wertung der Rückkehr in 15,24a–b aufzufassen (anders *Wolter*, Lukasevangelium 537 f.: »›Gesund zurückerhalten‹ … möchte man jeden Reisenden … die Deutung des Knechts … trivialisiert … den Vorgang«, so »dass dem älteren Bruder die Deutung des Vaters einst einmal vorenthalten bleibt«).

[65] Der Vater erscheint hier also jeweils nicht nur (wie in Lk 15,23) als Auftraggeber, sondern als Subjekt der Schlachtung. Dass er sie »für ihn (sc. den jüngeren Sohn)« vorgenommen habe, betont freilich erst der ältere Sohn. Ferner s. o. bei Anm. 44.

Wiederaufnahme von Gegenständen und Sachverhalten in Lk 15,11b–32

	das Erbe	des Jüngeren	das Leben des Jüngeren	Rückkehr des Jüngeren	das Fest	Leben des Älteren
11b		Vater und Söhne				Vater und Söhne
12 c	... am Gut	sein Anteil ...				
12d	das Eigentum					
13		alles zus.-holen, s. Gut vergeuden	*Folgen* — Fortgang, verderbliches Leben			
14		alles ausgeben	darben			
15			bei e. Landesbürger als Schweinehirt			
16			*gieren*			
17	(Tagelöhner)		*umkommen*	*Deutung*		
18			„gesündigt“	R. geplant		
19	(Tagelöhner)					
20a				R. begonnen		
20b				*Begrüßung voll Mitleid*		
21			„gesündigt“	R. vollzogen		
22	(Ring)			*Aufnahme als Sohn*	*Echo*	
23					„schlachtet!“ „wir feiern!“	
24			„tot“ „*verloren*“	„*lebendig, gefunden*“	*lebendig, gefunden*	
25					Festbeginn	
26					Musik/Tanz	
27				„dein Bruder ist „.... gesund gekommen ...“ zurück“	„.... dein Vater hat geschlachtet“ *dies?*	
28					*nicht hinein*	
29					„*nie ein Fest für mich!*“	„So viele Jahre diene ich dir ...!“
30	„dein Eigentum ... aufgezehrt“		„der ... mit Huren ... hat“	„als dein Sohn da ... kam, ...“	„...., hast du für ihn geschlachtet“	
31	„... was mein ist, ist dein“					„Kind, du bist allezeit bei mir ...!“
32			„tot“ „*verloren*“	„*lebendig, gefunden*“	„es war nötig zu feiern“	

1. Die Notiz, dass der jüngere Sohn »alles zusammengeholt hatte« (V. 13$_{init.}$), schließt die Darstellung der Erbteilung in V. 12 ab.[66]
2. Die Schilderung seines verschwenderischen Lebens (V. 13) gipfelt in dem Satz, er habe begonnen zu darben (V. 14b); und die ab V. 15 geschilderte Elendssituation spiegelt der Auftakt seines Selbstgesprächs (V. 17) wider.
3. Planung und Vollzug der Umkehr zum Vater (15,18–20a) münden in dessen von Mitleid bestimmtes Entgegenkommen (V. 20b); und das Bekenntnis, gesündigt zu haben, zieht – über die Hoffnung auf Anstellung als Tagelöhner (V. 19) hinaus – die Wiederaufnahme als Sohn (V. 22) nach sich.
4. Die Beschreibung des Festes in 15,23 f. wird mit dem Hinweis vollendet, der ältere Sohn habe bei seiner Annäherung ans Haus »Musik und Tanz« gehört (V. 25b–c); und seine auf die Befragung eines Burschen (15,26 f.) folgende Weigerung »hineinzugehen« (V. 28a) führt dazu, dass der Vater »herauskam und ihm zuredete« (V. 28b).

Zudem wird beim Blick auf die Gegenstände und Sachverhalte ein zweiphasiger Verlauf der Geschichte erkennbar: Zunächst erweist sich V. 22 dadurch als Höhepunkt, dass der Vater hier den jüngeren Sohn mit dem Auftrag zur Übergabe des besten Gewands und des Rings erneut in die eingangs aufgehobene Haus- und Erbengemeinschaft aufnimmt. Sodann zeigt sich, wie der Passus 15,30–32 die Erzählung abrundet: Hier kommen alle zuvor eingeführten Gegenstände und Sachverhalte noch einmal zur Sprache, und hier wird die ab V. 11b behandelte Zeitspanne insgesamt überblickt. Die in letztgenannter Hinsicht vorgenommene Fokussierung auf den älteren Sohn setzt freilich schon in V. 29 ein.

Eine an diesen Beobachtungen orientierte Gliederung sähe wie folgt aus:

11b–12	*ein Vater teilte seinen beiden Söhnen* (auf Wunsch des jüngeren) *das Erbe zu*
13$_{init.}$	– und der jüngere holte seinen Anteil zusammen
13*	*der jüngere Sohn zog fort,* lebte in Saus und Braus
14$_{init.}$	– und gab alles aus, was er besaß
15–16	er versank im Elend
17	– und ging in sich
18–20a	*er kehrte* erst innerlich, dann faktisch *um*
20b	– und der Vater kam ihm voller Mitleid entgegen
21	der Heimkehrer bekannte seine Sünde
22	– und der Vater nahm ihn wieder als Sohn auf
23–24	*ein Fest* wurde angeordnet und begonnen
25	– und der ältere Sohn hörte davon
26–28a	er ließ sich von einem Burschen informieren, blieb voller Zorn draußen
28b	– und der Vater kam heraus und redete ihm zu
29	*der ältere Sohn beklagte sich,* der Vater habe ihm niemals ein Fest ausgerichtet
30	– und protestierte gegen das Fest für den sündigen Verschwender
31	der Vater versicherte den Sohn seiner Stellung als Kind und Erbe
32	– und warb um sein Einverständnis mit dem Fest für den »Bruder«

---

[66] Wenn *Schnider*, Söhne 46, Lk 15,11b–13 als szenische »Einheit« definiert, übergeht er den thematischen Neueinsatz mit der Rede vom Lebenswandel des Sohnes in V. 13$_{fin.}$

Solch eine Gliederung lässt vor allem die narrativen Verknüpfungen und damit den inneren Zusammenhang einer Erzählung zutage treten; sie bringt insofern auch ihre thematische Ausrichtung zur Geltung. Freilich überdeckt sie die Einschnitte zwischen den einzelnen Szenen, die durch zeitliche Abstufungen, Ortsveränderungen oder Wechsel im Personentableau markiert werden.

Bei beiden Varianten einer wiederaufnahme-orientierten Gliederung wird darüber hinaus außer Acht gelassen, wie der Text syntaktisch gestaltet ist. Diese Gestaltung ist deshalb im Folgenden auf ihre Bedeutung für den Aufbau einer Erzählung hin zu analysieren.

2.4.4 Auffällige syntaktische Phänomene

Soll ein Text auf der syntaktischen Ebene Gliederungsmerkmale enthalten, so müssen diese aus der Gesamtgestaltung deutlich hervortreten. Dafür kommen einerseits besondere Konjunktionen und Partikeln, andererseits hervorstechende Satzformen und Satzkonstruktionen in Betracht. Um sie identifizieren zu können, bedarf es freilich vorab einer überblicksartigen Wahrnehmung der grundlegenden Prinzipien, nach denen der Text syntaktisch aufgebaut ist.

Lk 15,11b–32 besteht als Erzählung zum einen aus kurzen, meist vier bis zehn Wörter umfassenden Aussagesätzen, zum andern aus diversen, unterschiedlich langen Passagen direkter Rede[67]. Verknüpft werden die Sätze meist durch καί »und« sowie δέ »aber«. Finite Verbformen in den Aussagesätzen erscheinen fast immer in der 3. Person Singular sowie überwiegend im Aorist und verbinden sich öfters mit einem Infinitiv oder einem Partizip; in direkter Rede wechseln sich einerseits verschiedene Tempora, andererseits Indikativformen verschiedener grammatischer Personen, Infinitive und Imperative ab.

In diesem Rahmen fallen folgende Phänomene auf: a) Als Aussagesatz ist bereits der erste Teil von Lk 15,13 (bis einschließlich »in ein fernes Land«) mit 14 Wörtern *ungewöhnlich lang*. Umso mehr gilt dies für V. 20b, dessen Teilsätze über insgesamt 22 Wörter einen zusammenhängenden Handlungsablauf schildern. Beide Teilverse korrespondieren sachlich miteinander, insofern der erste den Fortgang, der zweite die Rückkehr des jüngeren Sohnes thematisiert (worauf auch das hier wie dort belegte Wort μακρά[ν] »fern« hindeutet)[68]. Außerordentlich kurz ist dagegen V. 24c, der nur drei Wörter umfasst.

b) Der letztgenannte Satz sticht auch dadurch hervor, dass ihn ausnahmsweise ein Verb der 3. Person Plural regiert.[69] Er greift damit den seinerseits singulären Adhortativ Plural in Lk 15,23c auf. Diese *Abfolge von Imperativ und Indikativ* wiederum findet ihre Entsprechung in V. 12c–d. An beiden Stellen notiert der Erzähler, dass eine Aufforderung umgehend umgesetzt wurde.

c) Hinsichtlich der Verwendung von Partizipien ziehen die *genitivi absoluti* in Lk 15,14$_{init.}$ und V. 20b$_{init.}$ besondere Aufmerksamkeit auf sich. In beiden Fällen führt die Konstruktion auf eine dramatische Entwicklung der Geschichte hin –

---

[67] Im Einzelnen erstrecken sich diese Passagen über acht (Lk 15,12b–c), 42 (15,17b–19) bzw. 21 (15,18b–19), 14 (V. 21b–d), 43 (15,22b–24b), 17 (V. 27a$_{fin.}$–c), 40 (15,29b–30) und 30 (15,31b–32) Wörter.

[68] Dazu s. o. in Abschnitt 2.4.2.

[69] Die einzige Analogie dazu bietet der Relativsatz über die Schweine in Lk 15,16a.

die im ersten Fall mit dem Ausbruch einer Hungersnot, im zweiten mit dem unerwarteten Entgegenkommen des Vaters anhebt.

d) Beim *Tempusgebrauch in den narrativen Passagen* ist zu beobachten, dass sich der geschilderte Geschehensablauf durch den Einsatz jeweils mehrerer Imperfektformen an zwei Stellen stark verzögert: In Lk 15,16[70] erreicht die in V. 14 einsetzende Schilderung des Elends, in das der jüngere Sohn stürzt, ihren Tiefpunkt;[71] in 15,26–28[72] wird das laufende Fest durch die Reaktion des (in V. 25a erstmals erwähnten) älteren Sohnes in Frage gestellt. Hier wie dort spitzt der Erzähler eine Problematik zu, um sie im Folgenden – durch das Selbstgespräch des jüngeren Sohnes in 15,17–19, durch den Disput[73] zwischen Vater und älterem Sohn in 15,28b–32 – einer Lösung zuzuführen.

e) Der Einsatz von *Tempora und Modi in den Passagen direkter Rede* spiegelt den Ablauf der erzählten Geschichte wider:
- Die Forderung an den Vater in Lk 15,12b–c (Imperativ) bereitet den Fortgang des jüngeren Sohnes vor, weist also in die Zukunft.
- Sein Selbstgespräch führt von der Lagebetrachtung (Präsens in Lk 15,17b–c) zu einem Entschluss (Futur in V. 18a), wobei die konzipierte Rede an den Vater (15,18b–19b) ihrerseits Rückblick, Kommentar zur Gegenwart und Bitte für die Zukunft – jeweils asyndetisch – miteinander verknüpft.
- Bei seiner Ankunft kann der Sohn sein Redekonzept nicht zu Ende führen (Lk 15,21) – an Stelle seiner Bitte erscheint der Auftrag des Vaters an die Diener (15,22 f.) samt einer Begründung (V. 24a–b)[74], welche die Rückkehr des Sohnes als Übergang aus dem Zustand des Todes (Imperfekt) in ein neu beginnendes Leben (ingressiver Aorist) interpretiert.
- Der Wortwechsel in Lk 15,26 f. erfährt eine eigene, zurückhaltende Gestaltung: Die Frage des älteren Sohnes wird nur indirekt wiedergegeben, und ein ὅτι *recitativum* führt die Antwort des zuvor herbeigerufenen Burschen ein. Letztere lenkt dabei den Blick der Leserschaft durch den Gebrauch der Perfektform ἥκει »er ist gekommen« und des präsentischen Partizips ὑγιαίνοντα »gesund« auf die erneute Präsenz des jüngeren Sohnes im Vaterhaus. Der Wortwechsel erscheint somit als eine Art Zwischenspiel, das den abschließenden Dialog zwischen älterem Sohn und Vater vorbereitet.
- Dieser Dialog (Lk 15,28b–32) umfasst ein – inhaltlich vom Erzähler nicht entfaltetes – »Zureden« des Vaters sowie zwei längere Voten, die jeweils einen Überblick über die Beziehungsgeschichte zwischen Vater und Sohn (Präsens samt Aorist in V. 29b–c, Präsens in V. 32b–d) mit einer Bewertung der Festeröffnung (Aorist in V. 30, Imperfekt in V. 32) verbinden.

---

[70] Vgl. ἐπεθύμει χορτασθῆναι »er gierte danach, satt zu werden« – ἤσθιον οἱ χοῖροι »die Schweine fraßen« – οὐδεὶς ἐδίδου αὐτῷ »niemand gab ihm«.

[71] Wie unaufhaltsam dieser Prozess verläuft, wird an der – nur hier konsequent durchgeführten – Verknüpfung aller Sätze in Lk 15,14–16 durch καί »und« anschaulich.

[72] Vgl. ἐπυνθάνετο »er erkundigte sich« – οὐκ ἤθελεν »er wollte nicht« – παρεκάλει »er redete zu« (und zuvor Lk 15,25a: ἦν … ἐν ἀγρῷ »er war auf dem Feld«).

[73] Man beachte, dass in Lk 15,28b–32 die Aktionen und Redebeiträge der Protagonisten durchweg mit δέ »aber« aneinander gefügt sind.

[74] Hier findet sich erstmals die Konjunktion ὅτι in kausaler Bedeutung (»denn/weil«); sie begegnet dann – in demselben Sachzusammenhang – noch zweimal (Lk 15,27c.32b).

Demnach weisen alle Äußerungen der Handlungsträger in der einen oder anderen Weise auf die Notwendigkeit einer feierlichen Erneuerung der Gemeinschaft zwischen dem jüngeren Sohn und seinem Vater voraus oder zurück.

f) Besondere Akzente setzen die je nur einmal belegten *Partikeln* ἔτι »noch« (Lk 15,20b), ταχύ »schnell« (V. 22b), ὡς »als« (V. 25b), ἰδού »siehe« (V. 29b) und ὅτε »als« (V. 30a). Sie alle betonen am Beginn eines Satzes dessen ebenso unmittelbaren wie antithetischen Zusammenhang mit dem jeweils Vorhergehenden. Einzigartig ist zudem die Zitateinleitung mit ἔφη in V. 17a (statt wie sonst εἶπεν); sie hebt das Selbstgespräch 15,17b–19 hervor.

Anhand der notierten Beobachtungen kann man den Aufbau der Erzählung Lk 15,11b–32 exakt nachzeichnen. Daraus entsteht folgende Übersicht:

11b	Vorbemerkung: ein Mensch hatte zwei Söhne
12	**Bitte** des jüngeren um Auszahlung des Erbes (Imp.) → Vollzug der Erbteilung (Ind.)
13$_{init.}$	*der jüngere Sohn holte alles zusammen und zog in ein fernes Land (langer Satz)*
13$_{fin.}$	er verprasste sein Gut
14–16	als er alles ausgegeben hatte (gen. abs.), versank er infolge einer Hungersnot nach und nach im Elend (alle Sätze mit καί verknüpft, am Ende Impf.)
17–19	**Selbstgespräch** (ἔφη): Bestandsaufnahme (Präs.) – Entschluss (Fut.) – Redekonzept (Rückblick, Kommentierung der Gegenwart, Bitte)
20a	Aufbruch zum Vater
20b	*als er noch fern war (ἔτι, gen. abs.),* *eilte ihm der Vater zur Begrüßung entgegen (langer Satz)*
21–24	der Sohn begann mit seiner geplanten **Rede** – an die Stelle seiner Bitte tritt aber der **Auftrag** des Vaters an die Diener (ταχύ), den Sohn einzukleiden und anlässlich seiner Rückkehr aus dem Tod (Impf.) ins Leben ein Fest zu beginnen (Adhortativ Pl.) → Beginn des Festes (Ind. 3. Pl., kurzer Satz)
25a	der ältere Sohn war derweil auf dem Feld (Impf.)
25b	als (ὡς) er heimkam, hörte er den Festlärm
26–27	**Vorgespräch** (einleitend Impf., zurückhaltend gestaltet) mit dem Burschen (Blick auf die Präsenz des jüngeren Sohnes [Perf., präs. Partizip])
28a	Weigerung hineinzugehen (Impf.)
28b	(hier und im Folgenden durchweg δέ): der Vater redete ihm zu (Impf.)
29–32	auf die **Klage** des Sohnes über das Missverhältnis zwischen seiner Beziehung zum Vater (ἰδού, Präs.) und der Eröffnung des Festes für den anderen Sohn (ὅτε, Aor.) **antwortete** der Vater, indem er seine Gemeinschaft mit dem Älteren (Präs.) und die Notwendigkeit (Impf.) eines Freudenfestes anlässlich der Rückkehr des Jüngeren aus dem Tod (Impf.) ins Leben (modifizierte Wiederholung von V. 24a–b) bekräftigte

Die syntaktisch auffälligen Phänomene lassen, so zeigt sich, die Segmentierung des Textes erkennen und erlauben es in ihrer Summe zudem, das Zentrum der Erzählung zu bestimmen. Eine hierarchische Einordnung der Segmente ist aber allein aufgrund dieser Phänomene nicht möglich. Dies liegt vor allem daran, dass ein analoger Wortgebrauch oder Satzbau an verschiedenen Stellen je anderes

Gewicht haben kann.[75] Insofern stellen solche Phänomene zwar »Texttrenner«, nicht jedoch selbständige »Gliederungsmerkmale« dar.[76]

2.4.5 Vorläufige Auswertung

Alle Varianten der sprachorientierten Analyse helfen, den Aufbau einer Erzählung zu erhellen. Sie haben indes jeweils ihre Grenzen: Metakommunikative Sätze mit folgender direkter Rede (2.4.1) und auffällige syntaktische Phänomene (2.4.4) zeigen eine Segmentierung des Textes an, bieten jedoch kaum Ansatzpunkte für eine Hierarchisierung der Segmente; Wiederholungen (2.4.2) lassen sich nur in Verbindung mit anderen Gliederungsmerkmalen als solche werten und gewichten; die Wiederaufnahmestruktur eines Textes (2.4.3) ist nur gesondert mit Blick auf die Handlungsträger (und damit die szenische Gliederung) *oder* die Sachverhalte und Gegenstände (und damit die narrativen Verknüpfungen) der Erzählung zu erheben, sodass jeweils ein relativ einseitiges Bild von der Textstruktur entsteht. Eine sprachorientierte Analyse ist daher ergänzungsbedürftig, wenn ein Text plausibel gegliedert werden soll.

Inwieweit Untersuchung und Auswertung des Stils der Erzählung zu deren Gliederung beitragen können, ist im Folgenden zu prüfen.

2.5 Erzählstilorientierte Analyse

Jede Erzählung weist einen bestimmten Stil auf. Für die Frage nach Gliederungsmerkmalen ist dieser Erzählstil zumal in zweifacher Hinsicht relevant. Bezüglich der zeitlichen und logischen Stringenz der dargestellten Ereignisfolge ist zu erheben, ob und ggf. wo der Text Abschweifungen, Prolepsen, Nachträge, Lücken, Brüche o. Ä. enthält. Im Blick auf seine formale Kohärenz muss geklärt werden, ob und ggf. wo ein Wechsel der Textsorte, der Erzählperspektive oder der Darstellungsintensität erfolgt. An Lk 15,11b–32 lassen sich der Nutzen und die Grenzen solcher Betrachtungsweise gut erkennen.

Was die *formale Kohärenz* betrifft, so ist die Erzählung generell durch eine »auktoriale Fokalisierung«[77] geprägt. Freilich begnügt der Erzähler sich überwiegend damit, den Geschehensverlauf zu beschreiben. Nur je einmal bewertet er einen Vorgang und gewährt Einblick in die Gedanken eines Protagonisten: In Lk 15,13$_{fin.}$ redet er von der »heillosen« Lebensweise, mit der der jüngere Sohn sein Gut »vergeudet« habe, in 15,17–19 gibt er dessen Selbstgespräch wieder. Alle weiteren Kommentare erfolgen seitens der Erzählfiguren; die aber bewerten häufig – und zwar durchweg den Werdegang jenes Sohnes.

In Lk 15,30a wird die Wertung aus V. 13$_{fin.}$ seitens des älteren Sohnes expliziert: Der Jüngere habe das väterliche »Eigentum mit Huren aufgezehrt«. Zuvor interpretiert dieser selbst

---

[75] Dies zeigt etwa Lk 15,20b, wo der einleitende *genitivus absolutus* dem in V. 14a, die Satzlänge aber der von V. 13$_{init.}$ entspricht. Ferner stehen die durch ταχύ »schnell« (V. 22b) und ἰδού »siehe« (V. 29b) eingeleiteten Voten erkennbar nicht auf derselben Ebene.

[76] Zur Unterscheidung der Begriffe s. o. bei Anm. 26 und Anm. 36.

[77] Vgl. *Ebner/Heining*, Exegese 83 (in Anlehnung an Gérard Genette): »Die *auktoriale Fokalisierung* … ist dadurch charakterisiert, dass der Erzähler mehr weiß bzw. mitteilt, als irgendeine seiner Erzählfiguren weiß bzw. wahrnimmt. … er hat die *Übersicht*.«

seine »heillose« Lebensweise als »Sünde« (V. 18c.21c), die zum Verlust der Sohneswürde (V. 19a.21d), ja, wie der Vater formuliert, in Tod und Verderben (V. 24a–b.32b–c) geführt habe. Die Heimkehr ins Vaterhaus hingegen deutet der Bursche als »Gesundung«[78], der Vater als Rückkehr ins Leben (V. 24a–b.32b–c) und deshalb als Anlass zur Freude (V. 32a).

Immerhin zweimal werden Gefühle von Handlungsträgern benannt: in V. 20b das »Mitleid« des Vaters mit dem »verlorenen« Sohn, in V. 28a der Zorn des älteren Sohnes angesichts des Festes für jenen Tunichtgut.[79] Doch auch dies bleibt etwas Besonderes und dient jeweils dazu, zu begründen, wie sich Vater und Bruder jenem Sohn gegenüber verhalten.

Die Erzählperspektive bleibt durchgehend die des Berichterstatters. Freilich fokussiert dieser immer abwechselnd den Vater in seiner Hinwendung zu den Söhnen (Lk 15,11b–12.20b–24.28b–32)[80] und einen Sohn in der Begegnung mit anderen Erzählfiguren (15,13–20a.25–28a).

Die Darstellungsintensität schwankt stark. Nach der einleitenden Angabe zur Figurenkonstellation (Lk 15,11b), die auf jede weitere Charakterisierung verzichtet, wird kurz von der Bitte des jüngeren Sohnes um Auszahlung seines Erbteils und der Teilung des Erbes durch den Vater erzählt (V. 12). Es folgen ein Zeitsprung (»nach wenigen Tagen«), die zusammenfassende Darstellung von Vorbereitung[81], Vollzug und Ziel des Auszugs sowie eine summarische Aussage über die Lebensweise des Sohnes in der Fremde (V. 13). Ursache und Anlass seines Eintritts in eine Mangelsituation werden ebenfalls knapp zusammenfassend benannt (V. 14). Die Aussage »er *begann* zu darben« (V. 14b) bildet dann jedoch den Horizont für eine konkrete Schilderung seines Elends (15,15 f.) und die ausführliche Wiedergabe einer gedanklichen Reflexion darüber (15,17–19), die den Hinweis auf den Aufbruch zum Vater nach sich zieht (V. 20a). Nach einem erneuten, im Wortlaut nur angedeuteten Zeitsprung (»noch«) beschreibt der Erzähler ausführlich, wie der Vater den Heimkehrer empfing (V. 20b),[82] um dann zu zitieren, was der Sohn vor dem Vater bekannte (V. 21) und wozu dieser daraufhin die Diener anhielt (15,22–24b). Die Erfüllung des Auftrags wird weitgehend ausgespart; V. 24c notiert lediglich den Beginn des Festes. Die V. 14b entsprechende Formulierung »sie *begannen* zu feiern« markiert aber zugleich den Horizont für den Rest der Erzählung.[83] Dieser setzt mit einer Zustandsbeschreibung ein

---

[78] Dazu s. o. Anm. 64.

[79] Vgl. *Bovon*, Evangelium III 43. – εὐφραίνεσθαι meint in Lk 15 vor allem den wahrnehmbaren Vollzug der »Feier« (vgl. V. 25c: »er hörte Musik und Tanz«, im Anschluss an V. 24c, ferner V. 29c). Diese ist zwar Ausdruck empfundener Freude (V. 32a); doch an sich bezeichnet das Verb hier – anders als in 12,19; Apg 2,26 – nicht »die *Gestimmtheit* der Freude« als »inneren Vorgang« (*Bultmann*, εὐφραίνω 770). Auch das »Gieren« in Lk 15,16a ist, wie V. 16b belegt, primär als Äußerung, nicht als Empfindung des Verlangens zu verstehen.

[80] Man beachte, dass der Vater hier jeweils zuerst Subjekt (Lk 15,11b.20b.28b), dann Objekt (V. 12a.21a.29a) und erneut Subjekt (V. 12d.22a.31a) des Geschehens ist. 15,25–32 ist also keineswegs durchweg aus der »Perspektive des älteren Sohnes« (*Stock*, Textentfaltungen 34) erzählt.

[81] Dabei hat συνάγω wohl den »Nebensinn … zu Geld machen« (*Bauer*, Wörterbuch s. v. 1. mit Verweis auf Plutarch, Cato Minor 6,7: »Erbe zu Silbergeld machend« [συναγαγών]).

[82] *Funk*, Poetics 181, erkennt in Lk 15,20a.b einen Übergang von erzählender zu aufführender Darstellungsweise, lässt dabei aber die direkte Rede in V. 12 und 15,17–19 außer Acht.

[83] Vgl. die Aufnahme des Infinitivs εὐφραίνεσθαι in Lk 15,32a: εὐφρανθῆναι … ἔδει.

(V. 25a) und schildert dann konkret, wie der ältere Sohn nach Hause kam und auf das laufende Fest reagierte (15,25b–28a).[84] Dabei mündet die Schilderung freilich in eine zusammenfassende Kennzeichnung seiner ablehnenden Haltung (V. 28a), gefolgt von einer zusammenfassenden Darstellung des väterlichen Bemühens, ihn von dieser Haltung abzubringen (V. 28b). Am Ende steht ein ausführlich zitierter Wortwechsel zwischen Sohn (15,29 f.) und Vater (15,31 f.).

Die Schwankungen der Darstellungsintensität sind nun öfters mit mangelnder *zeitlicher oder logischer Stringenz* der Erzählung verknüpft. So lassen sich Lk 15,15–19 und 15,26 f. als Abschweifungen werten; beide Abschnitte unterbrechen den Handlungsablauf, freilich so, dass das jeweils Mitgeteilte die Fortsetzung des Geschehens in V. 20a (nach V. 14) und V. 28a (nach V. 25) plausibilisiert. Zugleich bildet 15,18 f. eine ausgedehnte Prolepse: Hier antizipiert der jüngere Sohn seinen Aufbruch zum Vater (s. V. 20a) und das Bekenntnis, das er ihm vorträgt (s. V. 21); der vorgesehene Schlusssatz (V. 19b) fällt in der Umsetzung jedoch aus.[85] Demgegenüber erfolgt in V. 25a eine Rückblende: Zum Zeitpunkt der Ankunft seines Bruders war der ältere Sohn auf dem Feld. Rückblicke, die zeitlich auf die Einleitung (V. 11b) zurück – und damit über den Zeitrahmen der eigentlichen Geschichte (15,13–32) hinaus – führen, finden sich dann in den Schlussvoten des älteren Sohns und des Vaters (V. 29b–c.31c–d); sie tragen auch in der Sache Informationen nach.

Logische Unebenheiten begegnen zumal in der zweiten Texthälfte. Schon dass der Vater den jüngeren Sohn laut Lk 15,20b »von ferne kommen« sah, »als hätte er immer auf ihn gewartet«[86], sprengt den Rahmen des Erwartbaren. Ein wirklicher Bruch liegt zwischen V. 21 und V. 22 vor: Statt dem Heimkehrer auf sein Bekenntnis zu antworten, wendete sich der Vater sogleich an seine Diener; dabei wird überdies ihre Präsenz beim Vater oder dessen Rückkehr zum Haus vorausgesetzt. Auch der Übergang von V. 24 zu V. 25 erscheint unlogisch: Dass der Vater das Fest für den jüngeren Sohn beginnen ließ, ohne den älteren dazuzuholen, sodass dieser bei der Rückkehr vom Feld erst einen Burschen befragen musste, wieso im Haus gefeiert werde (15,25 f.), ist kaum nachvollziehbar. Holperig wirkt ferner der Anschluss von V. 28b an V. 28a, da offen bleibt, wie der Vater erfuhr, dass der ältere Sohn »nicht hineingehen wollte«. All diese Unebenheiten[87] erweisen den Text als Gleichnis: als fiktionale, von der Wirklichkeit Gottes her entworfene Erzählung. Sie haben aber darüber hinaus als Brüche im Geschehensverlauf auch Bedeutung für die Struktur des Textes.

Die Gliederung, die sich aus den notierten Beobachtungen ergibt, lässt sich wie folgt in einer Übersicht darstellen:[88]

---

[84] Dieser Passus präsentiert – in Strukturanalogie zu den auf den Vater fokussierten Passagen (s. o. Anm. 80) – den älteren Sohn sukzessive als Subjekt (Lk 15,25 f.), Objekt (V. 27) und wieder Subjekt (V. 28a) des Geschehens.

[85] Dazu s. o. bei Anm. 74. Eine »Rückblende« (*Schnider*, Söhne 46) ist Lk 15,21 nicht.

[86] *Klein*, Lukasevangelium 531. Dass Lk 15,20b den »Zusammenhang von Rückkehr und Sündenbekenntnis« unterbricht, ist demgegenüber aus erzähltechnischer Sicht durchaus nachvollziehbar; vgl. *Rau*, Reden 186 f.

[87] Außerdem s. o. bei Anm. 60. – Die Unebenheiten übergeht *Erlemann*, Gleichnisauslegung 142, wenn er pauschal behauptet: »die Situation erscheint durchaus vorstellbar«.

[88] Dabei sind auktoriale Einträge des Erzählers **fett** gesetzt, Kommentare der Erzählfiguren gerahmt, Abschweifungen *kursiviert*, Prolepsen und Rückblicke <u>unterstrichen</u>, Zeitsprünge

der Vater	11b	Figurenkonstellation: Ein Mensch hatte zwei Söhne
u. seine Söhne	12	Bitte um Auszahlung des Erbes und Vollzug der Erbteilung

der jüngere	13$_{init.}$	Vorbereitung und Durchführung des Auszugs in ein fernes
Sohn in der		Land
Fremde	13$_{fin.}$	seine **heillos-verschwenderische** Lebensweise
	14	Verausgabung aller Mittel und Ausbruch einer Hungersnot
		→ »er begann zu darben«
	15–16	*sein Elend als Schweinehirt bei einem Bürger jenes Landes*
	17–19	*sein **Selbstgespräch**, darin:*
		Antizipation des Aufbruchs und des Bekenntnisses
	20a	sein Aufbruch zum Vater

der Vater	20b	entgegenkommender Empfang durch den Vater
und sein		– **voller Mitleid**
jüngerer	21	Bekenntnis des Sohnes
Sohn	22–24b	Auftrag des Vaters an die Diener, darin:
		Kommentierung des Fortgangs und der Heimkehr des Sohnes
	24c	→ »sie begannen zu feiern«

der ältere	25a	Rückblende: der ältere Sohn war auf dem Feld
Sohn vor	25b–c	Rückkehr und Wahrnehmung des Festes
dem Haus	26–27	*Aufklärung über das Fest durch einen Burschen, darin:*
		Kommentierung der Heimkehr des Bruders
	28a	Weigerung hineinzugehen – **voller Zorn**

der Vater	28b	Herauskommen und Zureden des Vaters
und sein	29–32	Dialog: Rückblick auf ihre Vater-Kind-Beziehung und Kon-
älterer Sohn		trastierung mit der Eröffnung des Festes für den jüngeren Sohn,
		darin:
		Kommentierung des Fortgangs und der Heimkehr dieses Sohnes

Eine erzählstilorientierte Analyse ermöglicht es also, eine Erzählung in Szenen zu gliedern, dabei die narrativen Verbindungen zwischen ihnen darzustellen und zu erheben, welche Elemente und Passagen der Erzähler mit besonderen Akzenten versehen hat. Eine Unschärfe des Verfahrens erwächst jedoch aus dem Sachverhalt, dass gleichartige Phänomene unterschiedlich verwendet und auf verschiedenen Ebenen der Erzählung angesiedelt sein können.

Unterschiedlich verwendet sind innerhalb von Lk 15,11b–32 z. B. die beiden Einblicke in die Gefühle von Vater (V. 20b) und älterem Sohn (V. 28a): Der erste steht am Beginn, der zweite am Ende einer Szene. Auf verschiedenen Ebenen der Erzählung liegen etwa die Zeitsprünge zwischen V. 12 und V. 13, zwischen V. 20a und V. 20b sowie vor und nach V. 24c, ferner die jeweils das folgende Geschehen vorbereitenden Aussagen in V. 14b und V. 24c.

Infolge dieser Unschärfe erlaubt es eine am Erzählstil orientierte Untersuchung nicht, die identifizierten Szenen und die darin enthaltenen Passagen der Erzählung in eine hierarchische Ordnung zu bringen. Solch eine Analyse ist deshalb ihrerseits darauf angewiesen, durch Beobachtungen zu Thema, Inventar und Sprache des Textes präzisiert zu werden.

---

durch Abstände zwischen den Absätzen und logische Unebenheiten durch Sperrdruck markiert. Das Abnehmen der Darstellungsintensität ist durch Einrückungen angezeigt.

2.6 Zusammenfassende Auswertung

Um die verschiedenen Analyseverfahren evaluieren zu können, muss zuerst geprüft werden, inwieweit die jeweils für die Gliederung von Lk 15,11b–32 erzielten Ergebnisse miteinander kompatibel sind. Der Vergleich erfolgt zum Zwecke der Übersichtlichkeit am besten so, dass man dem Verlauf der Erzählung in ihren Hauptteilen und Abschnitten folgt. Sodann ist aufgrund der beim Vergleich zu gewinnenden methodologischen Einsichten ein praktikables Verfahren zur Gliederung neutestamentlicher Erzählungen zu entwickeln.

2.6.1 Vergleich der Ergebnisse für die Gliederung von Lk 15,11b–32

Die meisten Analysen grenzen Lk 15,11b–12 als erste Sinneinheit des Textes ab. Deren Eigenständigkeit ergibt sich aus dem Befund, dass nur in diesem Passus der Vater und beide Söhne präsent sind [I][89], dass hier der Vater als Hauptfigur der Erzählung eingeführt wird [W_H] und agiert [E], dabei – auf Wunsch des jüngeren Sohnes [S] – die für alle weiteren Ereignisse grundlegende Erbteilung vornimmt [W_G] und damit die Voraussetzung schafft, aus der sich die ganze Beziehungsgeschichte mit ihren Problemen und deren teils vollzogenen, teils angebotenen Lösungen entwickelt [T]. Insofern aber der Abschnitt sowohl die Figurenkonstellation als auch die Ausgangssituation für die weitere Geschichte benennt, ist er als Einleitung der Erzählung anzusehen.

Aus dieser Eigenart erklärt sich auch, dass zwei Analysen Zusammenhänge mit dem Folgenden zutage treten lassen: Die direkte Rede des jüngeren Sohnes (Lk 15,12b–c) verbindet V. 12 mit 15,13–21 [M]; die im selben Vers gebotene Darstellung der Erbteilung findet in V. 13$_{init.}$ ihren Abschluss [W_G]. Beide Beobachtungen widerstreiten nicht der Abgrenzung von 15,11b–12; sie machen vielmehr – wie auch das Schwanken der Darstellungsintensität zwischen V. 11b und V. 12 [E] – darauf aufmerksam, dass die Einleitung aus zwei Elementen besteht und mit dem zweiten den Grund für die anschließend geschilderte Ereignisfolge legt.

Lk 15,13 wird dann anhand diverser inhaltlicher und formaler Merkmale als markanter Neueinsatz erwiesen; dabei kommen die gegenüber 15,11b–12 stattfindenden Veränderungen in der Figuren- und Zeitkonstellation aus verschiedenen Blickwinkeln mehrfach zur Geltung.

Im Zeichen des Themas »Freudvolle Wiederherstellung der Gemeinschaft zwischen dem Vater und seinen Söhnen« signalisiert der Vers die erste einschneidende Veränderung im Beziehungsgefüge der Protagonisten; er enthält explizite Angaben zum Zeitverlauf sowie zum Ortswechsel und richtet die Erzählung für die nächsten Verse auf den jüngeren Sohn aus [I]; dieser wird dabei nach Lk 15,12a erneut, aber auch zum letzten Mal explizit »der jüngere Sohn« genannt [W_H]; mit den Notizen zu seiner Emigration und seiner Lebensweise führt V. 13 zugleich einen neuen, für die Geschichte wesentlichen Sachverhalt ein [W_G]; überdies sticht schon der erste Satz durch seine außergewöhnliche Länge hervor [S];

---

[89] Im Folgenden werden Hinweise auf die unterschiedlich orientierten Analyseverfahren mit folgenden, den jeweils maßgebenden Gesichtspunkten entsprechenden Kürzeln gegeben: [T] = Thema, [I] = Inventar, [M] = metakommunikative Sätze, [W] = Wiederholung, [W_H] = Wiederaufnahme von Handlungsträgern, [W_G] = Wiederaufnahme von Gegenständen und Sachverhalten, [S] = syntaktisch auffällige Phänomene, [E] = Erzählstil.

der Vers enthält schließlich mit der Rede von Vergeudung und heillosem Leben die erste Wertung des Erzählers und ist von V. 12 durch einen Zeitsprung und einen Wechsel der Fokussierung (vom Vater auf den jüngeren Sohn) abgegrenzt [E].

Die eröffnende Funktion von Lk 15,13 bezieht sich naturgemäß auf mehrere Ebenen des Textes.[90] Fasst man zunächst die hier einsetzende Geschichte als ganze ins Auge, so lässt die Untersuchung der Wiederaufnahmestruktur den Bogen zutage treten, der sich von V. 13 bis ans Ende spannt: Im finalen Dialog zwischen älterem Sohn und Vater beziehen sich beide jeweils zum Abschluss ihrer Voten auf den jüngeren Sohn [W$_H$] und kommentieren seine Vergeudung des väterlichen Erbes und sein heilloses Leben in der Fremde (V. 30a.32b–c), wobei der Vater zudem auch seinen Fortgang bewertet [W$_G$].

Die meisten Analysen weisen sodann 15,13–24 als ersten Hauptteil der Erzählung aus: Die Aufnahme des jüngeren Sohns mit einem Freudenfest besiegelt die Heilung des durch seinen Fortgang verursachten Zerwürfnisses [T]; in V. 24c tritt er zum letzten Mal als Handlungsträger auf [I, W$_H$]; zugleich bringt dieser überaus kurze Satz [S] unter Aufnahme des Stichworts »feiern« aus V. 23c [W] die Ausführung des väterlichen Festauftrags zur Sprache [S] – und weist mit dieser Strukturparallele zu V. 12 ebenso auf die Einleitung zurück, wie es die Bezeichnung »der Vater« in V. 22a tut [W$_H$]; die Rede des Vaters (15,22–24b) beschließt ihrerseits die Reihe der auf ihn gerichteten Äußerungen jenes Sohnes (15,12a–c.17–19.21) [M] – von denen die letzte Elemente der zweiten wiederholt [W]; dabei bestätigt jene Rede rückblickend die Selbsteinschätzung des Heimkehrers als Sünder, weist aber seine Aussage, er habe die Sohneswürde verspielt, für Gegenwart und Zukunft zurück [W$_H$, S, E] und macht ihn – statt, wie er selbst es ins Auge fasste, zu einem, der den Tagelöhnern gleicht – erneut zum Mitglied der eingangs aufgehobenen Erbengemeinschaft [W$_G$].

Beim Blick auf die Wiederaufnahme zentraler Sachverhalte wird allerdings deutlich, dass Anordnung und Vollzug des Festes (Lk 15,23 f.) auch bereits die Ausgangssituation für den Rest der Erzählung (15,25–32) herbeiführen. Dieser Einsicht entsprechen weitere Beobachtungen: In V. 22a tritt mit den »Dienern« eine neue Gruppe von Handlungsträgern in Erscheinung [I], die als geladene Festteilnehmer (V. 23c.24c) zum Gegenbild des älteren Sohnes werden – denn dieser informiert sich bei einem der »Burschen« (V. 26 f.) über das Fest [W$_H$], bleibt ihm dann voller Zorn fern und schreibt sich dabei selbst die Rolle eines Dieners (V. 29b) zu [W]; die Rede von der Schlachtung des Mastkalbes (V. 23a–b) wird im Folgenden zweimal aufgegriffen [W]; der durch Zeitsprünge hervorgehobene Satz V. 24c markiert mit seiner zu V. 14b analogen Formulierung den Horizont des weiteren Geschehens [S]. Somit erweist sich 15,22–24 als Höhe- und Wendepunkt der Erzählung, mit dem ihr erster Hauptteil abgeschlossen, zugleich aber ihr weiterer Verlauf vorbereitet wird.

Der Aufbau des Hauptteils Lk 15,13–24 stellt sich bei Anwendung verschiedener Analyseverfahren im Groben recht einheitlich dar. Die thema- und die inventarorientierte Analyse lassen jeweils zwei Abschnitte erkennen, von denen der erste (15,13–20a) dem Leben des jüngeren Sohnes in der Fremde, der zweite

---

[90] Vgl. dazu *Schleiermacher*, Hermeneutik 175, Kautele 2.a (s. o. bei Anm. 11).

(15,20b–24) seiner Begegnung mit dem Vater gewidmet ist. Dabei wird der Neueinsatz in V. 20b durch das Auftreten des Vaters [T, I] und die impliziten bzw. nachträglichen Hinweise auf eine Zeitverschiebung und einen Ortswechsel [I] markiert. Weitere Indizien für diese Abgrenzung sind einerseits die teils sachlichen, teils sprachlichen Verknüpfungen der Aufbruchsnotiz V. 20a mit dem Selbstgespräch des Sohnes [M, W] und dem Hinweis auf seine Mangelsituation in V. 14 [E], andererseits in V. 20b die Aufnahme des Wortes »fern« aus Vers 13 [W] – auf den V. 20b zudem durch die außergewöhnliche Länge des Satzes zurückweist [S] –, der *genitivus absolutus* und die singuläre Partikel »noch« am Beginn des Verses [S], ferner der erstmalige Einblick in die Gefühle eines Protagonisten sowie der Wechsel des narrativen Fokus, der Zeitsprung und die logische Unebenheit im Anschluss an V. 20a [E]. Dem steht die Antizipation des Bekenntnisses V. 21 in 15,18 f. keineswegs entgegen; sie verstärkt nur den sachlichen Zusammenhang beider Abschnitte [E]. Allerdings ist V. 20a durchaus eng mit 15,20b–21 verbunden: Die Handlungsträger sind hier und dort dieselben [W_H], und der Aufbruch des Sohnes mündet in das Entgegenkommen seines Vaters [W_G], das seinerseits unmittelbar zum Bekenntnis des Sohnes führt [M]. Man wird V. 20a daher als Schlusssatz auffassen müssen, der zugleich das Folgende einleitet.

Der Abschnitt Lk 15,13–20a ist in sich seinerseits zweigeteilt und schildert zuerst, bis V. 16, wie der jüngere Sohn infolge seiner Lebensweise im Elend versinkt, sodann seine innere und faktische Umkehr [T]. Diese Einteilung wird durch diverse Textmerkmale bestätigt: die gedankliche Kontaktaufnahme zum Vater in V. 17 sowie die Erwähnung weiterer Personen – einerseits in der Fremde (15,15 f.), andererseits beim Vater [I, W_H]; die Zitation eines Selbstgesprächs [M, E] mit doppelter begrifflicher Rahmung (15,17–20a) [W] und einzigartiger Redeeinleitung [S]; zudem die Verzögerung des Geschehensablaufs in V. 16 [S]. Es gilt freilich Zweierlei zu beachten: Erstens spiegelt innerhalb des Selbstgesprächs die Bestandsaufnahme V. 17 das zuvor geschilderte Elend hinsichtlich seiner Eigenart wie seiner Lokalisierung [I] wider, während die Rückkehr zum Vater erst ab V. 18 thematisiert wird [W_G]; zweitens weist V. 14b auf das Eintreten des Mangels hin, der das weitere Handeln des jüngeren Sohnes bis V. 20a bestimmt, wobei der Passus 15,15–19 insgesamt eine – konkretisierende – Abschweifung darstellt [E]. Diese Sachverhalte widerstreiten der genannten Einteilung aber nicht, sondern unterstreichen zum einen die Kohärenz des ganzen Handlungsablaufs, zum andern die Brückenfunktion, die dem Selbstgespräch des Sohnes zwischen der Darstellung seines Niedergangs und dem Hinweis auf seinen Aufbruch zukommt.

Mit den meisten Analyseverfahren kann man die beiden Teilabschnitte Lk 15,13–16 und 15,17–20a intern jeweils noch einmal gliedern:
– In Lk 15,13–16 leitet V. 14 den Passus ein, der die Folgen der Vergeudung schildert [T]. Die implizite Zeitangabe am Versbeginn markiert dabei einen Neueinsatz [I], der mit dem *genitivus absolutus* den Hinweis auf eine dramatische Situationsveränderung vorbereitet [S]. Die Angabe »und er begann zu darben« (V. 14b) fungiert dann als Übergang: Einerseits rundet sie, vor der Einführung neuer Handlungsträger in V. 15 f. [W_H], die Lagebeschreibung ab, andererseits eröffnet sie einen Zeitraum, in den die konkrete Zuspitzung des Elends [W_G] als unaufhaltsam erscheinender Prozess [S] eingezeichnet wird [E].

– Lk 15,17–20a enthält das Selbstgespräch samt Redeeinleitung sowie die Notiz zur Umsetzung des darin gefassten Beschlusses, zum Vater aufzubrechen [I, M, W, W_G, E]. Dabei kommt dem Entwurf einer Rede an den Vater (15,18a*fin.*–19) besonderes Gewicht zu [M].

Lk 15,20b–24 hingegen besteht aus mehreren Elementen, die sich auf verschiedene Weisen einander zuordnen lassen: Man kann die Beschreibung des Empfangs des Heimkehrers (V. 20b) von dem diesen Vorgang kommentierenden Wortwechsel samt dem daran anschließenden Festbeginn (15,21–24) unterscheiden [T, S]. Man kann auch Begegnung und Gespräch zwischen Vater und Sohn (15,20b–21) von der – in logischer Hinsicht kaum folgerichtigen [E] – Rede des Vaters an die Diener und der Durchführung seines Auftrags (15,22–24) abgrenzen [I, M, W_H]. Ferner kann man in 15,20b–22 die Wiederaufnahme des Sohnes ins Haus, in 15,23 f. sodann die Anordnung und Eröffnung des Festes dargestellt sehen [W_G]. Alle drei Einteilungen wären schließlich noch dadurch zu modifizieren, dass man V. 24c als separate, weil durch einen Zeitsprung vom Voranstehenden abgegrenzte Schlussnotiz auffasst, die zugleich zum Folgenden überleitet [E]. Die Vielfalt an Gliederungsmöglichkeiten erwächst aus der zentralen Stellung und Bedeutung des Abschnitts innerhalb der Erzählung. Dieser Eigenart entsprechend ist nämlich jedes seiner Elemente – das herzliche Entgegenkommen des Vaters, das Bekenntnis des Heimkehrers, die Anweisung zu seiner Wiederaufnahme als Sohn, die Anordnung des Festes samt Begründung sowie der Auftakt zum Fest – von großem Gewicht und dadurch gekennzeichnet, dass es sowohl das jeweils vorhergehende Geschehen bündelt als auch die jeweils anschließenden Ereignisse veranlasst. Es legt sich deshalb nahe, bei einer internen Gliederung des Abschnitts alle fünf Elemente gesondert auszuweisen.

Mit Lk 15,25a beginnt dann, das zeigen fast alle Analysen, der zweite Hauptteil der Erzählung.[91]

Der Vers eröffnet eine neue Problemstellung, die mit der von Lk 15,13 auf einer Ebene steht [T]; den Neueinsatz markieren die Zeitverschiebung, der Ortswechsel und das erstmalige Auftreten des dritten, explizit »sein älterer Sohn« genannten Protagonisten [I, W_H], ferner die im Impf. formulierte [S], nach einem Zeitsprung als Rückblende wirkende und in logischer Hinsicht auffällige Zustandsbeschreibung sowie der Wechsel des narrativen Fokus [E].

Die innere Kohärenz dieses Hauptteils ergibt sich aus der Lokalisierung am »Haus«, vor allem aber aus der konsequenten Ausrichtung auf den älteren Sohn [I], der – nach seiner Vorstellung nur mit Artikeln oder Pronomina bezeichnet [W_H] – an allen Gesprächen beteiligt ist [M] und dabei jeweils gegen die Feier der Rückkehr seines Bruders protestiert [W_G], während beide Gesprächspartner das Fest mit einer positiven Wertung dieser Rückkehr begründen [E]. Der Schluss des Hauptteils weist dabei nicht nur durch Satz- und Wortwiederholungen (V. 29c.30b.32) [W] sowie eine Strukturanalogie (15,28b–32) [M] auf den Schluss des ersten Hauptteils (15,23 f. bzw. 15,20b–24) zurück, sondern führt überdies durch die Wiederaufnahme vieler Figuren und Sachverhalte – bis hin zu dem mit

---

[91] Zum Anschluss an Lk 15,22–24 s. o. S. 39.

V. 11b eröffneten Zeitraum – in 15,29–32 [W_H] bzw. 15,30–32 [W_G] alle wichtigen Fäden der Erzählung zusammen.

Sämtliche Analysen stimmen ferner darin überein, dass sie zu einer Zweiteilung von Lk 15,25–32 führen. Dabei ziehen die meisten die Grenze nach V. 28a: Hier erhält man noch einmal Einblick in die Gefühle eines Protagonisten [E] – und dann treibt V. 28b die Beziehungsgeschichte mit dem Herauskommen und Zureden des Vaters voran [T], lässt also mit Hilfe einer impliziten Ortsangabe erneut die Hauptfigur auftreten [I], bietet damit einen V. 20b entsprechenden [M], seinerseits in logischer Hinsicht etwas holperigen Neueinsatz [E], der die Verzögerung des Handlungsablaufs in 15,26 und V. 28a beendet [S], den narrativen Fokus vom älteren Sohn auf den Vater verschiebt [E] und einen Dialog zwischen beiden eröffnet, der die Geschichte zum Ende bringt [T]. Es gilt allerdings zu beachten, dass der Vater in V. 28b auf das in V. 28a geschilderte Verhalten seines älteren Sohnes reagiert. Man könnte daher V. 28 insgesamt als Eröffnung des zweiten Abschnitts werten, die dann in ihren beiden Elementen durch 15,29 f. und 15,31 f. entfaltet wird [W_H]; man könnte den Vers indes auch als Abschluss des ersten Abschnitts ansehen, auf den hin V. 29 einen neuen Sachverhalt einführt [W_G]. Da jedoch keine der Möglichkeiten eindeutig den Vorzug verdient und beide die genannten, segmentierenden Merkmale von V. 28b außer Acht lassen, widerlegen sie die vorgeschlagene Gliederung nicht. Der innere Zusammenhang des ganzen Verses macht vielmehr deutlich, dass seine erste Hälfte auch das Folgende vorbereitet, während seine zweite Hälfte auch das Vorhergehende abrundet.

Beide Abschnitte lassen sich anhand bestimmter Merkmale auch intern noch einmal gliedern: In Lk 15,25–28a sind eine Rückblende [E] auf den Aufenthalt des Sohnes auf dem Feld [I], der mit impliziter Zeitangabe versehene Hinweis auf seine Rückkehr und Annäherung ans Haus [T, I, W_G], die – als Abschweifung zu wertende [E] – Schilderung seiner Begegnung sowie Unterredung [M] mit einem Burschen [I, W_H] und die Reaktion des Sohnes darauf [W_G, E] zu unterscheiden. 15,28b–32 wiederum enthält eine Aussage über die Hinwendung des Vaters zum älteren Sohn [T] und den Wortwechsel zwischen ihnen [M], wobei beide Voten jeweils zunächst die Beziehung der beiden Gesprächspartner, dann – durch Veränderungen der Zeitstufe und der Figurenkonstellation sowie durch Wiederholungen [W] und Wiederaufnahmen [W_H, W_G] deutlich abgesetzt [I, S. E] – die Entscheidung des Vaters, ein Fest für den heimgekehrten jüngeren Sohn zu geben, thematisieren.

Zusammenfassend ist festzustellen: Die verschiedenen Verfahren zur Analyse des Aufbaus von Lk 15,11b–32 führen zu Ergebnissen, die zu einem beträchtlichen Teil deckungsgleich und prinzipiell miteinander vereinbar sind. Kleine Differenzen ergeben sich dort, wo Hauptteile, Abschnitte und Teilabschnitte aneinander grenzen – und zwar jeweils aus dem Sachverhalt, dass einerseits ein Abschluss oft auch zur folgenden Sinneinheit hinführt, andererseits deren Einleitung häufig auch das Voranstehende bündelt. In solchen Fällen ist zu entscheiden, ob die betreffenden Elemente primär abgrenzen oder überleiten. Diese Entscheidung kann man, wie sich gezeigt hat, zuverlässig anhand der Mehrzahl der in die eine oder andere Richtung weisenden Textmerkmale fällen. Gewichtige Differenzen zwischen den Analysen bestehen nur an einer Stelle: bei der internen

Gliederung von 15,20b–24. Hier bringt es nämlich die zentrale Bedeutung des Abschnitts mit sich, dass sich – wie erst eine vergleichende Übersicht der verschiedenen Analysen sichtbar macht – bei jedem seiner Elemente abschließende und weiterführende Aspekte die Waage halten. In diesem Fall liegt es daher nahe, auf die Bündelung mehrerer Elemente zu Gliederungseinheiten zu verzichten. Zugleich macht aber gerade dieses Ergebnis deutlich, dass die Rede des Vaters an die Diener mitsamt der anschließenden Festeröffnung den Höhe- und Wendepunkt der Erzählung darstellt.

Aufgrund der Zusammenschau der Analysen kann man für Lk 15,11b–32 demnach umseitige Gliederungsübersicht erstellen:[92]

Diese Gliederung lässt den Gedankengang des Textes in seiner hierarchischen Ordnung klar zutage treten. Sie macht dabei insbesondere deutlich, dass die Erzählung Lk 15,11b–32 darauf hinausläuft, dem doppelten Auftrag des Vaters an die Diener (15,22–24b) unter dem Vorzeichen seiner Umsetzung (V. 24c) das väterliche Werben um den älteren Sohn (15,28b–32) gegenüberzustellen: So, wie die Diener durch ihre – der Anordnung des Vaters entsprechende – Teilnahme am laufenden Fest ihren Status als dem Haus des Vaters zugehörige »Burschen« bewähren, so soll der ältere, sich selbst als Diener betrachtende Sohn – auf der Basis der väterlichen Bestätigung seines eigenen Status als »Kind« – durch sein Einverständnis mit der feierlichen Wiederaufnahme des jüngeren Sohnes seine Rolle als dessen »Bruder« wahrnehmen. In der Tat wäre die Einsicht, dass darin die Pointe der Erzählung besteht, ohne eine gründliche Analyse ihrer Struktur und eine daraus erwachsende Gliederung gar nicht zu gewinnen.

---

[92] In der Übersicht sind der Höhe- und Wendepunkt der Erzählung sowie die Sach- und Stichwortbezüge des zweiten Hauptteils darauf **fett** gesetzt.

Gliederungsübersicht zu Lk 15, 11b–32

Einlei-tung	Figurenkonstellation				11b	„Ein Mensch hatte zwei Söhne"
	Ausgangslage				12	Vollzug der Erbteilung

				s. Han-deln	13$_{init.}$	*Übergang:* Zusammenholen des Erbteils
			Versinken im Elend		13*	Fortgang und Vergeudung des Erbteils
	DER JÜNGERE SOHN: Weggang, Heimkehr und Aufnahme beim Vater mit einem Fest	das Leben im fernen Land		die Folgen	14a	Lage: Mittellosigkeit und Hungersnot
					14b	*„und er begann zu darben"* ↓
					15–16	Arbeit bei einem Bürger des Landes als Schweinehirt → ungestilltes Begehren
		innere und faktische Umkehr	sein Selbstgespräch	17	Bestandsaufnahme im Gedenken an den Vater und seine Tagelöhner
					18a*	Beschluss aufzubrechen
					18a$_{fin.}$ –19	*Prolepse:* Entwurf des Bekenntnisses u. der Bitte um Gleichstellung mit den Tagelöhnern
			s. Tun	20a	*Übergang:* Aufbruch zum Vater
		die Aufnahme durch den Vater			20b	Mitleid, Entgegenkommen und Begrüßung
					21	Bekenntnis des Heimgekehrten
					22	**erster Auftrag an die Diener: Einkleidung als Sohn und Erben**
					23 –24b	**zweiter Auftrag an die Diener: Fest für den ins Leben zurückgekehrten Sohn**
					24c	*„und sie begannen zu feiern"* ↓
	DER ÄLTERE SOHN: Ankunft, Protest und Umwerbung	Unterredung mit einem Burschen			25a	*Rückblende:* der Ältere auf dem Feld
					25b	Annäherung ans Haus
					26 –27	Befragung eines **Burschen**, der ihn über das **Fest** aufklärt
					28a	*Übergang:* Zorn und Fernbleiben
		das Werben des Vaters			28b	*Übergang:* Herauskommen und Zureden
					29 –30	Protest des Älteren: er als allezeit treuer **Diener** beim Vater bekam nie ein **Fest** mit seinen Freunden ↔ die Heimkehr des Tunichtgut hingegen wird **gefeiert**
					31 –32	Antwort des Vaters: Bestätigung der Haus- und **Erben**gemeinschaft mit dem Älteren ↔ Notwendigkeit des **Festes** für **den ins Leben zurückgekehrten** Bruder

(linke Randbeschriftung vertikal:) Von der Wiederaufnahme des „verlorenen" Sohns

2.6.2 Entwurf einer Vorgehensweise zur Gliederung von Erzählungen

Der Vergleich der verschiedenen Analyseverfahren anhand von Lk 15,11b–32 lässt eine Reihe methodologischer Schlussfolgerungen zu. Da sich gezeigt hat, dass a) die Analysen vielfach zu identischen, vielfach aber auch zu einander ergänzenden oder präzisierenden Ergebnissen führen und b) gerade aus der Verknüpfung der unterschiedlichen Zugänge zur Gliederung des Textes ein plausi-

bles, ebenso umfassendes wie detailliertes Verständnis seines Aufbaus erwächst, gilt es festzuhalten:
1. Kein Verfahren ist generell entbehrlich.
2. Jedes Verfahren hat spezifische Stärken und Schwächen.
3. Alle Verfahren sind prinzipiell kompatibel und kombinierbar.
Demnach bestehen mehrere, grundsätzlich gleichwertige Möglichkeiten, die Aufgabe der Gliederung narrativer Texte anzugehen; mit welchem Verfahren man einsetzt, spielt für das Ergebnis keine Rolle.

Allerdings legt sich angesichts der Eigenart jener Aufgabe durchaus ein bestimmtes Vorgehen nahe. Zur Gliederung eines Textes sind ja, wie deutlich geworden ist, diverse Einzelmaßnahmen erforderlich. Man muss
– die vorhandenen Gliederungsmerkmale identifizieren,
– in ihrer jeweiligen Eigenart (als Neueinsätze, Abschlüsse oder Überleitungen) kennzeichnen und
– im Verhältnis zueinander gewichten,
um den Aufbau des Textes nach seinen Hauptteilen, den ihnen jeweils zugehörigen Sinnabschnitten und den Hauptteile wie Sinnabschnitte miteinander verknüpfenden Übergängen beschreiben zu können. Nun setzt die Gewichtung der Merkmale voraus, dass man das Thema der Erzählung bestimmt hat.[93] Solch eine Bestimmung aber ergibt sich aus dem Vergleich von Anfang und Ende des Textes, die ihrerseits der jedenfalls vorläufigen Abgrenzung bedürfen. Diese wiederum erfolgt am einfachsten anhand des Textinventars. Man setzt daher am besten mit einem Überblick über das Inventar der Erzählung ein, um vorläufig ihren Anfang und ihr Ende abzugrenzen und aufgrund des Vergleichs zwischen beiden den Spannungsbogen zu erfassen, der das Ganze überspannt. Innerhalb dieses Bogens lassen sich dann die für den Handlungsfortschritt maßgeblichen Stellen aufspüren. Zu ihrer Identifikation und hierarchisierenden Ordnung eignet sich eine Kombination aus thema- und inventarorientierter Analyse, da beide Verfahren auf der Inhaltsebene angesiedelt sind. Das so erzielte Ergebnis muss daraufhin durch Beobachtungen zur Gestaltung des Textes abgesichert, verfeinert und von noch bestehenden Unklarheiten befreit werden. Als Übergang zu den diesbezüglichen Verfahren eignet sich die das narrative Gefälle des Textes klärende Analyse der Wiederaufnahmestruktur, da sich in dieser Struktur inhaltliche und sprachliche Textmerkmale verbinden; etwa vorhandene Wiederholungen kann man dabei als Spezialfall der Wiederaufnahme mit bearbeiten. Anschließend sind nacheinander die Schichtung in Kommunikationsebenen, die stilistische Abgrenzung von Szenen und die syntaktische Segmentierung des Textes zu berücksichtigen. Auf diese Weise wird die Erzählung zweimal gleichsam von oben nach unten, vom Ganzen ins Einzelne vordringend untersucht: zuerst mit Blick auf ihren inhaltlichen Zusammenhang, sodann hinsichtlich ihres gestalterischen Zusammenhalts. Am Ende sind sämtliche Beobachtungen zu vereinen, auszuwerten und im Konfliktfall gegeneinander abzuwägen[94], um auf dieser Basis eine Gliederungsübersicht zu erstellen.

[93] Siehe o. nach Anm. 32.
[94] Dazu s. o. S. 42 f.

In schematischer Darstellung vollzieht sich der beschriebene Arbeitsgang zur Gliederung einer Erzählung wie folgt:

I. Blick auf den inhaltlichen Zusammenhang der Erzählung		II. Analyse der Wiederaufnahmestruktur	III. Blick auf den gestalterischen Zusammenhalt der Erzählung		IV. Zusammenschau u. abwägende Auswertung der Ergebnisse
a) Überblick über das Inventar	→ Anfang und Ende abgrenzen	[→]	a) Identifikation der metakommunikativen Sätze	↑ Kommunikationsebenen unterscheiden	[→]
b) Vergleich zwischen Anfang und Ende	→ Spannungsbogen = Thema beschreiben		b) erzählstilorientierte Analyse	↑ Szenen voneinander abgrenzen	**Gliederung**
c) kombinierte thema- und inventarienorientierte Analyse	→ für den Handlungsfortschritt maßgebliche Stellen aufspüren und hierarchisch ordnen	das narrative Gefälle erfassen	c) Identifikation der syntaktisch auffälligen Phänomene	↑ syntaktische Segmentierung vornehmen	

3. Exemplarische Textanalysen

Im Folgenden soll das entwickelte Gliederungsverfahren auf fünf neutestamentliche Erzählungen angewendet werden, die sich durch Länge, Herkunft und Eigenart deutlich unterscheiden. Auf diese Weise lassen sich zugleich seine Praktikabilität testen und sein Nutzen aufzeigen.

3.1 Das Gleichnis vom Schatz im Acker (Mt 13,44)

Das im NT nur von Matthäus überlieferte[1] Gleichnis hat folgenden Wortlaut:[2]

Vers	griechischer Text (NT Graece[28])	deutscher Text (eigene Übersetzung)
44aα	Ὁμοία ἐστὶν ἡ βασιλεία τῶν οὐρανῶν	Es verhält sich mit dem ›Himmelreich‹ wie
aβ	θησαυρῷ κεκρυμμένῳ ἐν τῷ ἀγρῷ,	mit einem Schatz – verborgen im Acker –,
b	ὃν εὑρὼν ἄνθρωπος ἔκρυψεν,	den ein Mensch, als er ihn fand, verbarg,
cα	καὶ ἀπὸ τῆς χαρᾶς αὐτοῦ ὑπάγει	und aus seiner Freude heraus geht er hin
cβ	καὶ πωλεῖ πάντα ὅσα ἔχει	und verkauft alles, was er hat,
cγ	καὶ ἀγοράζει τὸν ἀγρὸν ἐκεῖνον.	und kauft jenen Acker.

3.1.1 Überblick über das Inventar und vorläufige Bestimmung des Themas

Die zur Kennzeichnung des ›Himmelreichs‹ genutzte Erzählung enthält keine Zeitangaben; nur die Wendung »als er … fand« (Mt 13,44b) verweist implizit auf einen konkreten Zeitpunkt. Als Ort dient »der Acker« (V. 44aβ), freilich nur bis V. 44cα; das weitere, hier einsetzende Geschehen wird nicht lokalisiert. Träger der Handlung ist »ein Mensch«. Andere Personen sind vorausgesetzt, ohne explizit genannt zu werden: in V. 44aβ derjenige, der den Schatz im Acker verborgen hat,[3] in V. 44cβ diejenigen, denen der Finder des Schatzes seine Habe verkauft, und in V. 44cγ der bisherige Besitzer des Ackers.

Aus diesem Überblick erhellt, dass Mt 13,44a die Erzählung einleitet: Der Satz lokalisiert ihren ersten Gegenstand, den Schatz, und gibt damit die Ausgangslage an. In V. 44b tritt dann der Handlungsträger auf, und der Handlungsverlauf beginnt. Sein Ende findet dieser in V. 44cγ, wo der Acker erneut Erwähnung findet; dabei wird Letzterer freilich zum Gegenstand der Handlung erhoben. Das Thema des Textes wäre demnach mit dem geläufigen, V. 44a entlehnten Titel

---

[1] Vgl. aber die ausführlichere Fassung EvThom 109, die in ihrer Ausgestaltung einer rabbinischen Erzählung zu Hld 4,12 (MidrShir z.St.) ähnelt; vgl. *Cerfaux*, Paraboles 314.

[2] Zur Übersetzung der Einleitungswendung vgl. *Jeremias*, Gleichnisse 99–101; ähnlich (unter Hinweis auf die Tendenz des Gleichnisses »zum Szenischen«) *Jüngel*, Paulus 142.

[3] Das Perfekt-Partizip κεκρυμμένον »verborgen« impliziert ein Subjekt; ob dieses den Schatz absichtlich versteckt oder unglücklicherweise verloren hat, muss offen bleiben.

»Vom Schatz im Acker« nicht getroffen.[4] Die Erzählung handelt vielmehr »vom Erwerb des kostbar gefüllten Ackers«.

3.1.2 Thema- und inventarorientierte Analyse

Der Handlungsverlauf, mit dessen Darstellung das Thema des Textes entfaltet wird, umfasst fünf Aktionen. »Ein Mensch«
– findet einen im Acker verborgenen Schatz,
– verbirgt ihn wieder (im Acker)[5],
– geht hin,
– verkauft all seine Habe und
– kauft (mit dem Erlös) jenen Acker.

Ein starker Akzent ist dabei in Mt 13,44cα gesetzt: Der Hinweis auf »seine Freude« macht verständlich, wie der Finder des Schatzes im Acker auf seinen Fund reagiert: dass er hingeht und alles verkauft, was er hat, um jenen Acker zu erwerben. Offenbar, so ist zu erschließen, nimmt er nur auf diese Weise den Schatz dauerhaft und verlässlich in Besitz;[6] und eben deshalb muss er ihn bis zum Erwerb des Ackers darin verbergen (V. 44b$_{fin}$).[7] Dann aber liegt es nahe, einen Einschnitt zwischen V. 44b und V. 44c zu setzen.

Unter Berücksichtigung des Inventars der Erzählung wird allerdings noch etwas anderes deutlich: Da Mt 13,44b den fortan agierenden Handlungsträger einführt und eine implizite Zeitangabe enthält, ist der Teilvers (samt dem Folgenden) von V. 44a deutlich abgesetzt. So ergeben sich zwei markante Schnittstellen: V. 44a/b und V. 44b/c. Wie diese gegeneinander zu gewichten sind, lässt sich allein vom Thema her nicht definitiv entscheiden.

3.1.3 Einbeziehung der Wiederaufnahmestruktur

Die Art der Wiederaufnahme des in Mt 13,44b erstmals benannten Protagonisten lässt V. 44b–c als einen narrativen Zusammenhang erscheinen; denn auf jenen »Menschen« weisen im Weiteren nur noch die Verbformen der 3. Person Singular und das Personalpronomen »seine« in V. 44c zurück.

Hinsichtlich der Wiederaufnahme zentraler Gegenstände und Sachverhalte ergibt sich freilich folgendes Bild:[8]

44aα:	Himmelreich: es verhält sich damit wie mit einem …		
aβ:	Schatz: verborgen im … Acker		
b :	→ *gefunden, verborgen*		
cα:	↳	Freude	
cβ:		↳	Habe: verkauft
cγ:	→ *gekauft*		

---

[4] Hier bewahrheitet sich die oben zitierte Warnung Schleiermachers (s. o. S. 10, Anm. 10).

[5] Dass der Schatz erneut *im Acker* versteckt wird, ist aus dessen Erwerb zu erschließen.

[6] Vgl. *Burchard*, Senfkorn 97 (mit Angaben zur Rechtssituation).

[7] Vgl. *Luz*, Evangelium II 352, der mit Recht feststellt: »Ob sein (sc. des Menschen) Handeln legal oder moralisch war, interessiert den Erzähler nicht.«

[8] In der folgenden Übersicht verweist → auf die *Wiederaufnahme* von Gegenständen in der Erzählung, ↳ auf erzähllogische Zusammenhänge zwischen einzelnen Aussagen.

Die Übersicht macht neben der narrativen Kohärenz des gesamten Textes vor allem die fundamentale Bedeutung der Angabe Mt 13,44aβ deutlich: Aus ihr wird der weitere Handlungsverlauf entwickelt. In Gang kommt Letzterer aber erst durch die Aussage, dass ein Mensch den im Acker verborgenen Schatz findet (V. 44b_{init}.). Daher eignet dieser Aussage eine Brückenfunktion zwischen der Angabe des Vergleichsgegenstandes und der Benennung der Ausgangssituation (V. 44a) auf der einen Seite sowie der Beschreibung des Handelns jenes Menschen ab V. 44b_{fin}. auf der anderen Seite. Zugleich stellt allerdings der Protagonist durch seine erste, in V. 44b_{fin}. angezeigte Tat die Ausgangssituation wieder her. Dieser Umstand wird durch die doppelte Verwendung des Verbs κρύπτω »verbergen« in V. 44aβ.b ausdrücklich hervorgehoben.[9] Im Blick auf die Wiederaufnahme von Gegenständen und Sachverhalten erscheint somit V. 44b insgesamt als Aussage, die von der Einleitung V. 44a in die eigentliche Erzählung hinüberführt.

Angesichts der nach wie vor nicht eindeutigen Sachlage bleibt zu klären, welche Gesichtspunkte die Analysen des Erzählstils und der syntaktischen Gestaltung für die Gliederung zutage fördern.[10]

3.1.4 Einbeziehung des Erzählstils

Insgesamt ist der Text in einem knappen Berichtsstil gehalten. Dieser wird an einer Stelle allerdings durchbrochen: Zu Beginn von Mt 13,44c gewährt die Angabe »aus seiner Freude heraus« Einblick in die Gefühle des Protagonisten. Zugleich verändert der Erzähler den Fokus: Während er bis V. 44b auf den »Schatz« blickt und den Handlungsträger »Mensch« lediglich in einem darauf bezogenen Relativsatz erwähnt, rückt er in V. 44c jenen Menschen mit seinem Verhalten in den Blickpunkt. Dabei nimmt auch die Darstellungsintensität zu: Der auf den Fund folgende Vorgang des Verbergens (V. 44b) wird nur genannt; wie es dann zum Erwerb des Ackers kommt, wird hingegen relativ breit geschildert (V. 44c). Diese Schilderung fängt zudem mit einer Art Rückblende an: Die »Freude« jenes Menschen stellt sich ja nicht erst nach dem erneuten Verbergen des Schatzes, sondern doch wohl schon bei dessen Auffindung ein. Unter dem Gesichtspunkt der Erzähllogik verweist die Angabe »aus seiner Freude heraus« demnach auf einen Entschluss, der den in V. 44c aufgeführten Taten vorausliegt. Dieser Entschluss erhält dadurch besonderes Gewicht, dass er die Veräußerung der gesamten Habe impliziert: So sehr freut sich der Finder über den Schatz, dass er alles einsetzt, was er hat,[11] um ihn, durch den Kauf des Ackers, ein für alle Mal in seinen Besitz zu bringen.

All diese Beobachtungen lassen erkennen, dass in Mt 13,44cα ein deutlicher Neueinsatz vorliegt. Die Analyse des Erzählstils stützt somit die Zweiteilung des Textes in V. 44a–b und V. 44c, wie sie auch angesichts der Entfaltung des Themas im Handlungsverlauf nahe liegt.

---

[9] Dies ist neben der zweifachen Rede vom Acker in Mt 13,44aβ.cγ die einzige Wortwiederholung in der gesamten Erzählung.

[10] Verschiedene Kommunikationsebenen lassen sich in Mt 13,44 nicht unterscheiden.

[11] *Linnemann*, Gleichnisse 108, spricht treffend von seinem »entschlossenen Einsatz«; ähnlich *Crossan*, Parables 53. Beide deuten dabei freilich (wie die meisten Auslegerinnen und Ausleger) das Gleichnis auf den Erwerb des ›Himmelreichs‹; dazu s. u. bei Anm. 17 f.

3.1.5 Einbeziehung der Syntax

Die Kürze des berichtsähnlichen Textes Mt 13,44 verbietet es, grundlegende Prinzipien der syntaktischen Gestaltung zu postulieren – um von ihnen dann auffällige Wortverknüpfungen und Satzkonstruktionen abzuheben.

An dieser Einschätzung ändert der Vergleich mit dem unmittelbar angeschlossenen Gleichnis vom Perlenkaufmann nichts; denn das ist – entgegen einer weit verbreiteten Ansicht – bei manchen Ähnlichkeiten deutlich anders aufgebaut,[12] wie folgende Übersicht zeigt:

Mt 13,44	Mt 13,45 f.
	Wiederum
Es verhält sich mit dem ›Himmelreich‹ wie	verhält es sich mit dem ›Himmelreich‹ wie
mit einem Schatz	mit einem *Kauf*mann
– verborgen im Acker –,	*auf der Suche nach* guten Perlen;
den ein Mensch, als er ihn fand,	als er *aber* eine *besonders kostbare* Perle fand,
verbarg,	
und aus seiner Freude heraus	
geht er hin	ging er fort,
und verkauft alles, was er hat,	veräußerte alles, was er hatte,
und kauft jenen Acker.	und kaufte *sie*.

Gleichwohl fällt in Mt 13,44 auf, dass zwischen V. 44a und V. 44c, die im Präsens (nebst einem Perf.-Partizip) formuliert sind, der Relativsatz V. 44b (neben einem Partizip) ein finites Verb im Aorist enthält. Andererseits bildet – sieht man einmal von den beiden Relativsätzen V. 44b und V. 44c$\beta_{fin.}$ ab – V. 44a–b einen einzigen langen, mit zwei Partizipialwendungen gebildeten Satz, während V. 44c aus drei kurzen, einfachen Hauptsätzen besteht. Im Übrigen hebt sich der Ausdruck »aus seiner Freude heraus« in V. 44cα als einzige präpositionale Wendung vom Rest des Textes deutlich ab.

So liegt es nahe, zunächst – angesichts des syntaktischen Neueinsatzes – Mt 13,44c vom Voranstehenden und darin dann den im Aorist formulierten Relativsatz (V. 44b) vom präsentischen Hauptsatz V. 44a abzuheben.

3.1.6 Auswertung

In der Zusammenschau aller Analyseergebnisse ergibt sich endlich ein klares Bild vom Aufbau des Gleichnisses Mt 13,44: V. 44a stellt die Einleitung dar, in der erstens der Vergleichsgegenstand angegeben und zweitens die Ausgangssituation skizziert wird. Mit V. 44b, der unter thematischen, stilistischen und sprachlichen Gesichtspunkten mit dem Voranstehenden, hinsichtlich des Inventars und der personalen Wiederaufnahmestruktur jedoch mit dem Folgenden zusammengehört, leitet der Erzähler in der Tat – wie schon die Wiederaufnahme der Gegenstände und Sachverhalte anzeigt – zum Hauptteil des Textes über. Dies tut er in zwei Schritten: Er verknüpft zunächst den Protagonisten mit dem Schatz als erstgenanntem Gegenstand der Erzählung und benennt damit den Anlass für die anschließend dargestellte Handlungssequenz, um dann deren Träger – zur Vor-

---

[12] Vgl. *Glombitza*, Perlenkaufmann 156–158, dessen Deutung von Mt 13,45 f. auf »Gottes … ständige Bemühung um den Menschen« (161) aber nicht überzeugt; vgl. *Wilk*, Jesus 101.

bereitung des entscheidenden Aktes – die Ausgangssituation wiederherstellen zu lassen. V. 44c schildert daraufhin, eingeleitet durch den nachträglichen Hinweis auf die den Finder bewegende Freude, wie er den Erwerb des Ackers vorbereitet und durchführt. Die Erzählung ist demnach wie folgt zu gliedern:

Gliederungsübersicht zu Mt 13,44

Einleitung	V. 44aα	der Vergleichsgegenstand: das ›Himmelreich‹
	V. 44aβ	die Ausgangssituation: ein im **Acker** verborgener Schatz
Über-leitung	V. 44b*	der Handlungsträger und der Anlass für sein Tun: der Fund
	V. 44b_{fin.}	die 1. Tat: Wiederherstellung der Ausgangssituation
Hauptteil	V. 44cα*	*Rückblende:* das den Protagonisten leitende Motiv: Freude
	V. 44cα_{fin.}	die 2. Tat: (vorbereitendes) Hingehen
	V. 44cβ	die 3. Tat: (vorbereitender) Verkauf sämtlicher Habe
	V. 44cγ	die 4. Tat: Erwerb des **Ackers**

Aus dieser Gliederung geht nun nicht nur hervor, dass der »Mensch« in seinem Tun ganz von der Freude über seinen Fund bestimmt wird[13]. Sie macht zudem deutlich, dass die Erzählung den durch jenen erfreulichen Fund veranlassten Ackerkauf einschließlich der ihn vorbereitenden Maßnahmen darstellt. Natürlich geht es bei dem Kauf darum, den verborgenen Schatz in Besitz zu nehmen.[14] Erzählt wird davon aber gerade nicht. Vielmehr konzentriert sich der Erzähler darauf zu schildern, was sein Protagonist *tut*, um jene Absicht zu verwirklichen. Und dabei bilden das *Hingehen* und der *Verkauf der Habe* das Zentrum, der *Erwerb des Ackers* den End- und Höhepunkt der Schilderung.

Angesichts dieser Struktur kann man das Gleichnis kaum auf »das Handeln der Menschen« beziehen[15], die »alles … investieren, um sich *das Eine*, die βασιλεία Gottes *zu sichern*«[16]. Damit gelangt man im Übrigen auch deshalb nicht zu einer stimmigen Deutung, weil der Kontext, Mt 13,1–52, mit den Vorgaben in 13,18–23.36–43.49 f. im Grunde eine allegoretische Interpretation sämtlicher hier versammelten Gleichniserzählungen Jesu, insbesondere aber der in 13,44–46[17] verlangt. Wofür sollte dann in V. 44 der Acker stehen, wofür das erneute Verbergen des Schatzes und wofür das Hingehen? Man muss deshalb nach einer anderen, struktur- und kontextgemäßen Lesart suchen.

Im Gefolge von Mt 13,38a bietet es sich an, den Acker auf die (Menschen-)Welt[18] zu deuten. Dann steht der »Mensch« gemäß V. 24b.37b für den Menschensohn. Von ihm wird in 26,24 auch angekündigt, er selbst werde »hingehen«, nämlich in den Tod. Der Verkauf sämtlicher

---

[13] Vgl. dazu *Weder*, Gleichnisse 140. Dass »der eigentliche Aktant« das Fundstück ist und eine Entscheidung vom Finder gar »nicht … gefällt wird«, weil diese »im Moment des Findens … bereits gefallen« sei (so ebd.), lässt sich dem Text freilich nicht entnehmen. Dieser Deutung steht gerade der Sachverhalt entgegen, dass die Freude nicht im Zusammenhang mit dem Fund, sondern – rückblickend – inmitten der Handlungssequenz erwähnt wird.

[14] Siehe o. bei Anm. 6–7.

[15] So *Schweizer*, Matthäus 203.

[16] So *Erlemann*, Gleichnisauslegung 125 (Kursivierung F. W.).

[17] Diese Verse sind ja von zwei allegoretisch gedeuteten Gleichnissen umgeben.

[18] Vgl. dazu die Rede vom Kosmos in Mt 5,14; 26,13. Angesichts des Ausdrucks »Grundlegung der Welt« in 13,35 (vgl. 25,34, ähnlich 24,21) könnte man auch an die Schöpfung als ganze denken. Einer Deutung auf »die Söhne des Reiches« (13,38) – wie ich sie früher unter

Habe dürfte daher die Selbsthingabe des Menschensohns abbilden (vgl. 20,28). Dass diese »zur Vergebung der Sünden« (26,28) und somit »als Lösegeld für viele« (20,28) erfolgt, kommt daraufhin im Erwerb des Ackers zur Darstellung. Der in ihm verborgene Schatz stellt dann die unter den Menschen, ja, selbst unter den »Söhnen des Reiches« (13,38) noch nicht identifizierbaren »Gerechten« (V. 43.49) dar, die einst zur »Freude« ihres Herrn (25,21.23) in das Himmelreich einziehen werden, um die jedoch der Herr schon weiß[19].

Erst diese selten vertretene Deutung[20] wird dem ermittelten Aufbau der Gleichniserzählung – sowie ihrer Stellung in Mt 13 – gerecht. So zeigt sich an V. 44 beispielhaft, welch große Bedeutung eine präzise Gliederung für ein sachgemäßes Verständnis der Gleichnisse hat oder jedenfalls haben kann.

3.2 Die Heilung eines Taubstummen (Mk 7,31–37)

Die Erzählung, die zum markinischen Sondergut gehört,[21] hebt sich von ihrem Kontext hinreichend deutlich als relativ eigenständige Sinneinheit ab: Gegenüber der im »Gebiet von Tyrus« lokalisierten Begegnung Jesu mit einer »Syrophönizierin« (Mk 7,24–30) wechseln sowohl der Ort als auch – bis auf Jesus – die beteiligten Personen; die nachfolgende Erzählung von der Speisung der 4000 (8,1–9) ist dann durch die explizite Zeitangabe »in jenen Tagen«, das anschließende Zeitadverb »wiederum« und eine erneute Veränderung in der Konstellation der Handlungsträger[22] von 7,31–37 abgegrenzt. Gleichwohl ist bei der Gliederung dieses Textes zu bedenken, dass seine Rahmung auch dazu dient, ihn in seinen literarischen Kontext einzubetten.

Hinweis auf 13,49 vertreten habe (*Wilk*, Jesus 101) – steht hingegen deren Identifikation mit dem »guten Samen« in der unmittelbar voranstehenden Gleichnisdeutung entgegen.

[19] Vgl. dazu die Aussagen darüber, dass Jesus einst beim Eingang in das Himmelreich bestimmten Personen, die ihn als »Herr, Herr« anrufen, eröffnen wird, sie nicht zu kennen (Mt 25,12) bzw. niemals gekannt zu haben (7,23).

[20] Vgl. *Burchard*, Senfkorn 98 f. (der allerdings im Schatz »die Söhne des Reiches« abgebildet sieht); *Wilk*, Jesus 101 (doch s. o. Anm. 18), zur Auslegungsgeschichte außerdem *Burchard*, Senfkorn 92 f.; *Luz*, Evangelium II 354–356.

[21] Bei Matthäus steht an der entsprechenden Stelle im Erzählgang ein summarischer Bericht über das Heilungswirken Jesu am »Galiläischen Meer« (Mt 15,29–31).

[22] Statt einer »Menge« (Mk 7,33) wird ausdrücklich »eine große (Volks)menge« (8,1a) erwähnt, zu der sogar »einige« gehören, die »von ferne gekommen sind« (V. 3c; der Anklang von Jes 60,4b lässt hier an Diasporajuden denken [vgl. *Wilk*, Jesus 68]); zudem sind – erstmals seit Mk 7,17–23 – auch die Jünger wieder neben Jesus präsent (8,1b.4–7).

Die Erzählung hat folgenden Wortlaut:[23]

Vers	griechischer Text (NT Graece[28])	deutscher Text (eigene Übersetzung)
31aα	Καὶ πάλιν ἐξελθὼν ἐκ τῶν ὁρίων Τύρου	Und als er das Gebiet von Tyrus wieder verlassen hatte,
aβ	ἦλθεν διὰ Σιδῶνος εἰς τὴν θάλασσαν τῆς Γαλιλαίας	kam er über Sidon an das Galiläische Meer,
aγ	ἀνὰ μέσον τῶν ὁρίων Δεκαπόλεως.	mitten in das Zehnstädtegebiet.
32aα	Καὶ φέρουσιν αὐτῷ κωφὸν καὶ μογιλάλον	Und sie bringen ihm einen, der taub war und kaum reden konnte,
aβ	καὶ παρακαλοῦσιν αὐτὸν	und reden ihm zu,
aγ	ἵνα ἐπιθῇ αὐτῷ τὴν χεῖρα.	dass er ihm die Hand auflege.
33aα	καὶ ἀπολαβόμενος αὐτὸν ἀπὸ τοῦ ὄχλου κατ᾽ ἰδίαν	Und als er ihn aus der Menge beiseite genommen hatte,
aβ	ἔβαλεν τοὺς δακτύλους αὐτοῦ εἰς τὰ ὦτα αὐτοῦ	legte er seine Finger in seine Ohren,
aγ	καὶ πτύσας ἥψατο τῆς γλώσσης αὐτοῦ,	und als er ausgespuckt hatte, berührte er seine Zunge,
34aα	καὶ ἀναβλέψας εἰς τὸν οὐρανὸν	und als er zum Himmel hinaufgeschaut hatte,
aβ	ἐστέναξεν καὶ λέγει αὐτῷ·	seufzte er und sagt ihm:
b–c	εφφαθα, ὅ ἐστιν διανοίχθητι.	»Effatha!«, das ist: »Lass dich ganz öffnen!«
35a	καὶ [εὐθέως] ἠνοίγησαν αὐτοῦ αἱ ἀκοαί,	Und sein Gehör wurde geöffnet,
bα	καὶ ἐλύθη ὁ δεσμὸς τῆς γλώσσης αὐτοῦ	und die Fessel um seine Zunge wurde gelöst,
bβ	καὶ ἐλάλει ὀρθῶς.	und er redete richtig.
36aα	καὶ διεστείλατο αὐτοῖς	Und er befahl ihnen,
aβ	ἵνα μηδενὶ λέγωσιν·	dass sie niemandem (etwas) sagten;
b	ὅσον δὲ αὐτοῖς διεστέλλετο,	je mehr er es ihnen aber befahl,
c	αὐτοὶ μᾶλλον περισσότερον ἐκήρυσσον.	desto mehr verkündigten sie (es).
37aα	καὶ ὑπερπερισσῶς ἐξεπλήσσοντο	Und sie gerieten über die Maßen außer sich
aβ	λέγοντες·	und sagten:
b	καλῶς πάντα πεποίηκεν,	»Gut hat er alles gemacht!«
c	καὶ τοὺς κωφοὺς ποιεῖ ἀκούειν καὶ [τοὺς] ἀλάλους λαλεῖν.	und: »Die Tauben macht er hören und Sprachlose reden!«

In Mk 7,37 werden tatsächlich zwei verschiedene Aussagen der Begleiter angeführt; denn während V. 37b an Gen 1,31a erinnert, lässt Mk 7,37c die Verheißung Jes 35,5f. anklingen.[24]

---

[23] Die in eckige Klammern gesetzten griechischen Wörter stellen spätere Zusätze dar, die den Text nach außen und innen glätten (zu καὶ εὐθέως in Mk 7,35 vgl. Mt 8,3 u.ö., zu τοὺς ἀλάλους in Mk 7,37 vgl. zuvor τοὺς κωφούς); sie werden deshalb nicht übersetzt.

[24] Gen 1,31a^LXX lautet: καὶ εἶδεν ὁ θεὸς τὰ *πάντα* ὅσα *ἐποίησεν*, καὶ ἰδοὺ *καλὰ λίαν* (»Und Gott sah alles, was er gemacht hatte, und siehe, es war sehr gut«); in Jes 35,5f.^LXX heißt es u.a.: *ὦτα κωφῶν ἀκούσονται … καὶ τρανὴ ἔσται γλῶσσα μογιλάλων* (»die Ohren von Tauben werden hören … und deutlich wird sein die Sprache von denen, die kaum reden können«).

3.2.1 Überblick über das Inventar und vorläufige Bestimmung des Themas

Nach der einleitenden Partizipialwendung, die Mk 7,31–37 vom Voranstehenden zeitlich (und örtlich) absetzt, enthält die Erzählung mit V. 36b nur eine weitere implizite Zeitangabe; ihr zufolge hat Jesus sein Weiterverbreitungsverbot (V. 36a) mehrere Male wiederholt. Schauplatz des Geschehens ist nach V. 31aβ–γ das Südostufer des Galiläischen Meeres[25], das Jesus – der aus dem »Gebiet von Tyrus« (V. 24a) kam – auf dem Weg »über Sidon« erreicht hat;[26] eine genauere Lokalisierung erfolgt nicht. Immerhin notiert der Erzähler aber in V. 33aα indirekt einen Ortswechsel, der freilich nicht aus der zuvor entworfenen Szenerie hinausführt. Als Handlungsträger treten neben Jesus[27] ab V. 32 der sog. Taubstumme[28] und seine Begleiter auf.

Dass in Mk 7,33 von einer »Menge« gesprochen wird, berechtigt nicht dazu, schon hier eine weitere, von den Begleitern zu unterscheidende Gruppe eingeführt zu sehen.[29] Das Wort ὄχλος bezeichnet an dieser Stelle, ähnlich wie in 14,43, schlicht die »Schar« der Begleiter.

Eine weitere Personengruppe rückt das Wort »niemand« (Mk 7,36aβ) in den Blick; man wird sie als Bewohner der Gegend, in der das Erzählte stattfindet, identifizieren müssen. Implizit sind diese dann auch als Hörerschaft der Aussagen in V. 37b–c präsent. Dabei verweist die letzte Aussage ihrerseits noch auf weitere Menschen, die taub und ohne Sprache sind.

Der Überblick über das Inventar der Erzählung lässt deren Rahmen deutlich hervortreten: Der Passus Mk 7,31 f. fungiert als (Über- und) Einleitung, die den Ort, den Anlass und die grundlegende Personenkonstellation der ab V. 33 erzählten Begebenheit benennt. Die Verse 36 f. schließen den Text ab, indem sie wiederum, wie schon V. 32, Jesus mit den Begleitern in Kontakt bringen; zugleich machen die zitierten Aussagen verständlich, dass die nächste Episode mit der Versammlung einer großen Volksmenge bei ihm einsetzt.

Aus dem Vergleich von Anfang und Ende ergibt sich das Thema des Textes: Er behandelt weniger »die Heilung eines Taubstummen durch Jesus …« als vielmehr »die Erkenntnis Jesu als des alles zum Guten wendenden Heilers der Tauben und Stummen in der Dekapolis«.[30]

---

[25] Nur dort grenzt das Zehnstädtegebiet, die »Dekapolis«, an das Galiläische Meer.

[26] Die merkwürdige Wegbeschreibung erklärt sich wohl aus einer Nordperspektive auf Palästina; vgl. *Theißen*, Lokalkolorit 254 f. mit Verweis auf Plinius, nat. hist. V 17,75–78.

[27] Er wird jedoch nicht beim Namen genannt; dieser begegnet im Markus-Evangelium zuvor das letzte Mal in Mk 6,30, dann wieder in 8,27. Dazwischen wird Jesus nur einmal anders als mit Personalpronomina bezeichnet: In 7,28 redet ihn die Syrophönizierin als »Herr« an.

[28] Die Bezeichnung ist nicht ganz treffend; das im NT nur hier vorkommende Wort bezeichnet – wie sowohl Mk 7,35bβ als auch die einzige LXX-Parallele Jes 35,6 (s. o. Anm. 24) belegen – einen Menschen, der *kaum* reden kann (gegen *Balz/Schneider*, μογιλάλος).

[29] So noch *Wilk*, Jesus 67 mit Hinweis auf das Schweigegebot Mk 7,36a, das einer »Volksmenge« gegenüber nicht sinnvoll sei.

[30] Vgl. dazu die Einordnung von Mk 7,31–37 in die Gattung der »Demonstratio« durch *Berger*, Formen 369.

3.2.2   Thema- und inventarorientierte Analyse

Vom Thema her sind folgende Aussagen für den Fortschritt des Gedankengangs besonders wichtig: Jesus, im Zehnstädtegebiet eingetroffen (Mk 7,31),
– wird von einer Gruppe von Menschen aufgesucht, die ihm einen Taubstummen mit der Bitte um Heilung bringen (V. 32),
– nimmt ihn daraufhin für den Heilungsvollzug beiseite (V. 33),
– erwirkt, dass dieser wieder hören und richtig sprechen kann (V. 35),
– untersagt den Leuten, jemandem von der Heilung zu erzählen (V. 36a), und
– wird gleichwohl von ihnen bekannt gemacht (V. 36c).
Der Blick auf das Inventar der Erzählung stützt diese Einteilung: Mk 7,32aα führt weitere Handlungsträger neben Jesus ein; V. 33aα zeigt einen Ortswechsel an und lenkt den Blick allein auf Jesus sowie den Taubstummen; V. 35 macht Letzteren zwischenzeitlich zum alleinigen Gegenstand der Darstellung; V. 36a erwähnt erneut dessen Begleiter, verweist aber auch auf die Bewohner der Gegend; V. 36b indiziert eine zeitliche Verschiebung, woraufhin ab V. 36c nur noch jene Begleiter als Akteure – und implizit die Adressaten ihrer Botschaft – in Erscheinung treten. So erscheint 7,33–35 als das Zentrum der Erzählung, das durch V. 35 abgerundet wird. Weitere Gesichtspunkte zur Feingliederung des Textes lässt die thema- und inventarorientierte Analyse jedoch nur für die Rahmenteile 7,31 f. und 7,36 f. zutage treten.

3.2.3   Einbeziehung der Wiederaufnahmestruktur

Von allen Handlungsträgern erfährt der Taubstumme die genaueste Charakterisierung: Er wird in Mk 7,32aα mit substantivierten Adjektiven vorgestellt. Fortan bezeichnen ihn Personalpronomina der 3. Person Sing. als Objekt des Handelns Jesu (7,33 f.) bzw. als Empfänger der Heilung (V. 35a–bα), bis er in V. 35bβ erst- und einmalig als Handlungssubjekt in Erscheinung tritt. Demgegenüber werden sowohl Jesus als auch die Begleiter zunächst nur durch die ihnen als Subjekten zugeordneten Verben der 3. Person Sing. (V. 31) bzw. Pl. (V. 32aα–β) eingeführt. Auf Jesus wird dann auch weiterhin überwiegend durch die ihn als Handelnden identifizierenden Verben in 7,33 f.36a–b.37b–c, daneben durch einige Personalpronomina in 7,32 f.[31] verwiesen. Die Begleiter jedoch kennzeichnet der Erzähler in V. 33 als »Menge«, um sie dann in V. 36 betont durch drei eng aufeinander folgende Personalpronomina – unter ihnen in V. 36c das einzige Nominativ-Pronomen des ganzen Textes – wiederaufzunehmen; in V. 37a erscheinen sie abschließend als Subjekt der Verben. Diese Beobachtungen unterstreichen die segmentierende Funktion der Verse 32aα, 33aα, 36a und 36c, weisen aber darüber hinaus V. 35a und V. 35bβ als (untergeordnete) Neueinsätze aus.
    Als wesentliche Gegenstände und Sachverhalte treten in der Erzählung vor allem die zu heilenden Organe und das heilende Handeln Jesu hervor. Erstere kommen in Mk 7,32aα zunächst nur implizit in den Blick, werden dann aber in V. 33aβ–γ und – mit leichter Variation – in V. 35a–bα explizit benannt; V. 37c weist noch einmal implizit auf sie hin. Jesu Heilungshandeln wird zuerst in

---

[31] Vgl. αὐτῷ in Mk 7,32aα, αὐτόν in V. 32aβ und αὐτοῦ in V. 33aβ_{init}.

Form der Handauflegung[32] erbeten (V. 32aγ), sodann in V. 33aβ–γ detailliert beschrieben und abschließend in V. 37b–c kommentiert. Als dritter Gegenstand der Erzählung ist die Verkündigung der Begleiter zu beachten; sie wird erstmals in V. 36a thematisiert und dann in V. 36c und V. 37b–c wiederaufgenommen. So wird deutlich, dass
- V. 32 in V. 33 variierend fortgeführt wird,
- V. 35a–bα auf V. 33aβ–γ zurückweist und
- V. 37b–c die Erzählung im Rückgriff auf V. 32, V. 35 und V. 36 abrundet.

3.2.4 Einbeziehung der Kommunikationsebenen

In die Erzählung sind an je zwei Stellen Passagen indirekter und direkter Rede eingebaut. Erstere finden sich in Mk 7,32aβ–γ sowie V. 36a und betreffen die Kommunikation zwischen Jesus und den Begleitern: Während diese ihm zureden, den Taubstummen durch Handauflegung zu heilen, befiehlt ihnen Jesus, von der Heilung niemandem zu erzählen. Die zwei Belege direkter Rede führen dagegen über die zentrale Dreierkonstellation der Erzählung hinaus: In V. 37b–c wenden sich die Begleiter mit ihren Rufen an die – freilich nicht explizit erwähnten – Bewohner der Gegend. V. 34 wiederum zeigt Jesus in einer Art doppelter Kommunikation mit dem Taubstummen und dem Himmel.

Im Gefolge von Mk 7,33 liegt es nahe, das Pronomen »ihm« in V. 34aβ auf den Taubstummen zu beziehen, diesen also in V. 34b–c von Jesus angesprochen zu sehen. In der Tat hält V. 35a fest, dass das Gehör des Taubstummen der Weisung, sich öffnen zu lassen, folgt. Andererseits kann die Bitte um Öffnung sich über jenes Pronomen auch an den – als Bezugswort noch näher stehenden – Himmel richten.[33] Diese Auffassung wird durch die Schilderung in V. 34a gestützt: Hier wird ja mit dem Aufschauen zum Himmel gemäß 6,41 eine Geste des Gebets zu Gott genannt; und im Anschluss daran dürfte auch das Seufzen in diesem Sinne zu deuten sein, also im Rückbezug etwa auf Jes 35,10 den Ruf nach Erlösung zum Ausdruck bringen.[34] Auf diese Weise erscheint Jesus als Mittler zwischen Gott und dem Taubstummen: Er leiht diesem für die Bitte, der Himmel möge sich öffnen, seine Stimme – und antizipiert mit der Weisung an den ja noch Tauben, sich öffnen zu lassen, schon dessen Heilung.[35]

Demnach bilden Mk 7,32aβ–γ und V. 36a einen Rahmen um die Darstellung der Heilung in 7,33–35, deren Mittel- und Höhepunkt in V. 34 liegt. V. 37b–c wertet die Erzählung abschließend hinsichtlich ihrer Bedeutung für einen weiteren Personenkreis aus.

---

[32] Zur heilenden Wirkung dieser Geste im Rahmen der markinischen Jesus-Erzählung vgl. Mk 5,23; 6,5; 8,25; anders nur 10,16.

[33] Zum Motiv des geöffneten Himmels vgl. im NT Apg 7,56 (διανοίγω); Mt 3,16; Lk 3,21; Joh 1,51; Apg 10,11; Offb 19,11 (ἀνοίγω), im Markus-Evangelium Mk 1,10 (σχίζω).

[34] Die Verheißungen in Jes 35 (s. o. Anm. 24) schließen in V. 10 mit der Zusage: ἀπέδρα ὀδύνη καὶ λύπη καὶ στεναγμός »entflohen sind Schmerz und Trauer und Seufzen«. Vgl. ferner Röm 8,23.26. Diese Deutung hat im markinischen Erzählzusammenhang mehr Anhalt als die auf das »Einholen von übermenschlicher Kraft« durch tiefes Einatmen im Kontext hellenistischer Wunderberichte (so *Gnilka*, Evangelium I 297 mit Verweis auf eine Mithrasliturgie).

[35] Zum Ganzen vgl. *Wilk*, Gut 157 f.

3.2.5 Einbeziehung des Erzählstils

Mk 7,31–37 ist weitgehend in einem beschreibenden Stil gehalten. Allerdings fügt der Erzähler in V. 34c mit der Übersetzung des zuvor zitierten aramäischen Ausrufs Jesu einen an die Leserschaft gerichteten Kommentar ein. Zudem nimmt er zwei Wertungen vor: In V. 35bα führt das bildlich verwendete Wort δεσμός »Fessel« die Sprachlosigkeit des Mannes auf das Wirken widergöttlicher Mächte zurück;[36] in V. 37aα kennzeichnet das Adverb ὑπερπερισσῶς »über die Maßen« die Erregung[37] seiner Begleiter als unvergleichlich stark. V. 37 verschiebt zugleich den Fokus: Stand bis dahin durchgehend Jesus im Blickpunkt, geht es jetzt nur noch um die Begleiter des Geheilten (und ihre Hörerschaft). V. 36b–c bereitet diese Verschiebung insofern vor, als hier der sukzessive Übergang der Rolle des primären Handlungsträgers von Jesus auf die Begleiter eigens zur Sprache kommt. Dabei nimmt auch die Darstellungsintensität gegenüber dem Voranstehenden stark ab, um in V. 37 sofort wieder zuzunehmen. Besonders hoch ist diese Intensität in 7,33aβ–35bα; mit diesen Sätzen wird das Heilungsgeschehen konkret geschildert.

Was schließlich die zeitliche und logische Stringenz der Erzählung angeht, so liegt in Mk 7,36b–c ein deutlicher Bruch vor: Dass Jesus das Weiterverbreitungsverbot den Begleitern gegenüber mehrfach wiederholt und diese daraufhin jeweils erst recht ihre – in V. 37b–c zitierten – Botschaften verkündigt haben sollen, ist als Ereignisablauf logisch kaum rekonstruierbar. Hier wird offenbar ein typischer Sachverhalt angezeigt. V. 37aα leitet daraufhin eine Rückblende ein: Die enorme Erregung dürfte sich ja bereits als Reaktion auf die erfolgte Heilung (V. 35) einstellen[38]. Logisch anstößig ist weiterhin zumindest die erste der in solcher Erregung gemachten Aussagen, insofern sie Jesus im Anschluss an *eine* spezifische Heilung zuschreibt, »*alles* gut gemacht« zu haben. Dabei wird die Anstößigkeit von V. 37b durch die Anspielung auf Gen 1,31[39] massiv verstärkt; denn mit diesem Schriftbezug konstatieren die Begleiter inmitten ihrer Lebenswelt eine neue Schöpfung und attestieren Jesus, er habe im Einklang mit Gott gehandelt.

In dieselbe Richtung weist dann auch Mk 7,37c, wo mit Jes 35,5f. Verheißungen rezipiert werden, die ihrerseits auf das endzeitliche Handeln Gottes bezogen sind[40].

Die Schlussworte der Begleiter deuten somit auf die – jedenfalls auch – dem Himmel geltende Rede Jesu in Mk 7,34 zurück und lassen diese noch einmal in einem neuen Licht erscheinen: Rückblickend entsteht der Eindruck, Jesus habe tatsächlich die Vollmacht, mit seinem Wort den Himmel zu öffnen und auf diese Weise die neue Schöpfung zu realisieren.

---

[36] Vgl. dazu Lk 13,16.

[37] Diese ist hier wie andernorts (vgl. Mk 6,2; 10,26) weniger als inneres Gefühl denn als spürbarer Begleitumstand verbaler Äußerungen aufzufassen. Auch in 11,18 wird die Erregung der Volksmenge von den Hohepriestern und den Schriftgelehrten wahrgenommen.

[38] Vgl. dazu Mk 1,22; 6,2; 10,26, wo die Erregung jeweils aus der Lehre Jesu erwächst, ferner 1,27; 2,12; 5,42, wo die heftigen Reaktionen auf seine Wunderheilungen mit anderen griechischen Verben bezeichnet sind.

[39] Siehe o. bei und in Anm. 24.

[40] Vgl. zumal Jes 35,4b: »siehe, unser Gott … wird kommen und uns retten«, sowie V. 10a: »… und ewige Freude wird über ihrem Haupt sein«.

Die genannten Beobachtungen machen deutlich: Die Schilderung des Heilungsvollzugs erhält mit Mk 7,33aα.35bβ einen Rahmen aus Vorbereitungsnotiz und Erfolgsmeldung sowie mit V. 34c einen besonderen Akzent; V. 36b–c verleiht der Größe des Wunders sowie den durch V. 37a eigens hervorgehobenen Aussagen der Begleiter zu seiner Würdigung (V. 37b–c) grundsätzliche, über den Einzelfall hinausweisende Bedeutung; und diese Aussagen knüpfen an V. 34 an, indem sie Jesus in eine Einheit des Handelns mit Gott stellen.

3.2.6 Einbeziehung der Syntax

In Mk 7,31–37 dominieren längere, oft durch Partizipien oder Nebensätze erweiterte Satzkonstruktionen, die das Handeln der beteiligten Personen beschreiben. In diesem Rahmen sticht zum einen V. 35 als Abfolge dreier kurzer Hauptsätze, von denen die ersten beiden im Passiv formuliert sind, hervor; zum andern ragen der fremdsprachliche Imperativ und seine Übersetzung (V. 34b–c) heraus. Zudem fällt auf, dass V. 32aβ–γ und V. 36a mit Verben des Forderns und anschließenden Finalsätzen annähernd parallel formuliert sind. Beim Tempusgebrauch dominieren bis V. 36a Aoristformen; ihre Sequenz wird allerdings durch eine Impf.-Form (V. 35bβ) sowie zuvor schon durch Verben im Präsens (V. 32aα.β und V. 34aβ) unterbrochen.

Diese Präsensformen markieren die Initiative der Begleiter und die im Wort Jesu vollzogene Verbindung von Himmel und Erde als die wesentlichen Handlungsvollzüge des Geschehens.

Ab Mk 7,36b nutzt der Erzähler dann durchgehend das Imperfekt mit teils iterativem, teils durativem Sinn, wobei das Verb in V.37a durch ein – im Text sonst nicht vorkommendes – Präsenspartizip ergänzt wird. Die in V. 37b–c wörtlich angeführten Zitate stehen dann im Perf. bzw. Präsens, verweisen also auf die andauernde Bedeutsamkeit des Heilungserfolges Jesu.

Diese Textmerkmale stützen bereits getroffene Feststellungen und belegen, dass
– Mk 7,35a–bα die Darstellung der Heilung abrundet und V. 35bβ sie endgültig abschließt,
– diese Darstellung durch V. 32aβ–γ und V. 36a umrahmt wird und in V. 34 ihren Höhepunkt hat,
– V. 36b–c den Erzählgang unterbricht und
– V. 37b–c im Konnex mit V. 37a Grundsatzaussagen zum Wirken Jesu trifft;
sie unterstreichen zudem, dass von der Heilung des Taubstummen hier wesentlich mit Blick auf die Begleiter erzählt wird.

3.2.7 Auswertung

Die genannten Merkmale von Mk 7,31–37 erlauben in ihrer Summe eine klare Gliederung des Textes. Diese lässt sich wie folgt veranschaulichen:[41]

---

[41] Vgl. *Wilk*, Gut 156, im Folgenden leicht modifiziert.

3.2 Die Heilung eines Taubstummen (Mk 7,31–37)

Gliederungsübersicht zu Mk 7,24–30

Ein-leitung	V. 31aα	*Anknüpfung an 7,24–30:* Ausgangspunkt der Wanderung Jesu
	V. 31aβ–γ	Wegbeschreibung und Lokalisierung
	V. 32	Situationsangabe: Zuführung eines Mannes, der taub und stumm ist; Bitte an Jesus, den Mann zu heilen
Haupt-teil: die Heilung	V. 33aα	die vorbereitende Absonderung des Mannes
	V. 33aβ–γ	das heilende Handeln Jesu an Ohren und Zunge
	V. 34	doppelte Kommunikation mit dem Himmel und dem Mann; *Erzählerkommentar:* griech. Übersetzung der Weisung Jesu
	V. 35a–bα	das Ereignis der Heilung an Gehör und Zunge
	V. 35bβ	abschließende Feststellung des Heilungserfolgs
Schluss-teil	V. 36a	Weisung an die Begleiter, niemand von der Heilung zu erzählen
	V. 36b–c	***wiederholtes Durchbrechen des Verbots durch die Begleiter***
	V. 37	*kommentierte Rückblende:* die unmäßige Erregung der Begleiter, schriftheologische Wertung des Geschehens (= *Fundament für 8,1–9*)

So zeigt sich, dass es der Erzählung Mk 7,31–37 letztlich weder um das Geschick des von seiner Taubstummheit Geheilten noch um die heilende Kraft Jesu zu tun ist. Vielmehr macht sie an dem einen wie dem andern deutlich, was in V. 37 zur Sprache gebracht wird: dass das Heilungswirken Jesu in der Dekapolis die Schöpfung ihrer Erneuerung und die endzeitlichen Heilshoffnungen Israels ihrer Erfüllung[42] zuführt.

3.3   Petrus und Kornelius (Apg 10,1–11,18)

Die »längste[ ] Einzelerzählung«[43] der Apostelgeschichte ist durch markante Veränderungen des Inventars von ihrem Kontext klar abgegrenzt: Nach den beiden Episoden, in denen Petrus im Westen Judäas als Wundertäter auftritt (Apg 9,32–43), richtet sich der Blick des Erzählers mit 10,1 nach Cäsarea – dem im Nordwesten Samarias gelegenen, überwiegend von Nichtjuden bewohnten Sitz des Statthalters –, wo Petrus im Haus eines römischen Zenturios namens Kornelius als Prediger (V. 34) und Täufer (V. 48) auftritt; nach der Erörterung seines Vorgehens in Jerusalem (vgl. 11,2–4) wird ab 11,19 die von anderen Personen getragene Predigt der Christusbotschaft im syrischen Antiochia geschildert. Allerdings ist der Block 10,1–11,18 sowohl nach vorne als auch nach hinten im lukanischen Erzählgang verankert: Vom Aufenthalt des Petrus beim Gerber Simon in Joppe (10,5 f.17.32) wird vorbereitend schon in 9,43 berichtet; und die Notiz zum Jubel in Jerusalem über die Hinwendung Gottes zu den ›Heiden‹ (11,18)

---

[42] Zu den vielen Kennzeichen, die Mk 7,31–37 als Erzählung von der Begegnung Jesu mit Diasporajuden ausweisen, vgl. *Wilk,* Jesus 34.67 f.

[43] *Roloff,* Apostelgeschichte 164.

bereitet die Nachricht vor, dass Barnabas im Namen der Gemeinde zu Jerusalem die in Antiochia vollzogene Verkündigung »auch an die Hellenisten« gewürdigt habe (11,20–23). Die Verbindungslinien zwischen dem literarischen Kontext und der Erzählung 10,1–11,18 sind daher bei ihrer Gliederung zu berücksichtigen.[44]

3.3.1 Überblick über das Inventar und vorläufige Bestimmung des Themas

Nach der Notiz Apg 9,43 (»Er blieb aber etliche Tage in Joppe bei einem gewissen Simon, einem Gerber«), die sowohl den Zeitraum eröffnet, in dem das anschließend geschilderte Geschehen anhebt, als auch einen seiner Ausgangspunkte nennt, finden sich in 10,1–11,18 diverse weitere explizite Zeit- und Ortsangaben, die den Gang der Ereignisse strukturieren. Nimmt man zugleich die genannten Personen in den Blick, ergibt sich folgendes Bild:[45]

	Personen	Zeitangaben	Ortsangaben
10,1	**Kornelius** aus der italischen Kohorte		in Cäsarea
10,2a	gottesfürchtig mit seinem ›Haus‹		
10,2b	betete zu Gott …	allezeit	
10,3	er sah einen Engel Gottes …	um die 9. Stunde des Tags	
10,7 f.	er rief und sandte zwei Diener und einen Soldaten …		nach Joppe
10,9a–b	*als* **jene** sich …	am folgenden Tag …	der Stadt *näherten*
10,9c	stieg **Petrus** …	um die sechste Stunde …	auf das Dach
10,10	*als* **sie** *etwas zubereiteten*		
10,13	es erging eine Stimme an ihn		
10,17	Kornelius' Boten standen …		(vorm Haus) am Tor
10,19	der Geist sagte zu Petrus		
10,23b	er *ging* mit ihnen *hinaus* … und **einige Brüder aus Joppe** mit ihm	am folgenden Tag	
10,24a	er kam …	am folgenden Tag …	nach Cäsarea
10,24b	**Kornelius** *hatte* **seine Verwandten und engen Freunde** *eingeladen*		
10,44	der Heilige Geist fiel herab auf alle, die die Rede (des Petrus) hörten		
10,45	die Gläubigen aus der Beschneidung gerieten außer sich		
10,48	die Leute *baten ihn … zu bleiben*	dann, einige Tage	
11,1	**die Apostel und die Brüder**		in Judäa
11,2	*als* Petrus *hinaufkam* …, *äußerten* die aus der Beschneidung *Bedenken*		nach Jerusalem
11,18	sie lobten Gott		

---

[44] Auf eine Darbietung des griechischen Wortlauts der Erzählung samt einer deutschen Übersetzung wird hier – wie in den folgenden Abschnitten – aus Raumgründen verzichtet.

[45] Auf Stellen, wo Menschen neu bzw. erneut als Handlungsträger eingeführt werden, ist durch **Fettdruck** hingewiesen. Angaben innerhalb von direkter Rede bleiben bei diesem ersten Überblick noch unberücksichtigt.

In Apg 10,1 f. wird Kornelius aus Cäsarea als Erzählfigur eingeführt und hinsichtlich seiner das ganze Haus einbeziehenden Frömmigkeit charakterisiert. 10,3–48a schildern sodann – durch V. 3.9.23b.24 zeitlich geordnet – eine Folge von Begegnungen und Vorgängen in Cäsarea (10,3–8), Joppe (10,9–23) und wieder Cäsarea (10,24–48): Initiiert und gelenkt durch Repräsentanten Gottes (ein Engel, eine Stimme, der Geist), folgt Petrus mit einigen Brüdern aus Joppe den von Kornelius gesandten Boten in dessen Haus, wo er den dort versammelten Nichtjuden »das Wort« (V. 36) predigt und sie, als der Geist auf sie kommt, taufen lässt; danach bleibt er »einige Tage« bei ihnen (V. 48b). Mit 11,1 verlagert sich das Geschehen nach Judäa, wo die »Apostel und Brüder« von alledem gehört haben. Wie Petrus in Jerusalem ihre Einwände gegen seinen Aufenthalt bei »Unbeschnittenen« widerlegt, wird in 11,2–17 dargelegt.

Mit der Wendung »die aus der Beschneidung« (Apg 11,2b) wird nicht eine neue Personengruppe eingeführt, sondern auf den Sachverhalt verwiesen, der das Selbstverständnis der »Apostel und Brüder … in Judäa« gegenüber den »Heiden« (V. 1) bestimmt; vgl. dazu die Bezeichnung der Petrus begleitenden »Brüder aus Joppe« (10,23b) als »Gläubige aus der Beschneidung«, die ihrerseits das Gegenüber zu »den Heiden« markiert (V. 45). Allerdings ist in 11,2 wohl nur an die in Jerusalem ansässigen »Apostel und Brüder« zu denken.

Apg 11,18 verweist abschließend auf das Gotteslob dieser Männer.

Dieser Überblick macht deutlich: Im Wesentlichen besteht die Erzählung aus Szenen, die Begegnungen schildern: zwischen Kornelius und einem Engel, Petrus und einer Himmelsstimme, Petrus und den Boten des Kornelius, Petrus (samt Begleitern) und Kornelius (samt Verwandten und Freunden) sowie Petrus und den Jerusalemer »Aposteln und Brüdern«. Als Rahmen sind demnach Apg 10,1 f. und 11,18 erkennbar, Verse, die jeweils nur eine Gestalt bzw. Gruppe fokussieren und dabei in ihrem Gottesverhältnis kennzeichnen: Kornelius mit seiner beständigen Frömmigkeit, besagte »Apostel und Brüder« mit ihrem Gotteslob. Dabei wird freilich jene Gottesfurcht in der ersten Begegnungsszene als Grundlage des Kontakts zu Petrus gewertet (10,4 f.), während das Gotteslob der Jerusalemer auf die Rechtfertigung dieses Kontakts durch Petrus (11,4–17) im Zuge der letzten Begegnungsszene antwortet. Die Erzählung soll demnach zeigen, wie die Jerusalemer »Apostel und Brüder … aus der Beschneidung« das von Gott veranlasste und begleitete Handeln des Petrus an dem Gottesfürchtigen Kornelius vor Gott als Anzeichen der generellen Öffnung der »Umkehr zum Leben« für die ›Heiden‹ anerkennen.[46]

3.3.2 Thema- und inventarorientierte Analyse

Für den Handlungsfortschritt im Sinne des Themas sind folgende Stellen von besonderer Bedeutung:

---

[46] Gegen *Weiser*, Apostelgeschichte 251 f. (die Erzählung thematisiere die Zulassung von ›Heiden‹ zum Heil), vgl. *Schmithals*, Apostelgeschichte 104: »Die Heidenmission ist … Gottes Werk durch die Juden(christen)«.

- Apg 10,2 f.: Aufgrund seiner praktizierten Gottesfurcht wird Kornelius einer Engelserscheinung gewürdigt.[47]
- 10,7–9b: Dem Auftrag des Engels (10,5 f.) gemäß sendet Kornelius Boten nach Joppe, wo sie am folgenden Tag eintreffen.
- 10,23b–24a: Infolge einer Vision (10,10b–16) und einer Weisung des Geistes (10,19 f.) begleitet Petrus mit einigen Brüdern die Boten nach Cäsarea.
- 10,33b–34a: Auf der Basis wechselseitiger Aufklärung über die Veranlassung ihrer Zusammenkunft (10,28 f.30–33a) bekundet Kornelius die Bereitschaft der Versammelten, von Petrus »alles zu hören, was [ihm] vom Herrn aufgetragen ist«, woraufhin Petrus zu predigen beginnt.
- 10,43 f.: Als Petrus von der rettenden Wirkung des Glaubens spricht, fällt der Heilige Geist auf alle Zuhörer.
- 10,47–48a: Auf die Erregung der Gläubigen aus der Beschneidung (V. 45) hin ordnet Petrus, an Pfingsten erinnernd, an, jene ›Heiden‹ zu taufen.
- 10,48b–11,3: Als Petrus, der noch einige Tage bei ihnen geblieben ist, nach Jerusalem reist, konfrontieren ihn dort die »Apostel und Brüder«, die von der Annahme des Wortes Gottes durch die ›Heiden‹ gehört haben, mit ihren Bedenken gegen seinen Aufenthalt bei »Unbeschnittenen«.
- 11,17 f.: Als sie hören, wie Petrus den Vorgang der Geistbegabung seiner Zuhörerschaft explizit mit dem Wirken Gottes im Pfingstgeschehen vergleicht, stimmen sie ein Gotteslob an.

Die meisten dieser Übergänge sind auch durch ausdrückliche Zeit- und/oder Ortsangaben sowie durch eine Veränderung in der Konstellation der Handlungsträger markiert.[48] In Apg 10,43 f. ist Letzteres mit einer impliziten Zeitangabe (»während Petrus noch diese Worte sprach«) verknüpft; vergleichbare Angaben finden sich dann außerdem in 10,7a; 11,2a.18a. Bei 10,33b–34a und 10,47–48a fehlen allerdings Markierungen aus dem Bereich des Inventars.

Umgekehrt lässt dessen Analyse mit Apg 10,16 f. eine weitere Schnittstelle erkennen: Als Petrus nach dem Gespräch, das er angesichts der Vision mit der Himmelsstimme geführt hat, noch über das Erlebte nachdenkt (implizite Zeitangabe), haben die Boten des Kornelius bereits das Tor des Hauses von Simon (Ortsangabe) erreicht. Neueinsätze erfolgen überdies in V. 10b (implizite Zeitangabe samt Nennung weiterer Handlungsträger: »als sie [etwas] zubereiteten«) sowie V. 19 (implizite Zeitangabe: »während Petrus über das Geschaute nachdachte«, Einführung des Geistes als Handlungsträger) und V. 13 (Einführung der Himmelsstimme), V. 16$_{fin.}$ (Zeitangabe: »und sofort«), V. 25 (implizite Zeitangabe: »als es geschah, dass Petrus eintrat«), V. 27 (Ortswechsel: »er trat ein«) und V. 45 (erstmaliges Agieren der Begleiter des Petrus).

Im Kontext der auf Begegnungen fokussierten Geschichte lassen sich die notierten Schnittstellen – unter Beachtung der Konvergenzen zwischen thema-

---

[47] Vgl. Apg 10,4, wo der Engel sein Erscheinen als Antwort Gottes auf die Almosen und Gebete des Kornelius darstellt. Der Vorgang ist im lukanischen Doppelwerk insofern einzigartig, als Engel sonst nur vor ausgewählten Juden erscheinen; vgl. Lk 1,11–20.26–38; 2,9–15; Apg 5,19 f.; 7,30–38; 8,26; 12,7–11 und zum Ganzen *Tannehill*, Unity 133.
[48] Siehe o. in der Tabelle nach Anm. 45 zu Apg 10,2 f.7–9.23 f.48; 11,1 f.

und inventarorientierter Analyse sowie der Häufungen von segmentierenden Merkmalen – wie folgt hierarchisieren:

Ebene ǀ Schnittstelle in Apg 10							Apg 11		
(1)							48b/1		
(2)	8/9		23b/24						
(3)	2/3	16/17	23a/b	33/34	43/44		48a/b	1/2	17/18
(4)	6/7 10a/b	18/19	24/25		44/45	47/48a			
(5)	12/13 16$_{init.}$/$_{fin.}$		26/27						

Daraus ergibt sich folgende vorläufige Gliederung:

10,1–48	*Cäsarea (und Joppe):* **Kornelius und Petrus**
10,1–8	*Cäsarea:* Kornelius und der Engel
10,1–2	Vorstellung des gottesfürchtigen, allezeit betenden Kornelius
10,3–8	*9. Stunde am Tag:* die Engelserscheinung samt Reaktion des Kornelius
10,3–6	die Engelserscheinung
10,7–8	die Entsendung der Boten nach Joppe
10,9–23	*Joppe, am nächsten Tag:* Petrus und die Boten des Kornelius
10,9–16	*die Boten vor der Stadt, 6. Stunde:* die Vision des Petrus
10,9–10a	Situationsangabe: Petrus, zum Gebet auf dem Dach, hat Hunger
10,10b–16	die Vision
10,10b–12	Situationsangabe, das Geschaute
10,13–16$_{init.}$	Dialog mit der Himmelsstimme
10,16$_{fin.}$	Abschluss der Vision
10,17–23a	die Begegnung mit den Boten
10,17–18	Situationsbeschreibung: Petrus denkt nach, die Boten rufen *am Tor*
10,19–23a	Einwirken des Geistes → Zusammenkunft des Petrus mit den Boten
10,23b	*am nächsten Tag:* Aufbruch mit einigen Brüdern aus Joppe
10,24–48	*Cäsarea, am nächsten Tag:* Petrus bei Kornelius
10,24–33	die Begegnung zwischen Petrus und Kornelius
10,24	Situationsangabe: Ankunft des Petrus, Kornelius u. v. a. erwarten ihn
10,25–33	Klärung der Grundlagen der Zusammenkunft
10,25–26	Begrüßung am Eingang des Hauses
10,27–33	*drinnen:* wechselseitige Aufklärung über den Anlass des Treffens
10,34–43	die Predigt des Petrus
10,44–48a	die Folgen der Predigt
10,44	das Herabkommen des Geistes auf alle Hörenden
10,45–47	Dialog zwischen Petrus und seinen Begleitern
10,48a	Anordnung der Taufe
10,48b	*mehrtägiger* Aufenthalt des Petrus
11,1–18	*Jerusalem:* **Petrus und »die aus der Beschneidung«**
11,1	*Judäa:* die »Apostel und Brüder« hören von dem Ereignis
11,2–17	*Jerusalem:* Disput zwischen »denen aus der Beschneidung« und Petrus
11,18	Gotteslob der Jerusalemer

Es bleibt allerdings zu prüfen, ob die sprachliche Gestaltung des Textes die vorgenommene hierarchische Ordnung der Textsegmente bestätigt.

3.3.3 Einbeziehung der Wiederaufnahmestruktur

Schon auf den ersten Blick ist zu erkennen, dass der Erzähler viele *Ereignisse, Ausdrücke und Details* mehrfach zur Sprache bringt. Dies gilt zum einen für bestimmten Personen zugeordnete Phänomene, zum andern für Motive, die mit mehreren Erzählfiguren verknüpft sind[49]. Im Einzelnen sind in den soeben abgegrenzten Sinnabschnitten folgende Wiederaufnahmen zu notieren:

Absätze in Apg 10–11:	1f.	3–8	9–16	17–23	24–33	34–43	44–48	11,1	2–17	18
Kornelius' Gottesfurcht	V.2	4(.7)		22c–d	30b.31c	(35)				
Erscheinung des Engels		3–7a		22e	30c–32				13 f.	
Sendung der Boten		5.8	9b		32a.33a				11.13b	
Petrus' Aufgabe		(5)		22$_{fin.}$	29b.33c	42			13b–14	
Petrus' Aufenthalt beim Gerber Simon in Joppe		6		17 f.	32b				5$_{init.}$ 11a$_{fin.}$	
Vision des Petrus			10$_{fin.}$–16	17a.19a	28c				5–10	
Himmelsstimme			13–16$_{init.}$						7–10a	
(nicht) unrein			(12.)14 f.		28c				(6.)8 f.	
Weisung des Geistes				19 f.					12a	
Bedenken gegen die Gemeinschaft mit ‚Heiden'				20 (23a)	28b (29a)	(34 f.)			2 f. 12a$_{fin.}$	
Ankunft bei Kornelius					24–27				12$_{fin.}$	
Taufe des Johannes						37$_{fin.}$			16b	
Taufe im Namen Jesu							47a.48a		(17b)	
Gebet	2$_{fin.}$	4e	9$_{fin.}$		30b.31c				5$_{init.}$	
Handeln Gottes		(4e)	15b		28c.31c	34–42			9.17	18
gemeinsames Essen			10.(13 f.)	(23a)		41d	(48b)		3. (7 f.)	
Verkündigung						36a.42			15$_{init.}$	
Gottes Wort				(29b)		36	(44)	1		
Geistbegabung						38b	44–47		15–17a	
Glaube an Jesus Christus						43	45a		17a	
„auch die Heiden"							45b	1		18

Die Übersicht macht deutlich, wie der Erzähler in mehreren Passagen das bis dahin Erzählte rekapituliert: zuerst in Apg 10,17–22, sodann in 10,28–33, schließlich in 11,5–17.[50] Dabei werden einige Angaben sukzessive präzisiert.

»Für welches Wort«[51] (Apg 10,29b) Petrus nach Cäsarea geholt wird, bleibt in V. 5 noch völlig offen. Nach der Auskunft der Boten, Kornelius solle »Worte von [ihm] hören« (V. 22), stellt erst dieser selbst klar: »Nun sind wir alle vor Gott da, um alles zu hören, was dir vom Herrn aufgetragen ist« (V. 33c) – woraufhin Petrus seinen ursprünglich auf das jüdische Volk bezogenen Verkündigungsauftrag (V. 42, vgl. V. 36a) auch vor Kornelius und dessen Leuten wahrnimmt (10,34–43, vgl. 11,15$_{init.}$). In seinem Rechenschaftsbericht legt Petrus dann schon dem Engel, der Kornelius erschien, die Ankündigung in den Mund:

---

[49] Letztgenannte Motive sind im unteren Teil der folgenden Tabelle aufgeführt.

[50] Die betreffenden Spalten sind in der Tabelle grau hinterlegt. – In Apg 11,2 f. werden Motive aus dem Voranstehenden variierend aufgegriffen, nicht Erzählinhalte rekapituliert.

[51] Diese Übersetzung für τίνι λόγῳ legt sich aufgrund a) des Zusammenhangs der Frage des Petrus mit der Antwort des Kornelius (Apg 10,33c) und b) der Wortlautübereinstimmung mit 10,36a.44; 11,1 nahe. Man kann freilich auch übersetzen: »aus welchem Grund«.

»Petrus … wird Worte zu dir sagen, durch die du und dein ganzes Haus gerettet werden« (11,13$_{fin.}$–14).

Auf ähnliche Weise wird der Sinn der Vision des Petrus (Apg 10,10$_{fin.}$–16, vgl. 11,5–10) nach und nach geklärt: Zuerst bleibt Petrus der Befehl der Himmelsstimme, unterschiedslos von allen Tieren zu essen und nicht für »gemein« zu halten, was Gott gereinigt habe (10,13–15), rätselhaft (V. 17a.19a).[52] Aus der Weisung des Geistes, Kornelius' Boten »ohne Bedenken« zu begleiten (V. 20), erschließt er aber im Konnex mit der Vision[53], dass er »keinen Menschen gemein oder unrein nennen« soll (V. 28c). Als Kornelius ihm dann von der Engelserscheinung erzählt, hält er in 10,34–36 fest: »(Nun) begreife ich in Wahrheit, dass Gott nicht parteiisch ist; vielmehr ist ihm in jedem Volk derjenige, der ihn fürchtet und Gerechtigkeit übt, willkommen in Bezug auf das Wort, das[54] er den Söhnen Israels sandte und dabei Frieden verkündete durch Jesus Christus – dieser ist (ja) der Herr aller«, und predigt demgemäß den bei Kornelius versammelten ›Heiden‹ die Christusbotschaft. Schließlich stellt Petrus in seiner Replik auf den Vorwurf, er habe mit Unbeschnittenen Gemeinschaft gehabt (11,2f.)[55], den Sinnzusammenhang zwischen Vision, Weisung des Geistes und Engelserscheinung deutlich heraus (11,5–14); alle drei Ereignisse zielen darauf, dass er im Bezug auf ›Heiden‹ »keinen Unterschied macht« (V. 12a)[56] und ihnen die rettende Botschaft bringt (V. 14).[57]

Auf diese Weise bildet die Erzählung einen Erkenntnisprozess ab, den Petrus durchläuft und in den er die »Brüder … aus der Beschneidung« mit hinein nimmt. Dieser Prozess zielt einer weiteren Wiederaufnahme gemäß auf die Einsicht, »dass Gott *auch den Heiden* die Umkehr zum Leben gegeben hat« (Apg 11,18), insofern ja »auch über die Heiden die Gabe des Heiligen Geistes ausgegossen worden ist« (10,45b, vgl. 11,15.17$_{init.}$) und »auch die Heiden das Wort Gottes angenommen haben« (11,1, vgl. V. 17a$_{fin.}$). Im Zusammenhang damit sollen aber, wie die Mitteilungen an Petrus und seine eigenen Aussagen zeigen, Petrus und die »Apostel und Brüder« zudem begreifen, dass sie – entgegen ihrer bisherigen Überzeugung (10,28b) – gottesfürchtige[58] ›Heiden‹ aufsuchen dürfen und sollen,[59] um ihnen das Wort Gottes zu verkündigen und sie als Glaubende durch die Taufe

---

[52] Im Sinne des Lukas kommt eine wörtliche Deutung auf den Verzehr des Fleisches von unreinen Tieren für den Apostel, der dann ja auch das sog. Aposteldekret (Apg 15,29, vgl. V. 20) mit verantwortet, gar nicht erst in Betracht; vgl. *Haenchen*, Apostelgeschichte 307.

[53] Vgl. die Apg 10,28c einleitende Wendung κἀμοὶ ὁ θεὸς ἔδειξεν »doch mir hat Gott *gezeigt*« sowie *Kliesch*, Apostelgeschichte 86.

[54] Aus textkritischer Sicht muss ὅν in Apg 10,36$_{init.}$ als Bestandteil des ältesten Textes gewertet werden. Zur Deutung von τὸν λόγον als *accusativus graecus* vgl. *Wilk*, Licht 610.

[55] Die hier erwähnte (und in Apg 10,23a.48b implizierte) *Tisch*gemeinschaft bildet – ähnlich wie in V. 41 (vgl. auch V. 10) – nur das *setting* für die Unterweisung; vgl. dazu Lk 15,1f. sowie *Haacker*, Dibelius 240. Um *Mahl*gemeinschaft geht es dabei nicht); diese Thematik wird erst in Apg 15 aufgegriffen und mit dem Aposteldekret (s. o. Anm. 52) geregelt.

[56] Zu dieser Übersetzung der Aktivform διακρίναντα – im Unterschied zu der der medialen Form διακρινόμενος in Apg 10,20 – vgl. *Dautzenberg*, διακρίνω 733f.

[57] Demgemäß erinnert Petrus dann auch in Apg 15,9 seine jüdischen »Brüder« im Blick auf »die ›Heiden‹« (V. 7) daran, dass Gott »*keinen Unterschied gemacht* hat (διέκρινεν) zwischen uns und ihnen, da er ihre Herzen *gereinigt* hat (καθαρίσας)«.

[58] Die Gottesfurcht der anzusprechenden ›Heiden‹ ist, wie Apg 10,35 im Anschluss an 10,4e.31c belegt, bei alledem bleibend vorausgesetzt. Sie äußert sich zumal im regelmäßigen Gebet, dass Kornelius ebenso pflegt wie Petrus (vgl. 10,2$_{fin.}$.4e.30b.31c mit 10,9$_{fin.}$; 11,5$_{init.}$).

[59] Vgl. Apg 10,15.20.28–29a, ferner 11,9.12 sowie *Tannehill*, Unity 135f.

in das Gottesvolk aufzunehmen[60]. Gelenkt wird dieser Erkenntnisprozess bei Petrus von Anfang an durch Gott selbst, und zwar auf vielfältige Weise.[61] Ob seine Begleiter aus Joppe bereits durch die Informationen über Gottes Handeln an Petrus und Kornelius (10,28–33, vgl. 11,13), die Erläuterungen des Petrus (10,34–36.46b–47) und das Miterleben der Ausgießung des Geistes über die bei Kornelius versammelten ›Heiden‹ (10,45–46a) zu derselben Erkenntnis kommen, lässt der Erzähler offen. In Jerusalem aber, wo Petrus sie als Zeugen der Ereignisse in Joppe und Cäsarea benennt (11,11–13), stimmen dann alle »Apostel und Brüder ... aus der Beschneidung« aufgrund der Kunde aus Cäsarea (11,1) und des Rechenschaftsberichts des Petrus (11,4–17) in diese Erkenntnis ein.

Dafür ist nun freilich die Anlage des Berichts von großer Bedeutung. Sukzessive behandelt er die Vision des Petrus (Apg 11,5–10 [vgl. 10,9c.10$_{fin.}$–16]), seine Begegnung mit den Boten samt der Weisung des Geistes und der gemeinsam mit einigen »Brüdern« unternommenen Reise nach Cäsarea (11,11–12b$_{init.}$ [vgl. 10,17b.19a$_{fin.}$20$_{md.}$23b]), ihr Zusammentreffen mit Kornelius und dessen Rede (11,12$_{fin.}$–14 [vgl. 10,27$_{md.}$30a.c.32a.33$_{fin.}$]) sowie die durch die Herabkunft des Geistes veranlasste Entscheidung des Petrus zur Taufe der Hörerschar seiner Predigt (11,15–17 [vgl. 10,34a.44.47]). Petrus lässt bei der Darstellung der Ereignisse also manches Detail weg und konzentriert sich durchweg auf das Wirken Gottes: Gott selbst hat ihn durch die Himmelsstimme und den Geist mit besagten »Brüdern« zum Haus des Kornelius geführt, durch das Wort des jenem »Mann« erschienenen Engels zur Predigt angestiftet und durch die an die Verheißung Jesu erinnernde, dem Pfingstgeschehen gleichende Ausgießung des Geistes jedes Hindernis für eine Taufe beseitigt. Eben deshalb sprechen dann auch die in Jerusalem versammelten »Apostel und Brüder« von *Gottes* Gabe an die »Heiden«.

Aus diesen Beobachtungen wird zum einen deutlich, dass Apg 11,1–18 eine Sonderzustellung zukommt: Innerhalb des Rahmens V.1.18 bietet 11,4–17, eingeleitet durch 11,2f., eine zusammenfassende Auswertung der in 10,1–48 dargestellten Ereignisse, die deren grundsätzliche, über den konkreten Vorfall in Cäsarea und das individuelle Wirken des Petrus hinausweisende Bedeutung herausstellt[62]. Zum andern lässt die skizzierte Wiederaufnahmestruktur zutage treten, dass jene Ereignisse in zwei großen Abschnitten geschildert werden: Zuerst wird das Treffen zwischen Kornelius und Petrus durch Gottes Einwirken vorbereitet – bis dahin, dass Petrus die Boten des Kornelius im Haus des Gerbers Simon beherbergt und sie dann, gemeinsam mit jüdischen »Brüdern« aus Joppe, nach Cäsarea begleitet (V.23); sodann kommt es – eingeleitet durch eine die Beziehung klärende Erstbegegnung (10,24–27$_{init.}$) – dazu, dass Petrus an Kornelius

---

[60] Vgl. erstens Apg 10,34–36$_{init.}$42.44$_{init.}$ und 11,14–15$_{init.}$, zweitens 10,47a.48a und 11,17 (wo Petrus jeweils feststellt, dass nichts die Taufe der ›Heiden‹ »hindern« [κωλῦσαι] könne).

[61] Gott zeigt Petrus etwas (Apg 10,15b.28c; 11,9b), spricht ihn durch eine Himmelsstimme an (10,13.15–16$_{init.}$; 11,7.9–10a), wirkt durch den Geist auf ihn ein (10,19f.; 11,12a), lässt ihn von der Erscheinung des Engels vor Kornelius hören (10,22.30–32) und schließlich wahrnehmen, wie die Hörer seiner Predigt mit dem Geist begabt werden (10,45.47b; 11,15–17a).

[62] Vgl. *Conzelmann*, Apostelgeschichte 66.

und dessen Leuten seinen Verkündigungsauftrag wahrnimmt,[63] woraufhin diese den Geist und die Taufe empfangen. Die rekapitulierenden Passagen am Ende des ersten (10,17–22) und am Beginn des zweiten Abschnitts (10,28–33) haben dabei die Funktion, die Vorbereitung und die Durchführung des apostolischen Wirkens des Petrus in Cäsarea so miteinander zu verbinden, dass sein Erkenntnisfortschritt im Zuge der Verknüpfung der Gehalte von Vision und Engelserscheinung nachvollziehbar wird.

Der Blick auf die Wiederaufnahmen der wichtigsten *Handlungsträger* bestätigt dieses Ergebnis, fügt ihm aber auch weitere Facetten hinzu:
a) Kornelius wird in Apg 10,1 f. ausführlich charakterisiert. Danach fällt sein Name noch vier Mal (in V. 17 als Absender der Boten, in V. 24.25.30 als Gastgeber und Gesprächspartner des Petrus) sowie weitere drei Mal in direkter Rede (V. 3.31: Anrede durch den Engel, V. 22: Bezeichnung seitens der Boten, die ihn ihrerseits als gottesfürchtigen, beim »Volk der Juden« wohl beleumundeten Zenturio vorstellen). Als handelndes Subjekt tritt er, bezeichnet durch Verbformen der 3. Person Sing. und Artikel, in 10,3 f.7 f. auf; in 10,30–33a schildert er in der 1. Person Sing. die Engelserscheinung und seine Reaktion darauf. Außerdem wird er in 10,3–6.26 angesprochen und erscheint in V. 26a.27 als Objekt von Handlungen, in 11,12–14 (unter der Bezeichnung »der Mann«) als Objekt des Rechenschaftsberichts des Petrus.
Die Boten des Kornelius werden – nach dem entsprechenden Auftrag des Engels (Apg 10,5) – in V. 7 vorgestellt und kommen nach ihrer Entsendung (V. 8) in 10,9.17b–18.22 (vgl. 11,11) als Handelnde, in 10,19 f. (vgl. 11,12a) als Objekt der Rede des Geistes und in 10,21.23 als Kontaktpersonen, Gäste und Begleiter des Petrus in den Blick. In V. 24b sind sie wohl in die Schar der von Kornelius erwarteten Personen eingeschlossen.
Ferner erwähnt der Erzähler mehrfach die mit Kornelius verbundenen ›Heiden‹ in Cäsarea: In Apg 10,2 (und 11,14) ist von »seinem Haus«, in 10,24 von den bei ihm versammelten »Verwandten und engen Freunden« die Rede. Beide Gruppen gemeinsam[64] werden dann in V. 27 als »viele« gekennzeichnet, in 10,28 f.37a – wohl zusammen mit Kornelius (vgl. V. 27) – von Petrus angeredet und in V. 33c von Kornelius in eine »Wir«-Aussage eingeschlossen. Es ist daher diese Kornelius einschließende Schar, die in 10,45–48a (und 11,15–17) als Empfänger des Geistes und der Taufe ausgewiesen, in 10,48b als Gastgeber des Petrus präsentiert und – als Gruppe »unbeschnittener Männer« (11,3) – in 10,45; 11,1.18 mit »den Heiden« geradezu identifiziert wird.

---

[63] Die Hinweise auf die von Gott bzw. Jesus angeordnete Verkündigung in Apg 10,36.42 rahmen die Darstellung des Lebensweges Jesu (10,37–41). Die Predigt besteht daher aus drei Abschnitten (vgl. *Schneider*, Petrusrede 272 f.), die nacheinander die theologische Basis der Predigt an ›Heiden‹ (10,34b–36), das von den Aposteln bezeugte Handeln Gottes durch und an Jesus (10,37–41) und die ihnen aufgetragene Botschaft (10,42 f.) zum Inhalt haben. – Zur Funktion des ausführlichen Rückblicks auf das Erdenwirken Jesu vgl. *Wilk*, Licht 611–616.
[64] Dass auch die zum »Haus« des Kornelius gehörenden Personen beim Auftritt des Petrus präsent sind, geht aus der rückblickenden Bemerkung in Apg 11,14 hervor.

Aus dieser Darstellung des Kornelius und seiner Leute erhellt:

1. Der zweimal als gottesfürchtig bezeichnete (Apg 10,2.22) Zenturio ist für den Erzähler nicht als Einzelfigur, sondern als Leiter eines »ganzen Hauses« (10,2a; 11,14) und zusammen mit diesem, seinen Verwandten und Freunden (10,24) als Repräsentant der ›Heiden‹ (10,45; 11,1.18) wichtig; mit der »Wir«-Aussage am Ende seiner Rede 10,30–33 tritt er ganz in die Schar derer, die Petrus zuhören, hinein, und im Bericht, den dieser in Jerusalem gibt, erscheint er von vornherein als namenlose Gestalt (11,12).

2. Während die Boten mit ihrer Rückkehr wieder in das »Haus« (Apg 10,2) eingegliedert, nach V. 24 also – abgesehen vom Rechenschaftsbericht (vgl. 11,11–12a) – nicht mehr erwähnt werden, wird es in 10,24 für die Begegnung mit Petrus um die Verwandten und Freunde des Kornelius erweitert.

Somit bestätigen sich die o. g. Einschätzungen, dass Apg 10,24 einen markanten Neueinsatz und V. 33 einen wichtigen Übergang darstellen und dass mit 11,1–18 die Darstellung in 10,1–48 als ganze ausgewertet wird.

b) Petrus ist die Hauptfigur der Erzählung.[65] Zwischen Apg 10,5 und 11,13 fällt sein Name 19-mal, davon viermal in der Form »Simon mit dem Beinamen Petrus« (10,5.18.32; 11,13);[66] von 10,9 bis 11,17 geht es meist um das, was er tut und sagt; und wo das nicht der Fall ist, sind die Taten und Worte anderer Erzählfiguren doch regelmäßig an ihn gerichtet oder auf ihn bezogen.

Ihm wird Essen zubereitet (Apg 10,10b), ihn spricht die Himmelsstimme an (10,13–16, vgl. 11,7–10), ihn suchen Kornelius' Boten (10,17 f., vgl. 11,11), ihm gilt die Weisung des Geistes (10,19 f., vgl. 11,12a), ihm erstatten die Boten Bericht (10,22), ihn begleiten die Brüder aus Joppe (10,23_fin_, vgl. 11,12b), ihn empfängt Kornelius (10,25) und spricht er an (10,30–33), auf seine Predigt hin fällt der Geist auf die Zuhörer (10,44, vgl. 11,15), ihn bitten sie zu bleiben (V. 48b), ihn stellen dann »die aus der Beschneidung« in Jerusalem zur Rede (11,2 f.).

Sogar die Erscheinung des Engels vor Kornelius hat das Ziel, diesen mit Petrus in Kontakt zu bringen (Apg 10,5 f., vgl. 10,8.22.30–32; 11,13 f.).

Umso mehr fällt auf, dass die Fokussierung auf Petrus in zwei Zusammenhängen geweitet wird. Erstens verweist er in seiner Predigt nur zu Beginn auf sich selbst (Apg 10,34b); im Weiteren reiht er sich in das »Wir« der apostolischen Zeugen ein (10,39.41b–42). Zweitens erfolgt eine Weitung des Fokus dort, wo »die Brüder ... aus der Beschneidung« ins Spiel kommen. Dies geschieht auf doppelte Weise: Sie werden einerseits mit Petrus wiederholt in Gruppenbezeichnungen zusammengefasst und kommen andererseits dort, wo sie den ›Heiden‹ gegenübergestellt werden, unabhängig von ihm in den Blick.

In Apg 10,24b heißt es nach der Aufzählung der Begleiter des Petrus (V. 23b) nur, Kornelius habe »sie« erwartet; als der Geist auf die Hörerschaft seiner Predigt fällt, spricht Petrus die Begleiter in der 1. Person Pl. auf die ihnen allen widerfahrene Geistbegabung an (10,46b–47); in seinem Rechenschaftsbericht redet er dann von sich und ihnen erneut in der 1. Person Pl. (11,11a.12_fin_.13a), um sich am Ende mit den Adressaten im »Wir« zu

---

[65] Vgl. *Dibelius*, Bekehrung 104.

[66] Die ausführliche Namensform erinnert an die Berufung des Petrus (vgl. Lk 5,8–11; 6,13 f.) und damit an seine Führungsrolle als Apostel (vgl. *Pesch*, Πέτρος 198). Die übrigen Belege finden sich in Apg 10,9.14.17.19.21.25 f.34.44–46; 11,2.4 sowie 10,13; 11,7 (Anrede).

verbinden (V. 15$_{fin}$.17a). Ganz aus dem Blick gerät Petrus in 10,45–46a[67]; 11,1.18; dort geht es jeweils darum, dass »die aus der Beschneidung« *Gottes* Handeln an »den Heiden« wahrnehmen und anerkennen.

Der Erzähler präsentiert Petrus demnach in der Begegnung mit Kornelius als den Repräsentanten der Apostel und als Sprecher der »Brüder aus der Beschneidung«, im Kontakt mit Letzteren aber als Sachwalter des göttlichen Ratschlusses über die ›Heiden‹. Erst in dieser doppelten Funktion eignet sich Petrus als Zentralfigur einer Erzählung, die den Bogen schlägt von der Vorstellung des gottesfürchtigen Kornelius und seines Hauses (Apg 10,1 f.) zum Lobpreis der Jerusalemer »Apostel und Brüder« angesichts der Entscheidung Gottes, »auch den Heiden die Umkehr zum Leben« zu erschließen (11,18).

Diese Beobachtungen führen zu dem Schluss, dass Apg 10,24–48, gerahmt durch die Hinweise auf die »Brüder« aus Joppe (10,23b) und Judäa (11,1), den Mittelteil der Erzählung bildet, der Petrus zu Beginn im Dialog mit Kornelius (10,25–27), am Ende in einer Ansprache an seine jüdischen Begleiter (10,46b–47 nach 10,45–46a) zeigt. Auf diese Weise aber wird zugleich die Predigt des Petrus samt der folgenden Geistbegabung der Hörerschaft (10,34–44) als das eigentliche Zentrum der Erzählung erkennbar, in dem einerseits die lange vorbereitete Begegnung zwischen Kornelius und Petrus ihr Ziel findet,[68] andererseits die *peu à peu* erreichte Einsicht der »Apostel und Brüder … aus der Beschneidung«, dass mit dieser Begegnung Gott selbst den ›Heiden‹ den Zugang zur Gemeinschaft der Christusgläubigen eröffnet – und also Petrus mit seinem Auftritt in Cäsarea den Willen Gottes erfüllt – hat, ihre Basis erhält[69].

Für den Rechenschaftsbericht Apg 11,5–17 aber ergibt sich eine Dreiteilung: Petrus erzählt zunächst von der *ihm selbst* zuteilgewordenen Vision (11,5–10), sodann davon, wie *er und die »Brüder«* aus Joppe von den Boten des Kornelius nach Cäsarea geleitet und dort von diesem angesprochen werden (11,11–14), endlich von *seiner* Reaktion auf die Gabe des Geistes an Kornelius und dessen »Haus«, die der *ihm und allen Christusgläubigen in Jerusalem* widerfahrenen Geistausgießung »am Anfang« entspricht (11,15–17).

3.3.4 Einbeziehung der Kommunikationsebenen

Direkte Rede spielt in Apg 10,1–11,18 eine große Rolle. Durch metakommunikative Sätze eingeführte Äußerungen finden sich an folgenden Stellen:

---

[67] Die Kennzeichnung von Apg 10,45–47 als »Dialog zwischen Petrus und seinen Begleitern« in der Gliederungsübersicht o. S. 63 trifft also nur bedingt zu: Petrus *antwortet* (10,46b) auf eine Verwunderung, mit der sich jene Begleiter gar nicht an ihn wenden.

[68] Vgl. dazu die Verknüpfungen zwischen Apg 10,22$_{fin}$. und V. 44$_{init}$. (Stichwort ῥήματα »Worte«), V. 33c und V. 42 (Predigtauftrag) sowie 10,19 f. und V. 44$_{fin}$. (Wirken des Geistes).

[69] Vgl. den Konnex zwischen Apg 10,35 f.: ἐν παντὶ ἔθνει ὁ φοβούμενος αὐτὸν … δεκτὸς αὐτῷ ἐστιν τὸν λόγον ὃν ἀπέστειλεν … (zur Übersetzung s. o. bei Anm. 54) und 11,1: … τὰ ἔθνη ἐδέξαντο τὸν λόγον τοῦ θεοῦ »die Heiden haben das Wort Gottes angenommen«), ferner den zwischen 10,43 und 11,18 (zum Zusammenhang von Sündenvergebung und Umkehr im Sinne des Lukas vgl. 5,31) sowie den zwischen 10,44(–46a) und 11,15.17a (vgl. dazu 2,4).

Wiedergabe direkter Rede in Apg 10,1–11,18

Verse	Beteiligte	*Form* und Inhalt
10,3a*fin.*–6	Engel ↔ Kornelius	*Anrede – Frage – Antwort:* Würdigung der Almosen und Gebete des Kornelius; Auftrag, Petrus holen zu lassen
10,13–15	Himmelsstimme ↔ Petrus	*Weisung:* unterschiedslos von allen Tieren essen – *Protest – Tadel:* nicht für gemein halten, was Gott gereinigt hat
10,19a*fin.*–20	Geist → Petrus	*Information:* die Absicht der Boten – *Weisung:* bedenkenlos mit den Boten mitgehen
10,21a*fin.*–22	Petrus ↔ Boten des Kornelius	*Vorstellung – Frage – Antwort:* Kennzeichnung des Kornelius; der Auftrag des Engels an ihn (indirektes Zitat aus 10,5)
10,26a*fin.*–b	Petrus → Kornelius	*Weisung und Tadel:* Selbstvorstellung »auch selbst ein Mensch«
10,28 f.	Petrus → alle Versammelten	*Erläuterung:* Ermöglichung seines Kommens durch Gott (indirektes Zitat aus 10,15.20) – *Frage:* Anlass, ihn holen zu lassen?
10,30–33	Kornelius (für alle) → Petrus	*Bericht:* Engelserscheinung (**Zitat** aus 10,3b.4e–6) – *Lob:* das Kommen – *Beschreibung:* Erwartung der Botschaft vor Gott
10,34–43	Petrus → alle Versammelten	*Bekenntnis:* das Israel gesandte Wort gilt allen Gottesfürchtigen – *Predigt:* Jesu Wirken und Geschick vor Zeugen; deren Sendung
10,46b–47	Petrus → Brüder	*Frage:* Taufe derer, die den Geist empfangen haben?
11,2b–17	»die aus der Beschneidung« ↔ Petrus	*Tadel:* (Tisch-)Gemeinschaft mit Unbeschnittenen! – *Rechenschaftsbericht:* Vision (**Zitat** aus 10,13–15); Treffen mit den Boten (indirektes Zitat aus 10,20) und mit Kornelius (**Zitat** aus 10,32 f. [und damit aus 10,5 f.]); Geistbegabung (Zitat aus 1,5!) und Taufe (indirektes Zitat aus 10,47)

Aus der Übersicht geht hervor:
1. Die Erscheinung des Engels vor Kornelius (Apg 10,3–6) und die Vision des Petrus (10,10*fin.*–16) sind in den Passagen direkter Rede etwa analog aufgebaut; hier wie dort tritt ein Repräsentant Gottes in den Dialog mit einem der Protagonisten. Beide Dialoge gemeinsam führen auf das Gespräch zwischen Petrus und den Boten des Kornelius hin (10,21 f.),[70] in dem sich das erste indirekte Zitat (aus V. 5) findet; doch dass die Boten ihren Auftrag, Petrus nach Cäsarea zu holen, erfüllen können, verdanken sie der zusätzlichen Botschaft des Geistes an Petrus (10,19a*fin.*–20).
2. Petrus spricht nur einmal, gleichsam *en passant*, Kornelius persönlich an (Apg 10,26); von V. 28 bis V. 43 wendet er sich an alle Versammelten, und Kornelius agiert in 10,30–33 als deren Sprecher. Dabei werden die Verse 10,28–33 durch das indirekte Zitat in V. 28c und das direkte Zitat in 10,31 f. als auswertender Rückblick auf 10,3–22 ausgewiesen.

---

[70] Zu dieser Abfolge der Abschnitte Apg 10,1–8.9–16.17–23 vgl. *Bovon*, Tradition 26 f.

3. Die »Antwort« des Petrus auf die Erregung der aus Joppe mitgekommenen Brüder bzw. Gläubigen aus der Beschneidung (Apg 10,45–47) bereitet seinen durch den Vorwurf der in Jerusalem versammelten »Apostel und Brüder … aus der Beschneidung« veranlassten Rechenschaftsbericht (11,2–17) vor. Dieser greift mit indirekten und expliziten Zitaten auf die Darstellung in 10,3–33.47–48a zurück, weist aber zudem die Geistbegabung der Hörerschaft des Petrus in Cäsarea (V. 44) durch das Zitat aus 1,5 als Vervollständigung des die Verheißung Jesu erfüllenden Pfingstgeschehens aus.

4. Die Erscheinung des Engels vor Kornelius, die Vision des Petrus und die an ihn gerichtete Botschaft des Geistes werden jeweils durch wiederholte Zitate der darin erteilten Weisungen[71] als das ganze Geschehen bestimmende Maßnahmen Gottes gekennzeichnet; besonderes Gewicht erhält ob seiner heilsgeschichtlichen Besonderheit[72] der gleich dreimal – von den Boten, Kornelius und Petrus – zitierte Auftrag des Engels an den Zenturio.

Damit bestätigen sich weitgehend die durch die Analyse der Wiederaufnahmestruktur gewonnenen Einsichten: Mit dem – durch die Hinweise auf die Engelserscheinung gerahmten – Passus Apg 10,3–22(23) legt der Erzähler das Fundament für die weitere Darstellung; im Mittelteil fungieren 10,25–27 und 10,45–47 als Rahmen, während 10,28–33 eine zusammenfassende Auswertung des Eingangsteils bietet; mit 11,2–17 kommt das in Kapitel 10 geschilderte Geschehen noch einmal insgesamt in den Blick.

3.3.5   Einbeziehung des Erzählstils

In Apg 10,1–11,18 nutzt der Erzähler verschiedene Stilmittel, um seinen Text zu strukturieren. Sie seien in der umseitig abgedruckten Übersicht zusammengestellt. Für die Gliederung des Textes lassen sich daraus folgende Schlüsse ziehen:

1. Der markanteste Neueinsatz erfolgt mit Apg 11,1: Der Satz lässt offen, was Petrus mehrere Tage lang (vgl. 10,48b) in Cäsarea getan hat, setzt voraus, dass in dieser Zeit die Kunde von den dortigen Vorgängen nach Judäa gelangte,[73] enthält eine grundsätzliche Wertung dieser Vorgänge aus Sicht des Erzählers und ist überdies durch ein Nachlassen der Darstellungsintensität und einen Wechsel der Fokussierung gekennzeichnet. 11,2–17 enthält daraufhin eine lange Rückblende mit diversen Einblicken in die Gedankenwelt und die Erinnerung des Petrus. Mit V. 18b, in dem der Erzähler seine Wertung des Geschehens auch den in Jerusalem versammelten Aposteln und Brüdern zuschreibt, kommt die Erzählung dann zum Abschluss.

2. Apg 10,44–48 ist durch eine enorme Häufung verschiedenster Stilmittel als Höhepunkt des in Kapitel 10 dargestellten Handlungsablaufs ausgewiesen. Der Zusammenhang mit dem zuvor Erzählten wird auf vielfache Weise markiert, beginnend mit dem Hinweis auf die überraschende, nachträglich dem Pfingstereignis gleichgestellte Herabkunft des Geistes auf diejenigen, die

---

[71] Vgl. Apg 10,22e.31 f.; 11,13 sowie 10,28c*init.*; 11,7–9 und 10,28*fin.*; 11,12a.

[72] Siehe o. Anm. 47.

[73] Nach *Schille*, Apostelgeschichte 251, ist dies der primäre Zweck der von Lukas notierten »Ruhepause am Ort«.

Stilmittel in Apg 10,1–11,18

Absätze in Apg 10–11:	1f.	3–8	9–16	17–23	24–33	34–43	44–48	11,1	2–17	18
aktoriale Fokalisierung[74]		3–6	11–16		$27_{fin.}$		46			
Gottes Geist als Aktant				19 f.			44		12a.15	
Wertungen[75] (durch Erzählfiguren)	2a		15b	$20_{fin.}$ 22c–d	28c 33b.c	34 f. 38b–d	45b	$1_{fin.}$		18a 18b
Einblicke in Gefühle etc. (in der direkten Rede)		4a	10a	17a.19a	$28c.29_{init.}$ 30c–32	34(–36)	45a		$5a_{fin.}$–10 16.17b	
abweichende Fokussierung (nicht auf Petrus)	1 f.	3–8	9a–b	17b–18	24b		45–46a	1		18
verminderte Darstellungsintensität	1 f.	$8_{init.}$	$16_{init.}$	17a 23a	$27_{init.}$		46a 48b	1		
Zeitsprünge			9	23b	24a		48b	1		
Prolepsen (nur in der direkten Rede)[76]		$5_{fin.}$		$20_{md.}$ $22_{fin.}$	$33c_{md.}$	$42_{fin.}$				
Rückblenden (in der direkten Rede)[76]		4e	15b	17b $20_{fin.}$ 22b–e	$24b_{init./fin.}$ 28c.29a $33_{fin.}$	36a.37– 42(41b)	46a 47b		5–17 (13f.16. $17a_{md.}$)	
logische Unebenheiten							45b	1		

Petrus' Predigt hörten (vgl. V. $44_{init.}$). Zugleich aber weist der Passus auf das Nachstehende voraus, zumal mit der Abschweifung 10,45–47 (samt dem aus dem Erzählverlauf hervorstechenden V. 45b) und dem durch Zeitsprünge nach vorne[77] wie nach hinten abgegrenzten V. 48b.

3. Eine ähnliche Häufung von Stilmitteln findet sich in Apg 10,17–23; und auch in diesem Passus verbindet sich die Funktion, das Voranstehende zu bündeln,[78] mit der, die anschließende Darstellung vorzubereiten[79]. In der erstmaligen Rede vom Geist (10,19f.) sind beide Funktionen unmittelbar vereint; denn mit ihr verknüpft der Erzähler nicht nur die – zuvor jeweils in aktorialer Fokalisierung geschilder-

---

[74] Vgl. dazu *Ebner/Heininger*, Exegese 83f.: »Der Erzähler sagt nicht mehr, als die Figur (sc. seiner Erzählung) weiß, er verfügt lediglich über allein *Mitsicht*.« Vgl. zu den genannten Passagen jeweils die einführenden Sätze Apg 10,3a (»Er *sah* …«, wie ein Engel Gottes …«), V. 11 (»und er *schaut* …«), V. $27_{fin.}$ (»und er *findet* …«) und V. 46a (»denn sie *hörten* …«).

[75] An zwei Stellen ließe sich der Text auch anders verstehen: In Apg 10,45b könnte eine Wertung seitens der Brüder aus Joppe vorliegen, in 11,$1_{fin.}$ ein Einblick in den Hörvorgang der Apostel und Brüder in Judäa. Da aber hier wie dort das Geschehen auf »die Heiden« bezogen wird und damit prinzipielle Bedeutung erhält, liegt es näher, beide Aussagen als Wertungen des Erzählers aufzufassen. Dafür spricht auch, dass sonst der Schlusskommentar der in Jerusalem versammelten Apostel und Brüder (V. 18b) erheblich an Gewicht verlöre.

[76] Prolepsen und Rückblenden auf Vorgänge außerhalb der Erzählung sind **fett** gesetzt. In Apg 10,41b liegt mit dem Hinweis auf die Vorherbestimmung der Zeugen durch Gott eine Rückblende innerhalb der Rückblende 10,37–$42_{init.}$ vor. Ähnlich gedoppelte Rückblenden enthält die Apologie des Petrus (11,4–17); in ihr beziehen sie sich auf den Bericht des Kornelius von der Engelserscheinung (11,13f.), auf die Erinnerung an das Wort des Auferstandenen in 1,5 (11,16) und auf den Vergleich mit der Geistausgießung zu Pfingsten (11,$17a_{md.}$).

[77] Vom Taufvorgang selbst wird nach dessen Anordnung (Apg 10,48a) gar nicht erzählt.

[78] Vgl. insbesondere die mit Wertungen verknüpften Rückblenden in Apg 10,$20_{fin.}$.22b–e.

[79] Vgl. dazu vor allem die Prolepsen in Apg 10,$20_{md.}$.22_{fin.}$.

ten – Erscheinungen, die Kornelius und Petrus zuteilwurden (10,3–6.11–16), sondern führt zugleich den für das Folgende entscheidenden Handlungsträger ein.
4. Im Übrigen bestätigt sich die anhand des Inventars vollzogene Segmentierung als szenische Einteilung. Dabei greifen Apg 10,9a–b.17f. das jeweils Voranstehende auf, während V. 23b.24b.33b–c jeweils zum Folgenden hinführen; zudem liegen in 10,7.27.37; 11,11 untergeordnete Neueinsätze vor.

3.3.6 Einbeziehung der Syntax

Apg 10,1–11,18 besteht überwiegend a) aus längeren, häufig durch Partizipien verschiedener Zeitstufen und durch Nebensätze erweiterten Satzgefügen, die mit Verben im Aorist und Imperfekt Handlungen oder Wahrnehmungen der Erzählfiguren in zeitlich klarer Abfolge darstellen, sowie b) aus Passagen direkter Rede, die – z.T. zu Dialogen zusammengestellt – Informationen und Weisungen enthalten. In diesem Kontext stechen folgende Phänomene hervor:
– die jeweils ohne finite Verben erfolgenden, einander formal und inhaltlich entsprechenden[80] Charakterisierungen des Kornelius in 10,1 f.22b–d,
– die sehr kurzen, nur je vier Wörter umfassenden Sätze[81] in 10,23a.36b und die mit sechs bis sieben Wörtern relativ kurzen Sätze in 10,10a.24a.48b,
– die *genitivi absoluti* in 10,10b$_{init.}$19$_{init.}$44$_{init.}$,
– die Präsens-Verbformen in 10,11$_{init.}$ (»er schaut«). 27$_{fin.}$ (»er findet«),[82] die Futurformen in 11,14 und die *conjugatio periphrastica* in 10,24b,
– vier Partikeln mit einleitender (10,34b: »in Wahrheit«) oder anknüpfender Funktion (V. 16$_{fin.}$: »und sofort«, V. 17b: »siehe«[83], V. 33a: »sofort also«),
– die Appelle an das Wissen der Hörerschaft in 10,28b.37a sowie
– die rhetorische Frage in 10,47.
All diese Phänomene erweisen sich in Kombination teils miteinander, teils mit anderen, bereits genannten Merkmalen als Gliederungssignale und lassen folgende Schlussfolgerungen zu: Zwischen Apg 10,10a und V. 11 zeigt V. 10b einen Übergang an; weitere Übergänge erfolgen mit V. 17a und V. 19$_{init.}$; nach 10,22–23a stellt V. 24 einen klaren Neueinsatz dar; ein weniger markanter Neueinsatz liegt in 10,27$_{fin.}$ (vgl. V. 28b) vor; V. 34b zeigt den Beginn einer Rede an; in dieser liegt zwischen V. 36 und V. 37 ein Einschnitt; V. 44$_{init.}$, V. 47 und V. 48b markieren auf verschiedenen Ebenen Übergänge; das Gleiche gilt für den vorausweisenden Satz 11,14.

3.3.7 Auswertung

In der Zusammenschau der Analyse-Ergebnisse lässt sich für Apg 10,1–11,18 eine klare hierarchische Ordnung der abgegrenzten Textsegmente vornehmen.
  Zunächst teilt sich die Erzählung in die Hauptteile Apg 10,1–48 und 11,1–18: Der erste schildert, wie der gottesfürchtige Kornelius und die mit ihm verbundenen ›Heiden‹ – im Zuge der von Gott selbst herbeigeführten Begegnung mit dem Christuszeugen Petrus und einigen jüdischen »Brüdern« aus Joppe – durch Geistbegabung und Taufe ins Gottesvolk aufgenommen werden; der zweite erzählt,

---

[80] Siehe o. S. 68.
[81] Abgesehen wird hierbei von den vielen, zwangsläufig kurzen Redeeinleitungen.
[82] In den Passagen direkter Rede finden sich natürlich einige weitere Präsensformen.
[83] Anders als sonst (s. Apg 10,19b u. ö.) steht dieses »Siehe« nicht in direkter Rede.

wie die zunächst skeptischen »Apostel und Brüder … aus der Beschneidung« in Jerusalem durch den Rechenschaftsbericht, den Petrus ihnen gibt, veranlasst werden, seinem Handeln als Ausdruck des göttlichen Ratschlusses, prinzipiell »auch den Heiden die Umkehr zum Leben« zu eröffnen, zuzustimmen. Als narrative Bindeglieder zwischen beiden Hauptteilen fungieren die Sätze 10,48b und 11,1; der Sache nach dient der Passus 10,45–47 als eine Art Brückenkopf des zweiten Hauptteils im ersten, während umgekehrt 11,5–17 die wichtigsten Ereignisse aus 10,3–48a deutend rekapituliert.

Der erste Hauptteil besteht seinerseits aus zwei größeren Abschnitten: In Apg 10,1–23 wird dargestellt, wie Gott durch verschiedene Maßnahmen dafür sorgt, dass Boten des Kornelius zu Petrus nach Joppe kommen und er sie mit einigen Brüdern nach Cäsarea begleitet; in 10,24–48 geht es darum, dass Petrus mit seinen Begleitern und Kornelius mit seinen Leuten einander so begegnen, dass die Christusbotschaft verkündigt und gehört werden kann und die ›heidnische‹ Hörerschaft daraufhin, aufgrund der Ausgießung des Geistes über sie, in die Gemeinschaft der Christusgläubigen aufgenommen wird. Beide Abschnitte sind wiederum doppelt miteinander verknüpft: Zum einen haben V. 23b und V. 24 – in denen jedem der beiden Protagonisten die von ihm angeführte Gruppe zugeordnet wird – jeweils überleitende Funktion; zum andern weisen 10,15.19f.22$_{fin.}$ auf das Folgende voraus, während 10,28–33a alles Wesentliche aus dem Passus 10,3–23 deutend rekapituliert.

Der erste – durch Hinweise auf die Gottesfurcht des Kornelius (Apg 10,1f. 22c–d) und die Erscheinung eines Engels vor ihm (10,3–6.22e) inkludierte – Großabschnitt ist in zwei Szenen aufgeteilt (10,1–8.9–23), die aber eng miteinander verbunden sind: einerseits durch die überleitenden Formulierungen in V. 8$_{fin.}$9b, andererseits durch das Wechselspiel von Prolepse in V. 5$_{fin.}$ und Rückblenden in V. 17b$_{init.}$20$_{fin.}$22b–e. Die erste Szene zeigt, wie Gott die Gebete und Almosen des Kornelius zum Anlass nimmt, ihn durch einen Engel zu beauftragen, Boten nach Joppe zu senden, damit diese Petrus nach Cäsarea holen, und der Zenturio diesen Auftrag erfüllt. Die zweite Szene handelt in ihrem ersten Teil (10,9–16) von der Vision, die Petrus während seines Mittagsgebets zuteilwird; im zweiten Teil (10,17–23) werden Petrus und die Boten durch das Einwirken des Geistes zusammengeführt, sodass sie ihr Anliegen vorbringen können und Petrus sie daraufhin zunächst in Joppe beherbergt und dann nach Cäsarea begleitet. Die Erwähnung der mitgehenden Brüder (V. 23b) bereitet dabei schon den zweiten Großabschnitt vor.

Dieser wird auf dreifache Weise gerahmt: nach außen durch die verknüpfenden Notizen Apg 10,24a–b$_{init.}$48b, nach innen einerseits durch die Einleitungs- und die Schlussnotiz, die das vorbereitende Handeln des Kornelius (V. 24$_{fin.}$) und die abschließende Weisung des Petrus (V. 48a) benennen, andererseits durch zwei Szenen, die Petrus im Dialog mit Kornelius (10,25–27$_{init.}$) sowie im Austausch mit den Brüdern aus Joppe (10,45–47) zeigen. Innerhalb dieses Rahmens wird zuerst dargestellt, wie Petrus und die vom Zenturio Versammelten – als deren Sprecher Kornelius nun agiert – in deutenden Rückgriffen auf das in 10,3–23 Erzählte das Fundament ihrer Begegnung beschreiben (10,27$_{fin.}$–33). V. 33c leitet dabei zum nächsten Teil der Szene über, in dem der Erzähler die dreiteilige[84] Predigt des Petrus wiedergibt (10,34–43).

---

[84] Siehe o. Anm. 63.

Die Rahmenteile der Predigt sind dabei eng mit der Gesamterzählung verklammert: Wie die einleitende Rede von der Gottesfurcht (Apg 10,35) die entsprechenden Aussagen über Kornelius und sein »Haus« in der ersten Texthälfte (V. 2.4e.7b.22c–d.30b.31c) verallgemeinernd aufgreift, so weist die abschließende Rede vom Vergebung vermittelnden Glauben (V. 43$_{fin.}$) voraus auf den im Folgenden erst narrativ dargestellten (10,44–48a), dann von Petrus erläuterten Konnex von Geistbegabung und Taufe derer, die im Glauben an Jesus Christus Rettung erfahren (11,14–17).[85] Und wie das Bekenntnis zu Jesus Christus als dem »Herrn aller« in 10,36b bereits die Basis der Aussagen über die Integration »auch der Heiden« in das Gottesvolk (10,45b; 11,1.18) benennt, so klingt in 10,42$_{init.}$ mit der Erinnerung an den Auftrag des Auferstandenen, »*dem Volk* zu verkündigen«, noch einmal die Grundlage der bisherigen Distanz der Zeugen gegenüber den ›Heiden‹ (vgl. 10,20.28b) an.

An die abschließende Erwähnung des Glaubens (Apg 10,43$_{fin.}$) knüpft sodann der Hinweis auf den Geistempfang all derer, »die das Wort hören«, an (V. 44).

Im zweiten Hauptteil Apg 11,1–18 rahmen die beiden Aussagen über die Wahrnehmung und die Würdigung des »auch den Heiden« zuteilgewordenen Heils seitens der »Apostel und Brüder« in Judäa bzw. Jerusalem (V. 1.18) den Disput zwischen ihnen und Petrus, in dessen Verlauf Letzterer die ihm vorgetragenen Bedenken (11,2 f.) durch seinen Rechenschaftsbericht (11,4–17) ausräumt. Dabei nimmt der Erzähler aus dem ersten Hauptteil mit 11,1–3 nicht nur die Notiz zur Verwunderung der Gläubigen »aus der Beschneidung …, dass auch über die Heiden die Gabe des Heiligen Geistes ausgegossen worden ist« (10,45), auf. Zugleich werden hier die Aussagen über das – von Petrus verkündigte – »Wort« (V. 29b[86].36a.44), über seine Bedenken gegen ein Zusammenkommen mit »Heiden« (V. 20, vgl. 10,28b–29a) und über seine Gemeinschaft mit ihnen (V. 48b, vgl. V. 23a) aufgegriffen. Der Rechenschaftsbericht ruft dann in drei Abschnitten[87] die aus Sicht des Petrus wichtigsten Aspekte des in 10,9–48a Geschilderten in Erinnerung.

Die oben auf S. 63 entworfene Gliederung ist also in ihrer inhaltlichen Ausrichtung und hierarchischen Ordnung wie folgt zu modifizieren:[88]

---

[85] Vgl. dazu die Verknüpfung von Taufe, Sündenvergebung, Geistempfang, Rettung und Annahme des Wortes in Apg 2,38–41.

[86] Dazu s. o. Anm. 51.

[87] Dazu s. o. nach Anm. 69.

[88] Überleitungen, Prolepsen und Rückblenden sind mit Pfeilen gekennzeichnet; eigens ausgewiesen wird nur die für den Textaufbau wesentliche Rückblende in Apg 10,24 (dazu s. o. S. 68).

Gliederungsübersicht zu Apg 10,1–11,18

10	**Die Aufnahme der Gottesfürchtigen um Kornelius ins Gottesvolk durch Petrus**

10,1–23 **Gott bewirkt, dass Kornelius und Petrus zusammenkommen**
   10,1–8   *Cäsarea: ein Engel beauftragt Kornelius, Petrus holen zu lassen*
      10,1–2   Vorstellung des mit seinem Haus Gott fürchtenden Kornelius
      10,3–8   *9. Stunde:* Erscheinung des Engels samt Reaktion des Kornelius
         10,3–6   die Engelserscheinung: Auftrag, Petrus zu holen ($\downarrow$)
         10,7–8   Unterrichtung und Entsendung der Boten nach Joppe ($\downarrow$)

   10,9–23   *Joppe, am nächsten Tag: Kornelius' Boten erfüllen ihren Auftrag*
      10,9–16   *6. Stunde:* die Vision des Petrus (auf dem Haus des Gerbers)
      10,9–10b$_{init.}$ Situation: Boten vor der Stadt ($\uparrow$); Petrus im Gebet, hat Hunger
      10,10$_{fin.}$–16 Vision: »Was Gott gereinigt hat ($\uparrow$), halte nicht für gemein!« ($\downarrow$)
      10,17–23a   die Begegnung des Petrus mit den Boten
      10,17–18   Situation: Petrus denkt nach ($\uparrow$), die Gesandten ($\uparrow$) rufen *am Tor*
      10,19–23a   Weisung des Geistes ($\downarrow$), die Gesandten ($\uparrow$) zu begleiten → er empfängt sie, sie berichten vom gottesfürchtigen Kornelius ($\updownarrow$)
      10,23b   *am nächsten Tag:* Aufbruch – mit einigen Brüdern aus Joppe ($\downarrow$)

10,24–48 **Die offene Begegnung zwischen Kornelius und Petrus führt im Zuge seiner Predigt zur Geistbegabung und zur Taufe der Hörerschaft**

   10,24a–b$_{init.}$ *am nächsten Tag* kommt Petrus nach Cäsarea, Kornelius erwartet sie ($\uparrow$)
   10,24$_{fin.}$ RÜCKBLENDE ($\uparrow$): Kornelius hat Verwandte und Freunde eingeladen
   10,25–27$_{init.}$ *am Eingang:* Petrus (»ein Mensch!«) im Gespräch mit Kornelius

10,27$_{fin.}$–44	*drinnen: Petrus wirkt als Apostel an den versammelten ›Heiden‹*

      10,27$_{fin.}$–33   wechselseitige Aufklärung über den Anlass des Treffens ($\uparrow$):
         sie wollen hören, was »der Herr« Petrus aufgetragen hat ($\downarrow$)
      10,34–43   <u>Predigt des Petrus</u>: Darlegung der theologischen Basis ($\updownarrow$),
         des Lebensweges Jesu und des Verkündigungsauftrages ($\updownarrow$)
      <u>10,44</u>   <u>das Herabkommen des Geistes auf alle Hörenden</u>

      10,45–47   Erregung derer »aus der Beschneidung« – Antwort des Petrus ($\downarrow$)
      10,48a   Anordnung der Taufe
      10,48b   *mehrtägiger* Aufenthalt des Petrus bei den Getauften ($\downarrow$)

11,1–18	**Die Zustimmung der Apostel und Brüder in Jerusalem zu Petrus' Vorgehen**

11,1   *Judäa:* die Kunde (»auch die Heiden«) erreicht die Apostel und Brüder ($\uparrow$)
11,2–17   *Jerusalem:* Disput zwischen denen »aus der Beschneidung« und Petrus
   11,2–3   Bedenken derer »aus der Beschneidung« ($\uparrow$)
   11,4–17   <u>Rechenschaftsbericht des Petrus</u>: Erinnerung an die Vision, die Begegnung mit den Boten und Kornelius, die Geistausgießung ($\uparrow$)
11,18   Gotteslob der Jerusalemer (»auch die Heiden«)

Erst diese Gliederung macht deutlich, auf welches Ziel die Erzählung ausgerichtet ist: Sie zeigt, wie Gott Petrus und durch ihn die Apostel und Brüder »aus der Beschneidung« sukzessive davon überzeugt, dass ihrerseits – entgegen bisherigen Bedenken – der apostolische Verkündigungsauftrag auch an den ›Heiden‹ wahrzunehmen ist. Eben damit eignet sich Apg 10,1–11,18 als Bindeglied zwischen der Darstellung des petrinischen Wirkens im Westen Judäas (9,32–43) und der des von Antiochia ausgehenden missionarischen Wirkens (ab 11,19).

3.4   Jesus vom Laubhütten- bis zum Tempelweihfest in Jerusalem (Joh 7,1–10,39)

Die Abgrenzung großer Abschnitte innerhalb des Johannes-Evangeliums setzt an sich eine Gesamtgliederung voraus; erst daraus ergeben sich verlässliche Kriterien zur Identifizierung von Hauptteilen und Abschnitten.[89] Ein solcher Arbeitsgang kann hier jedoch aus Raumgründen nur in Ansätzen erfolgen.

Als Ausgangspunkt bieten sich die zahlreichen Zeitangaben im Text[90] an. Vor allem Tages- und Festangaben sind breit gestreut. Mit den auf sie bezogenen Anschlussnotizen sorgen sie dafür, dass – innerhalb des Rahmens aus Joh 1,1–18 und 20,30f. bzw. 21,24f.[91] – die Erzählung chronologisch strukturiert ist. Allerdings wird oft nur der Anfangspunkt eines Tages oder Zeitraums markiert, und es bleibt offen, wann genau dieser oder jener endet.

Nach Joh 5,1 etwa geht Jesus zu einem nicht genauer identifizierten[92] »Fest der Juden ... nach Jerusalem«, wo er am Sabbat[93] in dem Bad-Areal »Bethzatha« einen Kranken heilt. Dass der daraufhin mit seiner Trage herumläuft, ruft sofort die Kritik »der Juden«[94] hervor; sie können die Sache aber nicht weiter verfolgen, da Jesus sich bereits entfernt hat (V. 13). Was anschließend erzählt wird, hat dann aber kaum alles am selben Tag stattgefunden. Spätestens die durative Aussage in V. 16 (»Und deshalb verfolgten [Impf.] die Juden Jesus ...«) weist auf die Zeit nach dem Fest; und mit dem logischen Bruch zwischen V. 18 und 5,19–47 wird die konkrete Szenerie endgültig verlassen[95]. Vermutlich beginnt die Darstellung der Folgezeit bereits in V. 14 mit der Aussage: »Hernach findet ihn Jesus im Tempel ...«[96] Wie lange dieser Zeitraum währt, wird aber nicht deutlich. Wichtig ist dem Erzähler allein der sachliche Zusammenhang des Kapitels. Dessen Grundlage aber bildet neben dem in V. 1 eröffneten zeitlichen Horizont die durchgehende Lokalisierung des Geschehens in Jerusalem.

---

[89] Siehe o. 2.2.

[90] Vgl. dazu *Frey*, Eschatologie II 154–207.

[91] In den Rahmenstücken kommunizieren diejenigen, die das Evangelium verantworten (Joh 1,14: wir), mit den Adressaten (20,31: ihr) (vgl. 1,16; 21,24: wir [alle]). Joh 21 ist dabei aufgrund des Buchschlusses 20,30f. deutlich als Nachtrag zu erkennen.

[92] Wahrscheinlich ist an das Wochenfest zu denken: Da Jesus für dieses Fest nach Jerusalem zieht, dürfte es sich um eins der drei Wallfahrtsfeste handeln; Passa- und Laubhüttenfest sind aber in Joh 2; 6; 11–13; 18f. bzw. 7 jeweils mit Namen genannt. Das Fehlen eines Namens entspricht dabei dem Befund in Lev 23; dort werden zwar Datum und kultischer Ritus des Wochenfestes präzise angegeben (23,15–21), sein Name im Gegensatz zu Passa- (V. 5) und Laubhüttenfest (V. 34) jedoch nicht (anders freilich Ex 34,22; Num 28,26; Dtn 16,10).

[93] Vgl. Joh 5,9f.16.18 sowie 7,22f. Dass ein Festtag zusätzlich als Sabbat identifiziert wird, findet seine Parallele in 19,31 (im Kontext von 19,14.42). In 9,14 hingegen wird auf einen Sabbat zurückgeblickt, der nach den Zeitsprüngen in 8,12.21.31 (s. u. Anm. 100.106.115) nicht mit dem Festtag von 7,37 identisch sein kann; gegen *Holtzmann*, Evangelium 191.

[94] Zur Verwendung dieses Ausdrucks durch Johannes s. u. S. 84–86.

[95] Dass »die Juden« angesichts ihrer Tötungsabsicht, wie sie in Joh 5,18 benannt wird, Jesus eine lange Rede halten lassen, widerspricht allem, was plausiblerweise zu erwarten ist.

[96] Die Wendung μετὰ ταῦτα »hernach« weist bei Johannes – abgesehen von Joh 19,38, wo sie (wie μετὰ τοῦτο »danach« in 11,11; 19,28) bei einem Verb des Sagens steht – auch sonst auf einen deutlichen Zeitsprung hin; vgl. 3,22; 5,1; 6,1; 7,1; 21,1 und (in direkter Rede) 13,7.

Es ist deshalb sinnvoll, ergänzend die Ortsangaben des Evangeliums[97] zu berücksichtigen. Dann gelangt man zu folgender Abschnittsbildung:[98]

Einteilung des Johannes-Evangeliums nach Zeit- und Ortsangaben			
	Zeitraum	zeitliche Untergliederung	Ortsangaben[99]
1,19– 2,12	eine Woche	1,29.35(+ wiederum).43: am folgenden Tag; 2,1: am dritten Tag	1,28: Bethanien/Jordan 1,43: (nach Galiläa) 2,1: Kana in Galiläa
2,12– 3,21	vor und bei dem Passafest	2,12$_{init.}$: danach; 2,12$_{fin.}$: nicht viele Tage 2,13: nahe war das Passa der Juden; 2,23: während des Passas, des Festes	2,12: Kafarnaum 2,13: Jerusalem 2,23: Jerusalem
3,22– 4,54	Folgezeit	3,22: hernach; 4,3: wiederum[100]; 4,40: zwei Tage; 4,43: nach den zwei Tagen; 4,45: (rückblickend) während des Festes; 4,46: wiederum; 4,53: (rückblickend) »gestern«	3,22: Judäa 4,3: (nach Galiläa) 4,4 f.: Samaria, Sychar 4,43: (nach Galiläa) 4,45: Galiläa 4,46: Kana, Kafarnaum 4,54: Galiläa
5,1–47	bei und nach dem »Fest«	5,1: hernach war ein Fest der Juden; 5,9: es war Sabbat an jenem Tag; 5,14: hernach	5,1: Jerusalem
6,1–71	vor dem Passafest	6,1: hernach; 6,4: nahe war das Passa, das Fest der Juden; 6,22: am folgenden Tag; 6,66: von da an	6,1: See von Tiberias 6,59: Kafarnaum
7,1– 10,21	vor, bei und nach dem Laubhüttenfest	7,1: hernach; 7,2: nahe war das Fest der Juden, Laubhütten; 7,10: als … zum Fest, da; 7,11: auf dem Fest; 7,14: als das Fest … seine Mitte erreicht hatte; 7,37: am letzten Tag, dem größten des Festes; 8,12: wiederum; 8,21: wiederum; 9,14: es war Sabbat an dem Tag, an dem …; 9,15: wiederum; 10,7: wiederum	7,1: Galiläa 7,11: auf dem Fest [= in Judäa (7,3), genauer: Jerusalem]
10,22– 39	Tempelweihfest	10,22a: es kam dann die (Feier der) Erneuerung (des Tempels); 10,22b: es war Winter	10,22: Jerusalem

[97] Nach *Schenke*, Szene 174, sind sie durchweg sorgfältig gesetzt.

[98] Joh 7,53–8,11 bleibt als ein aus textkritischer Sicht sekundärer Zuwachs zum Text des Evangeliums unberücksichtigt. Von literarkritisch begründeten Umstellungen oder Streichungen wird jedoch abgesehen. Zu gliedern ist (jedenfalls in erster Linie) der älteste Textbestand, der aus der handschriftlichen Überlieferung ermittelt werden kann (s. o. S. 2 f.); auch für diese Aufgabe gilt der »Primat der Synchronie vor der Diachronie« (*Theobald*, Primat 161).

[99] Aufgeführt sind in dieser groben Übersicht nur Regionen, Städte und Ortschaften. Runde Klammern zeigen an, dass Jesus noch auf dem Weg zum jeweils genannten Ziel ist.

[100] Die Partikel »wiederum« wird dort als Hinweis auf einen Zeitsprung aufgefasst, wo sie sich mit einem Wechsel des Ortes oder der beteiligten Personen verbindet. Unberücksichtigt bleiben daher Belege, die in einer direkten Rede stehen (Joh 4,13; 9,17; 10,7; 11,7.8; 12,28; 14,3; 16,16. 17. 19.22.28) oder eine Schlussbemerkung (4,54; 6,15; 10,39; 20,10), eine Wiederholung (10,19.31; 11,38; 18,7. 27. 40), eine Rückkehr (13,12; 18,33.38; 19,4.9) oder auch ein ergänzendes Schriftzitat (12,39; 19,37) markieren.

	Zeitraum	zeitliche Untergliederung	Ortsangaben
10,40–11,53	Folgezeit	10,40: wiederum; 11,6: dann … zwei Tage; 11,7: erst danach; 11,11: danach; 11,17: schon vier Tage lang; 11,39: am vierten Tag; 11,53: seit jenem Tag	10,40: Jordan 11,1: Bethanien 11,18: bei Jerusalem 11,46: zu den Pharisäern [= nach Jerusalem] 11,54: Ephraim
11,54–12,50	vor dem Passafest	11,55: es war nahe das Passa der Juden; 12,1: sechs Tage vor dem Passa; 12,7: (vorausblickend) Tag der Zurüstung zum Begräbnis[101]; 12,12: am folgenden Tag; 12,20: (vorausblickend) während des Festes;	12,1: Bethanien 12,12: nach Jerusalem
13,1–19,42	auf dem Weg zum Passafest	13,1: vor dem Fest, dem Passa; 13,30: Nacht // 18,28: Morgen; 18.28.39: (vorausblickend) das Passa / während des Passas; 19,14.31.42: Rüsttag zum Passa o. ä. (19,31: Rüsttag = Sabbat)	13,2: während eines Mahls [= in Jerusalem]
20,1–29	eine Woche	20,1.19: am ersten Tag der Woche; 20,26: nach acht Tagen wiederum	
21,1–23	Folgezeit	21,1: hernach … wiederum	21,1: See von Tiberias

Joh 7,1–10,21 wird durch den durchgängigen Sachbezug auf das Laubhüttenfest geeint.[102] Mit 10,21 ist jedoch kein klares Abschnittsende erreicht: Nach der doppelten Zeitangabe V. 22[103] zeigt die Erzählung Jesus erneut im Jerusalemer Tempel, den er mit 8,59 verlassen hatte; zudem behält sie die Figurenkonstellation von 10,7–21 – Jesus und »die Juden« – bei und führt die mit ihr verbundene Auseinandersetzung weiter.[104] Erst in V. 40 liegt unverkennbar ein Neueinsatz vor; die Reise Jesu zum Ort der Johannestaufe weist auf 1,19–28 zurück. Man wird daher 7,1–10,39 als narrativen Zusammenhang innerhalb der johanneischen Jesuserzählung anzusehen haben.

3.4.1 Überblick über das Inventar und vorläufige Bestimmung des Themas

Zu den o. g. expliziten Zeitangaben treten einige weitere Hinweise auf Zeitverschiebungen hinzu. Berücksichtigt man ferner Ortswechsel und Veränderungen in der Personenkonstellation[105], ergeben sich folgende Absätze:

---

[101] Zu dieser Übersetzung vgl. *Schleritt*, Passionsbericht 192 f.

[102] Der Gang zum Teich »Siloam« (Joh 9,7) erinnert ebenso an die beim Laubhüttenfest stattfindende Wasserspende auf dem Brandopferaltar wie der Satz über »Ströme lebendigen Wassers« (7,38); vgl. die Angaben in m Sukka 4,9 f.; t Sukka 3,3–13 und dazu *Wengst*, Johannesevangelium I 290–292. Weitere Bezüge postuliert *Daise*, Feasts 18 f.

[103] Zur auffälligen Abweichung von den anderen Festnotizen vgl. *Menken*, Feste 273.

[104] Letzteres betont auch *Felsch*, Feste 220 (die die Festnotiz Joh 10,22 als »Neueinsatz« [219] wertet). In der Tat knüpft die Christus-Frage »der Juden« (10,24) an 7,26 f.31.41 f.; 9,22 an, und Jesu Antwort (10,25–29) greift Motive und Sätze aus 9,3 f. (Werke Gottes) und 10,1–16 (meine Schafe) auf. Zur Verortung des Disputs im Tempel vgl. *Spaulding*, Identities 96 f.

[105] Die Verweise auf Jesus innerhalb von Rückblicken (9,14.22) bleiben unberücksichtigt.

Übersicht zum narrativen Inventar in Joh 7,1–10,39

	Zeitangaben	Ortsangaben	Personen
7,1	hernach	in Galiläa	Jesus, die Juden
7,2–10	nahe war das Fest der Juden, Laubhütten	9: in Galiläa 10: zum Fest	3: seine Brüder, er (6: Jesus)
7,11–13	auf dem Fest	auf dem Fest	die Juden 12: die Volksscharen (geteilt)
7,14–24	als das Fest schon seine Mitte erreicht hatte	in den Tempel	Jesus 15: die Juden 20: die Volksmenge
7,25–31[106]		28: im Tempel	einige Jerusalemer 28: Jesus 31: viele aus der Volksmenge
7,32–36	(die Pharisäer hörten …)		die Pharisäer, die Hohepriester, Diener 33: Jesus 35: die Juden
7,37–44	am letzten Tag … des Festes		Jesus 40: die Menge (geteilt)
7,45–52	(da kamen die Diener [zurück] zu …)	(Versammlungsort)	die Diener, die Hohepriester und Pharisäer 50: Nikodemus
8,12–20	wiederum redete da Jesus mit ihnen und sagte	20: an der Schatzkammer im Tempel	Jesus, »sie« 13: die Pharisäer
8,21–30[106]	da sagte er ihnen wiederum		er (= Jesus), »sie« 22: die Juden
8,31–47	(zum Glauben gekommen)		Jesus, die zum Glauben gekommenen Juden
8,48–59		59: aus dem Tempel	die Juden 49: Jesus
9,1–7	(als er [aus dem Tempel kommend] vorüberging)	(vor dem Tempel)	er (= Jesus), ein Blinder 2: seine Jünger
9,8–12			die Nachbarn etc. (in Gruppen), er (= der ehemals Blinde)
9,13–17	14: es war Sabbat an jenem Tag …; 15: wiederum		»sie«, die Pharisäer (geteilt), der ehemals Blinde
9,18–23			die Juden, die Eltern
9,24–34	da riefen sie erneut …		»sie«, der ehemals Blinde
9,35–38	(Jesus hörte, dass …)		Jesus, er (= der ehemals Blinde)
9,39–10,6	(und Jesus sagte)		Jesus 40: einige Pharisäer
10,7–21	wiederum sagte Jesus		Jesus 19: die Juden (geteilt)
10,22–39	dann kam die Erneuerung(sfeier) …; es war Winter	in Jerusalem 23: im Tempel …	23: Jesus 24: die Juden

---

[106] Entgegen der Textanordnung im NT Graece gehören Joh 7,31 und 8,30 jeweils zum Voranstehenden: Die Verse runden in formaler wie sachlicher Hinsicht die in 7,25 bzw. 8,21 beginnenden Absätze ab (vgl. »Christus« in 7,26f.31, »dies reden« in 8,26.28.30), und 7,32a (vgl. 9,35$_{init.}$) setzt ebenso neu ein wie 8,31a (das Partizip Perf. zeigt ja einen Zeitsprung an). Das Gegenüber von 7,30 und V. 31 aber entspricht dem in 7,40–44.

Den Abschnitt rahmen zwei Passagen, die dem Laubhüttenfest vor- bzw. nach-geordnete Zeiträume behandeln. Sie weisen Kontraste und Ähnlichkeiten auf. Nach Joh 7,1–10 erklärt Jesus vor dem Horizont der ihm in Judäa drohenden Tötung durch »die Juden« (V. 1) seinen – vom Erzähler als ungläubig bezeichne-ten (V. 5) – Brüdern, warum er nicht ihrem Vorschlag (V. 3 f.) folge, das Fest dazu zu nutzen, »auch seine Jünger die Werke sehen« zu lassen, die er tue, und sich so, seinem Anspruch auf »Öffentlichkeit« gemäß, »der Welt« zu »offenbaren«: weil »[s]eine Zeit noch nicht da«, »nicht erfüllt« sei (V. 6b.8c). So schickt er seine Brüder zum Fest (V. 8a), um dann unabhängig von ihnen, im Verborgenen, zum Fest nach Jerusalem zu ziehen (V. 10)[107].

Im johanneischen Erzählgang ist das Ansinnen der Brüder auf den ersten Blick schwer ver-ständlich; die Jünger haben ja mehrere »Zeichen« Jesu miterlebt (vgl. Joh 2,1–11; 6,5–14, vgl. 6,16–21) und darüber zum Glauben an ihn gefunden (2,11). Von den »Werken«, die »der Vater« Jesus »gegeben« hat und die demnach »für [ihn] zeugen, dass der Vater [ihn] gesandt hat« (5,36), hat er allerdings erst einmal gesprochen: im Bezug auf die Heilung an einem Fest-Sabbat in Jerusalem (vgl. 5,1–9)[108]. Entsprechend stellt Jesus in 7,21 fest: »*Ein* Werk habe ich getan …« Der nächste Beleg für die Rede von solchen Werken (9,3 f.) weist wieder auf eine Sabbatheilung in Jerusalem hin (vgl. 9,6 f.14). Offenbar sind gerade die am Sabbat, in der Nähe des Tempels und im Horizont eines Festes vollzogenen Heilungen geeignet, Jesu Verbindung mit dem Vater anzuzeigen (vgl. 5,16 f.; 9,32 f.). In Kapitel 5 aber wurden Jünger nicht erwähnt; und nach 6,60–66 sind viele aus der Weggemeinschaft mit Jesus herausgetreten. Die Brüder legen ihm also mit 7,3 nahe, das kommende Wallfahrts-fest dazu zu nutzen, sich seinen noch verbliebenen Jüngern – und zugleich allen dort Ver-sammelten – als derjenige zu *erweisen*, den »der Vater« gesandt hat[109].

Dabei unterstellen sie freilich, dass Jesus sich so »der Welt offenbaren« könne (Joh 7,4). Das aber ist ein Trugschluss; *offenbar* wird er denen, die an ihn glauben (vgl. 2,11) und ihn lieben, ihm also treu bleiben (vgl. 14,21–23). Besagte »Werke« müssen als »Zeugnis angenommen« werden (vgl. 3,32 f.). Indem die Brüder die falsche Erwartung äußern, durch bloße »Werke« Jesu ließen sich womöglich ins Wanken geratene Jünger in der Nachfolge bestärken oder die im Hass auf Jesus befangene Welt von ihren eigenen »bösen« Werken abbringen (7,7), bekunden sie ihren Unglauben (7,5); und deshalb lehnt er ihr Ansinnen ab.

Nach Joh 10,22–39 hält sich Jesus zum Fest der Erneuerung des Tempels immer noch in Jerusalem auf, sodass »die Juden« ihn nötigen, endlich »öffentlich« klar-zustellen, ob er »der Christus« sei. Er antwortet, indem er auf »die Werke«, die er »im Namen [s]eines Vaters« tue (V. 25, vgl. V.32.37), verweist und darauf, dass »[s]eine Schafe auf [s]eine Stimme hören« (V. 27) und so von ihm ewiges Leben empfangen (V. 28). Auf dieser Basis hält er dann seinen Gesprächspartnern ihren Unglauben vor (V. 26, vgl. V. 38a–c) und bekennt zugleich, dass »[er] und der Vater eins« seien (V. 30, vgl. V. 38d). Als »die Juden« daraufhin Steine herbei-schleppen für eine Steinigung (V. 31) wegen Gotteslästerung (V. 33) und trotz seines Rückgriffs auf die Schrift (10,34–36) versuchen, ihn zu ergreifen (V. 39a), »entwich er ihrer Hand« (V. 39b).

---

[107] Joh 7,10 gehört unter dem Gesichtspunkt des Inventars der Erzählung zu 7,2–9 (gegen *Theobald*, Evangelium 505): Erst ab V. 11 ist Jerusalem Ort des Geschehens, und während in V. 11 und 12 neue Handlungsträger auftreten, ist Jesus selbst in 7,11–13 gar nicht präsent.

[108] Dazu s. o. bei Anm. 92 f.

[109] Vgl. dazu Joh 6,32–35.

Joh 7,1–10,39 steht also von Anfang bis Ende im Zeichen der Absicht der Jerusalemer Juden, Jesus zu töten – einer Absicht, die sie indes nicht verwirklichen, da Jesu »Zeit noch nicht erfüllt ist«. Auch in anderer Hinsicht gibt der Rahmen der Erzählung ein *setting* vor, das von Konstanten bestimmt ist:
– Der *Unglaube* der Brüder zu Beginn hat sein Gegenstück in dem der Jerusalemer Juden am Ende des Abschnitts;
– der eingangs geäußerten Erwartung, Jesus solle seinen Anspruch auf *Öffentlichkeit* durch Werke realisieren, entspricht der abschließende Appell, er solle seine Christuswürde vor den Juden öffentlich zur Sprache bringen;
– die einleitende Rede Jesu über die *bösen* Werke der Welt, die er bezeuge, findet ihr Pendant in dem von Jesus aus der Schrift heraus widerlegten Vorwurf der Juden, mit seinen Aussagen lästere er Gott; und
– wie zu Beginn auf die (treuen) *Jünger* Jesu verwiesen wird, so am Ende auf seine »Schafe«, die ihm folgen.
Im Blick auf Jesus schlägt der Erzähler allerdings einen Spannungsbogen
– von der verborgenen Reise Jesu anlässlich des Laubhüttenfestes zu seiner Präsenz in Jerusalem während des Tempelerneuerungsfestes,
– von der Trennung zwischen Jesus und seinen Brüdern zu dem scharfen Disput, in den ihn die Jerusalemer Juden ziehen, sowie
– von seiner Ablehnung des Vorschlags, sich durch Werke der Welt zu offenbaren, zu seinem Rückverweis auf viele gute Werke, die für ihn zeugen.
Zudem bekennt sich Jesus erst am Schluss auf die Christus-Frage »der Juden« hin zum Eins-Sein mit dem Vater und stützt dies mit einem Schriftargument.
Der Erzähler will also darlegen: Jesu Wirken erfolgt unter dem Vorzeichen des steten Gegensatzes zwischen Unglaube und Glaube, zwischen Feindschaft »der Juden« und Treue der »Schafe« Jesu.[110] Diese Polarität können und sollen seine im Horizont der Feste vollbrachten »Werke« nicht durchbrechen. Sie sind jedoch geeignet, die ihm von Gott verliehene Würde[111] so zu bezeugen, dass – unter dem Vorbehalt der noch nicht erfüllten Zeit Jesu – die Bosheit der Welt in der Feindschaft »der Juden« gegen Jesus offen zutage tritt, zugleich aber diejenigen, die ihm glauben und folgen, ewiges Leben empfangen.

3.4.2 Thema- und inventarorientierte Analyse

Für die Strukturierung des Abschnitts im Sinne des Themas sind Stellen wichtig, an denen a) die Feindschaft gegen Jesus oder der Glaube an ihn explizit notiert, b) die Würde Jesu im Horizont jenes Gegensatzes erörtert oder c) die Bedeutung der Werke Jesu erläutert wird. Hierzu ist festzustellen:
a) Dem vergeblichen Versuch »der Juden«, Jesus zu ergreifen und zu steinigen (Joh 10,31–39), geht der missglückte Steinigungsversuch in 8,59 voraus. Zuvor wird dreimal erzählt, dass ihn trotz entsprechender Vorhaben »niemand« festnahm (7,30a–b.44; 8,20b); zweimal heißt es dabei zur Begründung, dass »seine Stunde noch nicht gekommen war« (7,30c; 8,20c). In direkter Rede taucht der Gegensatz zwischen Tötungsabsicht und fehlender Intervention

---

[110] Nach *Culpepper*, Anatomy 88 f., handeln das ganze Johannes-Evangeliums und jede seiner Episoden davon, wie Erkenntnis der Identität Jesu zustande kommt und verfehlt wird.
[111] Die Frage danach zieht sich »als roter Faden« (*Felsch*, Feste 172) durch die Kapitel.

der Gegner bereits in 7,25 f. auf.[112] Andererseits wird in 9,(35–)38 notiert, dass Jesus Glauben findet;[113] vorläufig und – wie sich alsbald zeigt – unzureichend geschieht dies auch in 7,31a(–32a); 8,30(–33).

b) Diskussionen darüber, was von Jesus zu halten ist, werden in Joh 7,12.40–43; 9,16 f.; 10,19–21 wiedergegeben. An den letzten drei Stellen ist von einem »Schisma« zwischen Sympathisanten und Gegnern die Rede; an der ersten endet die Darstellung mit dem Hinweis, aus Furcht vor »den Juden« habe »niemand« offen geredet (7,13). In 7,45–52 und 9,24–34 erfährt man, wie führende Juden einzelne Personen zurechtweisen, die ihre Bewunderung für Jesus ausdrücken; freilich vereint 9,8–34 mehrere Szenen, in denen über die Bedeutung der Blindenheilung durch Jesus diskutiert wird.

c) Von den Werken Jesu ist zwischen Joh 7,3 f. und 10.25.32 f. nur in 7,21–24 (rückblickend auf 5,1–9) und 9,3 f. (vorausblickend auf 9,6 f.14) die Rede.

In Zusammenschau dieser Angaben liegt es nahe, den zentralen Einschnitt zwischen Joh 8,59 (erster Steinigungsversuch) und 9,1 (Hinführung zum nächsten »Werk« Jesu) anzusetzen. Sodann lassen sich (im Konnex mit 7,1–10 und 10,22–39) die Passagen 7,11–13 und 10,19–21, die von öffentlichen Debatten über Jesus handeln, als innere Rahmenstücke des ganzen Abschnitts identifizieren. Innerhalb von 7,14–8,59 wird mit 7,40–43.44.45–52 sukzessive ein Sinnzusammenhang beschlossen. Eine Sonderstellung kommt darin dem – von Verweisen auf die Tötungsabsicht der Gegner gerahmten – Rückblick auf ein »Werk« (7,21–24) zu. Zudem stechen 7,30 f. (doppelt markiert) und 8,20.30 als weitere Abschlüsse hervor. In 9,1–10,18 wiederum stellt 9,38 die klarste Schlussnotiz dar. Davor enthält 9,8–34 eine Reihe von Dialogen über Jesu Wirken und Person; und diese wird durch V. 17 und V. 24 segmentiert.

Innerhalb des narrativen Inventars verleiht das Thema der Figurenkonstellation den höchsten Rang. Die in 3.4.1 notierten Beobachtungen stützen somit
– den zentralen Einschnitt vor Joh 9,1, da an dieser Stelle mit dem Ortswechsel auch ein umfassender Wechsel der agierenden Personen erfolgt,
– die Sonderstellung von 9,8–34 sowie von 7,11–13 und – mit Einschränkung – 10,19–21[114], da Jesus selbst in diesen Passagen nicht in Erscheinung tritt,
– die abschließende Funktion von 7,45–52 und 9,35–38, da hier jeweils zuvor eingeführte Handlungsträger – Hohepriester und Diener in 7,32, der blinde Mann in 9,1 – letztmalig erwähnt werden und im ersten Fall das Ende des mehrtägigen Laubhüttenfestes (vgl. 7,11.14.37) vorausgesetzt ist[115],

---

[112] Die Tötungsabsicht selbst wird sogar schon in Joh 7,19 f. zum Thema eines Disputs. Jesus geht in direkter Rede dann auf diese Absicht noch einmal in 8,37.40 ein.

[113] Vgl. dazu die Geistverheißung für die Glaubenden in Joh 7,37–39. In 7,48; 8,45 f. wird in direkter Rede eigens festgestellt, dass bestimmten Menschen der Glaube fehlt.

[114] Joh 10,19–21 schließt zwar unmittelbar an die Rede Jesu 10,7–18 an, hebt sich aber immerhin dadurch von ihr ab, dass hier nur noch *über* Jesus gesprochen wird.

[115] Da die Diener im Lauf des Festes ausgesandt wurden, um Jesus zu ergreifen (Joh 7,32), kehren sie wohl erst nach dessen Ende zu ihren Auftraggebern zurück. Zudem wird die Festmenge (V. 12) letztmalig in V. 49 erwähnt; ab 8,12 taucht sie nicht mehr auf. *Weiß*, Johannes-Evangelium 268, zieht daraus mit Recht den Schluss: »so ist das Fest sichtlich vorüber« (gegen *Petersen*, Brot 237: Das in 7,37–10,21 Erzählte finde an einem einzigen Tag statt).

– die Annahme weiterer Neueinsätze, da an ihnen – nach vorhergehenden Bemerkungen mit abschließender Wirkung – neue Handlungsträger auftreten (7,25a.32; 8,31; 9,18) oder ein zeitlicher Fortschritt markiert wird (8,21a [vgl. zuvor auch die Ortsangabe in V. 20a]; 9,24$_{init.}$). Hinzu kommen die jeweils vom Inventar, nicht aber vom thematischen Spannungsbogen her auffälligen Neueinsätze in Joh 7,37; 8,48; 9,13.

So legt sich für Joh 7,1–10,39 folgende Grobgliederung nahe:

7,1–10.11–13	Einleitung – erste öffentliche Diskussion	
7,14–8,59	Jesu Auftritte im Tempel – bis zum ersten Steinigungsversuch	|Teilstücke: 7,14–24.25–31.32–52; 8,12–20.21–30.31–59
9,1–10,18	Jesu Blindenheilung – und die Unterweisung einiger Pharisäer	|Teilstücke: 9,1–7.8–34.35–38; 9,39–10,18
10,19–21.22–39	letzte öffentliche Diskussion – Abschluss	

Wie die übrigen Gliederungsmerkmale in diese Übersicht einzuordnen sind, vermag die thema- und inventarorientierte Analyse allein aber nicht zu klären.

3.4.3 Einbeziehung der Wiederaufnahmestruktur

Die Erzählung ist durch eine Fülle von Wiederholungen und Wiederaufnahmen geprägt. Hinsichtlich der beteiligten *Personen* ergibt sich für die eingangs abgegrenzten Absätze das nebenstehende Bild.[116] Prüft man den Befund, so fällt auf, dass die Identität »der Juden« – zumal im Verhältnis zu anderen Gruppen im jüdischen Volk – durchweg unklar bleibt.

Der Erzähler ordnet »den Juden« diverse Absichten und Taten zu, die z. T. kaum miteinander vereinbar sind, zumal er »die Juden« dabei mit je anderen Gruppen in Zusammenhang bringt:
– Sie suchen Jesus zu töten (Joh 7,1) bzw. zu steinigen (8,[48+]59; 10,31, vgl. V. 33). Jesus spricht sie darauf an (7,19), doch die Volksmenge zieht das Vorhaben in Zweifel (V. 20). Einige Jerusalemer hingegen schreiben es einer nur unbestimmt bezeichneten Gruppe zu (V. 25); die Fortsetzung der Äußerung in V. 26 legt es nahe, dass »die Oberen«, d. h. die Mitglieder des Hohen Rates,[117] gemeint sind, doch eindeutig ist das keineswegs.
– Sie feiern das Laubhüttenfest (Joh 7,2), zu dem nicht nur die Brüder Jesu (V. 10), sondern große Volksscharen (V. 12) nach Jerusalem kommen.
– Sie suchen Jesus auf dem Fest (Joh 7,11).
– Aus Furcht vor ihnen redet niemand öffentlich über Jesus (Joh 7,13; 9,22); doch gegen sein Auftreten einzuschreiten, obläge aus Sicht einiger Jerusalemer den »Oberen« (7,26).

---

[116] Die nur in Joh 7,2–10 genannten Brüder Jesu bleiben ebenso ungenannt wie seine Jünger, die nach ihrer Erwähnung in 7,3 nur in 9,2 als Handlungsträger auftreten. Zu der Spalte für »sie« s. u. bei und in Anm. 119f. – Angeführt werden die Verse, in denen die Handlungsträger explizit bezeichnet werden; ein x verweist auf ein bloßes Personalpronomen, in eckigen Klammern stehen präzisierende Erläuterungen. Ferner signalisieren geschweifte Klammern die Erwähnung in einem Rückblick, während runde Klammern am rechten Spaltenrand anzeigen, dass in diesem Absatz über die betreffende(n) Erzählfigur(en) nur gesprochen wird.

[117] Vgl. Joh 3,1 mit 7,45–50 und 12,42 sowie *Bultmann*, Evangelium 94 Anm. 3.

Wiederaufnahme von Handlungsträgern in Joh 7,1–10,39

	Jesus	„die Juden"	Volks- menge	„sie"	Pharisäer etc.	der Blinde	sein Umfeld
7,1	1a	1c					
7,2–10	6						
7,11–13	(x)	11.13	12[geteilt]				
7,14–24	14.16.21	15	20				
7,25–31	28		einige Jerusalemer 31[viele]	25b. 30a	(26: Obere)		
7,32–36	33	35	32a		32a 32b: + Hohepriester, Diener		
7,37–44	37		40.43 [geteilt]	44: einige			
7,45–52	(x)		(49)		45 f.: Diener 45: + Hohepriester 47 (48: Obere) 50: Nikodemus		
8,12–20	12.14			12.20	13		
8,21–30	25.28	22 30[viele]		21			
8,31–47	34.39.42	gläubig Gewordene					
8,48–59	49.54.58	48.52.57					
9,1–7	3					1	(Eltern)
9,8–12	(11)					8	8: Nachbarn etc. [geteilt]
9,13–17	{14} (x)				13.15.16[geteilt]	13.17	Nachbarn etc.
9,18–23	{x}	18.22				(x)	18.20.22.23
9,24–34	(x)			24		24.30	
9,35–38	35.37					x	
9,39–10,6	39.41				40: einige		
10,7–21	7	19[geteilt]					
10,22–39	23	24.31.33					

– Sie wundern sich über Jesu Lehre (Joh 7,14 f.), wie es dann auch die Diener der Hohepriester und Pharisäer tun (V. 46) – und verstehen zugleich nicht, was er sagt (8,27, vgl. 7,35 f.; 8,22.25.57), wie es auch von den Pharisäern erzählt wird (10,6, vgl. 8,19a–b).
– Viele von ihnen kommen – wie zuvor viele aus der Volksmenge (Joh 7,31) – zum Glauben an ihn (8,30 f.), was aber aus der Sicht Jesu nichts an ihrem Unverständnis für seine Worte (V. 33.39.41) und an ihrer Tötungsabsicht (V. 37.40) ändert; daher wirft Jesus ihnen letztlich fehlenden Glauben vor (8,45 f.).
– Sie unterstellen Jesus, von einem Dämon ergriffen zu sein (Joh 8,48.52, vgl. 10,20 [s. u.]); denselben Vorwurf erhebt zuvor auch schon die Volksmenge (7,20).

– Sie befragen die Eltern des von seiner Blindheit Geheilten (Joh 9,18 f.) – und führen damit die von den Pharisäern begonnene Untersuchung (9,15–17) fort.[118]

– Sie haben beschlossen, jeden aus der Synagoge auszustoßen, der Jesus »als Christus bekenne« (Joh 9,22); eine ähnlich entschiedene Ablehnung des Glaubens an Jesus haben zuvor die Pharisäer formuliert (7,47 f.).

– Sie sind – in Reaktion auf zwei an einige Pharisäer gerichtete Redeblöcke (Joh 9,41–10,5.7–18) – geteilter Meinung, ob Jesus von einem Dämon besessen ist oder nicht (10,19–21 [s. o.]); ähnliche Schismata werden zuvor von den Volksscharen (7,12), der Volksmenge (7,40–44, vgl. 7,30 f.) und den Pharisäern (9,16, vgl. 7,50–52) berichtet.

– Sie drängen Jesus, sich öffentlich zu seinem Anspruch, der Christus zu sein, zu bekennen (Joh 10,24); damit reagieren sie ähnlich negativ auf die messianischen Assoziationen, die das Auftreten Jesu weckt, wie zuvor die Pharisäer (7,31 f.).

Besonders merkwürdig ist der Befund bei den Aussagen über die vergeblichen Versuche, Jesus zu fassen: Solche werden einerseits den Hohepriestern und Pharisäern (Joh 7,32), andererseits »den Juden« (10,39) attestiert; in 7,30.44; 8,20 bleibt jedoch offen, wer genau diese Absicht verfolgt[119]. Dazu passt, dass in 8,12a; 9,24 nicht deutlich wird und zumal in 8,21a ganz unklar bleibt, wer eigentlich Adressat der Rede Jesu ist bzw. das Wort ergreift[120].

Insgesamt präsentiert der Erzähler »die Juden« als eine angesichts des Auftretens Jesu beim Laubhüttenfest sowohl insgesamt als auch in ihren Teilgruppen zutiefst zerrissene Schar. Dabei wird der Eindruck der Zerrissenheit dadurch verstärkt, dass »die Juden« mal mit denjenigen Pharisäern (und anderen), die Jesus nachstellen,[121] mal mit den Oberen (und anderen), die sich ihrer Meinung nicht sicher sind, mal mit den Teilen der Volksmenge (und anderen), die Jesus bewundern, assoziiert, ja, geradezu identifiziert werden[122]. Am Ende des Erzählzusammenhangs, beim Tempelerneuerungsfest, erscheinen sie dann freilich wie schon zu Beginn als Todfeinde Jesu (Joh 7,1; 10,31–33).

Diese Eigenart der Darstellung legt den Schluss nahe, dass für die Struktur des Textes nicht die das Gesamtgefüge prägende Auseinandersetzung Jesu mit »den Juden« entscheidend ist, sondern die sukzessive Präsentation verschiedener Teilgruppen und im Zusammenhang damit verschiedener Haltungen zu Jesus. Demnach sind die beiden Großabschnitte Joh 7,14–8,59 und 9,1–10,18 tatsächlich – wie unter 3.4.2 ermittelt – in je zwei Teile zu gliedern: In 7,14–52 wird von den *überwiegend positiven Reaktionen der Volksmenge* auf Jesus während des

---

[118] Vgl. *Schnelle*, Evangelium 180–183.

[119] Die Pronomina (»sie«, »einige«, »niemand«) und die Verbformen der 3. Person Pl. lassen sich im Gefolge von Joh 7,1.11.19c natürlich an all diesen Stellen auf »die Juden« beziehen. Es können aber jeweils auch andere Gruppen gemeint sein: in V. 30 einige Jerusalemer (vgl. V. 25a) oder auch die Oberen (vgl. V. 26), in V. 44 einige aus dem Volk (vgl. V. 43), in 8,20 wiederum die Pharisäer (vgl. V. 13).

[120] In Joh 8,12a liegt es nahe, mit »ihnen« die zuvor genannten Pharisäer (7,47+52) bezeichnet zu sehen; da Jesus im Tempel redet (8,20), könnte sich sein Ich-bin-Wort aber auch an die dort anwesenden Juden (7,35) richten – oder gar an die Volksmenge (7,40–43, doch s. o. Anm. 115). Ähnlich ist der Befund für 9,24–35a; hier lassen sich die Pronomina und Verbformen der 3. Person Plural durchaus auf »die Juden« beziehen, die zuvor aktiv waren (9,18–22), infolge der Angaben »zum zweiten Mal« (V. 24a) und »schon, erneut« (V. 27b–c) aber wohl besser auf die Pharisäer, die die erste Befragung des Blinden durchgeführt haben (9,15–17). In 8,21a jedoch ist nicht zu klären, ob Jesus die Pharisäer (V. 13–19) anspricht, »die Juden« (V. 22) oder andere Leute, die ihn nicht mehr ergreifen konnten (V. 20b).

[121] Zur Identifikation »der Juden« mit den Pharisäern vgl. vor allem Joh 1,19b.24.

[122] Eine ähnliche, aber gröbere Aufschlüsselung »der Juden« bietet *Schenke*, Szene 176.

Festes erzählt (7,20.31.40–43, vgl. 7,25–27) und davon, wie der Hohe Rat unter dem Einfluss der Pharisäer ihnen entgegentritt (7,32.45–52), sodass sie letztlich folgenlos bleiben; in 8,12–59 geht es dann – im Gefolge einer kurzen, durch ein Ich-bin-Wort Jesu ausgelösten Debatte mit den Pharisäern (8,12–20) – um das spätere *Aufkeimen des Glaubens bei vielen »Juden«* (V. 30) und darum, wie Jesus die Unbeständigkeit, ja, Unwahrhaftigkeit dieses vorgeblichen Glaubens an ihn aufdeckt (8,31–47).[123] Innerhalb des Abschnitts 9,1–10,18 wird in 9,1–38 geschildert, wie *ein von seiner Blindheit Geheilter* – allen Gegenmaßnahmen der Pharisäer bzw. Juden (9,13–34) zum Trotz – *zum Glauben an Jesus kommt*; 9,39–10,18 beinhaltet dann eine Kette von Bildworten Jesu, mit denen er primär einigen *als sündig charakterisierten Pharisäern* gegenüber (9,41) sein Wirken im Auftrag Gottes von dem der Diebe und Räuber, Fremden und Lohnarbeiter abgrenzt[124].

Unbestimmte Angaben zu Erzählfiguren (Joh 7,25b.30a.44b; 8,12a.20b.21a; 9,24a)[125] markieren dann jeweils Anfang oder Ende einer Sinneinheit; Zusammenhänge werden durch die fortdauernde Präsenz bestimmter, andernorts nicht erwähnter Handlungsträger, zumal der Diener (7,32–49)[126] und der Nachbarn des von seiner Blindheit Geheilten (9,8–13), angezeigt.

Der Blick auf die Wiederaufnahme wesentlicher *Gegenstände und Sachverhalte* bestätigt dieses Ergebnis. Während nämlich einige Motive (jedenfalls fast) den ganzen Passus Joh 7,1–10,39 durchziehen und so seine sachliche Kohärenz anzeigen,[127] sind die meisten prägenden Motive in bestimmten Textblöcken konzentriert, wie umseitig abgedruckte Tabelle zeigt:

---

[123] Gegen *Mlakuzhyil*, Structure 203 f., der Joh 7,14–36 von 7,37–8,59 abgrenzt.

[124] Der Dialog in Joh 9,39–41 gehört demnach als Einleitung zur nachfolgenden »Hirtenrede« 10,1–18 (gegen *Theobald*, Evangelium 628).

[125] In allen übrigen Fällen ist im Kontext deutlich, wen Formen der 3. Person Pl. meinen.

[126] Für Joh 7,37–44 ergibt sich die Anwesenheit der Diener aus der Notiz V. 45a.

[127] Dies gilt v. a. für das Gegenüber von *Glaube* (Joh 7,31.38 f.; 8,30 f.; 9,35 f.38; 10,38) *und Unglaube* (7,5.48; 8,24.45 f.; 10,26.37 f.) bzw. von – z. T. nur angeblichem – *Kennen/Erkennen* (7,27 f.; 9,24; 10,4[.5] / 7,17.26.51; 8,28[.32].52; 10,14.38) *und Nicht-Kennen/Nicht-Erkennen* Jesu (8,14.19; 9,29 f. / 7,27; 8,27.43; 10,6), für die Rede vom Ursprung seines Daseins und Wirkens »*von Gott her*« o. ä. (7,29; 8,26.38.40; 9,16.33; 10,18), von seiner *Sendung* (7,16.18.28 f.33; 8,16.18.26.29.42; 9,4; 10,36) und seiner *Herkunft* (7,27 f.41 f.52; 8,14.23; 9,29 f.) sowie für die Sätze über sein *Mensch*sein (7,46.51; 8,40; 9,11.16.24; 10,33, vgl. 8,17) und sein Wirken in der »*Welt*« (7,4.7; 8,12.26; 9,5.39; 10,36, vgl. 8,23). Ferner s. o. Anm. 102.

Wiederaufnahme von Gegenständen und Sachverhalten in Joh 7,14–10,18 (und 7,1–13; 10,19–39)

Motivkreise	Motive/Stichwörter in 7,14–8,59	... in 7,14–52 + 9,1–38	... in 8 + 9,39–10,18	... in 8–9	... in einzelnen Blöcken
die Würde Jesu	• lehrt/kam/ist „aus Gott": 7,17; 8,42.47 • kam nicht von sich aus: 7,28; 8,42 • sucht nicht die eigene Ehre: 7,18; 8,50(.54) • kennt Gott: 7,29; 8,55 • seine „Stunde": (7,6.8) / 7,30; 8,20 • wird verherrlicht: 7,39; 8,54 • geht fort, wohin ihm niemand folgen kann: 7,33–36; 8,(14.)21 f.	• „Christus": 7,26 f.31.41 f; 9,22 / 10,24 • „der/ein Prophet": 7,40.52; 9,17	• „ich bin"-Aussagen: 8,12.18.23 f.28.58; 10,7.9.11.14 / 10,30 • Gott als „Vater": 8,16.18.27 f.38(.41 f.) 49.54; 10,15.17 f. / 10,25.29 f.32.36–38	• Menschensohn: 8,28; 9,35 • „Licht": 8,12; 9,5	• redet/handelt wahrhaftig: 8,13 f.16 f., von der Wahrheit: 8,32.40.(44.)45 f. • „Sohn": 8,35 f. / 10,36 • „Herr": 9,36.38 • „Hirte": 10,2.11 f.14.16 • setzt sein Leben ein: 10,11.15.17 f.
Bezug auf die Schrift	• „Schrift(-Auslegung): 7,(15.)38.42(.52); 8,17 / 10,34 f. • Gesetz: 7,19.23.49.51; 8,17 / 10,34	• Mose: 7,19.22 f.; 9,28 f. • Sabbat: 7,22 f; 9,14.16			• Abraham: 8,33.37.39 f.52 f.56–58
das Reden Jesu	• „Lehre": 7,14.16.28.35; 8,20(.28) • redet nicht von sich aus: 7,17(; 8,28) • Jesus ist wahrhaftig: 7,18(; 8,13 f.16 f.), Gott ist wahrhaftig: 7,28; 8,(16 f.)26		• hält Gericht: 8,16.26; 9,39 • „Amen, Amen"-Worte: 8,34.51.58; 10,1.7		• Jesu „Wort": 8,31.37.43.51 f. • gibt „Zeugnis": 7,7 / 8,13 f.17 f. / (10,25)
das Handeln Jesu		• „Werke": 7,3 / 7,21; 9,3 f. / 10,25.32 f.37 f. • „Zeichen": 7,31; 9,16		• tut Gottes Willen: 8,29; 9,31	• offenbar: 7,4.10 / 9,3 • öffnet Augen: 9,10.14.17. 21.26.30.32 / 10,21
gegensätzliche Haltungen zu Jesus	• „richten": 7,24.51; 8,15 • „Dämon": 7,20; 8,48 f.52 / 10,20	• Schisma: 7,43; 9,16 / 10,19	• auf ihn hören: 8,43.47; 10,3.(8.)16 / 10,20.27 • Sünde: 8,21.24.34.46; 9,41		• führt in die Irre: 7,12/47 • Getuschel: 7,12/32 • Sünder/sündigen: 9,(2 f.)16.24 f.31(.34)
das Handeln der Feinde Jesu	• „töten": 7,19 f.25; 8,37 f.40 f.(44) • „ergreifen": 7,30.32.44; 8,20 / 10,39 • „Steine": 8,59 / 10,31(–33)				• „wo ist jener?": 7,11 / 9,12 • wecken Furcht: 7,13 / 9,22 • Diebe etc.: 10,1.8.10.12 f.
Anhängerschaft	• Geist = „lebendiges Wasser": 7,38 f. [→ Wort 8,31 u. ö., Wahrheit 8,32 u. ö., Leben 8,12 u. ö.]		• folgen: 8,12; 10,4 f./27 • Leben: 8,12(.51 f.); 10,10/28	• Jüngersein: 8,31; 9,27 f.	

Die große Zahl charakteristischer Motive und Stichwörter weist Joh 7,14–8,59 als relativ geschlossenen Erzählgang aus.[128] In der Tat weist die Schlussnotiz 8,59 zum Tötungsversuch »der Juden«, zum Sich-Verbergen Jesu und zu seinem Gang aus dem Tempel auf 7,1. 10. 14 zurück. Allerdings ist der Fortgang ab 9,1 nicht nur narrativ[129], sondern auch sachlich, zumal durch die Rede vom »Licht der Welt« und vom »Menschensohn«, mit Kapitel 7–8 verknüpft.

In Joh 9,1–10,18 ist kein Motivkomplex zu entdecken, der den Passus zusammenbände. Gleichwohl steht dessen Einheit außer Frage: Der Wortwechsel zum Thema »Blindheit« in 9,39–41, das in 10,21 erneut aufgegriffen wird, verknüpft die Erzählung von der Heilung eines »Blinden« 9,1–38 mit den beiden Redeblöcken in 9,41–10,18;[130] und der Kontrast zwischen dem »Hirten« und seinen diversen Gegenspielern in 10,1f.3–5.7–10.11–13 entspricht dem Gegensatz zwischen Jesus und »den Juden« bzw. Pharisäern in 9,6–38[131].

Diese Beobachtungen legen es nahe, Joh 9,39–10,18 als metaphorische Interpretation des »Zeichens« (9,16) der Blindenheilung aufzufassen,[132] das »die Werke Gottes offenbar werden« lässt (V. 3) und daher dazu führt, dass der Geheilte Jesus anbetet (V. 38)[133]. Auf ähnliche Weise erfolgt aber auch durch die Rede- und Gesprächssequenzen in 8,12–59 eine nachträgliche Deutung des umstrittenen Auftretens Jesu beim Laubhüttenfest (7,14–52). So wird etwa das Jesuswort 7,33f. in 8,21 variierend aufgegriffen und anschließend ausführlich interpretiert. Zudem wird solch ein Deutungszusammenhang durch die vielen, in der Tabelle verzeichneten motivischen Entsprechungen zwischen 7,14–52 und 9,1–38 einerseits, 8,12–59 und 9,39–10,18 andererseits nahe gelegt.

Während Jesus in Joh 7 und 9 »Christus« und »Prophet« genannt wird, stellt er sich in Kapitel 8 und 10 mit Hilfe von »Ich bin«-Sätzen und »Amen, Amen«-Worten als derjenige vor, der mit dem »Vater« innigst verbunden ist; und während in Joh 7; 9 – im Konnex mit den Debatten um Mose und den Sabbat – unter dem Stichwort »Schisma« von gegensätzlichen Haltungen zu Jesus erzählt wird, stellt in 8,12–59; 9,39–10,18 Jesus selbst als der, der Gericht hält, denen, die nicht auf ihn hören (8,43.47) und in ihrer Sünde sterben (8,21.24, vgl. 9,41), diejenigen gegenüber, die seine Stimme hören (10,3.16), ihm folgen und darin Leben haben.

Zugleich gibt es in jedem genannten Textblock spezifische Motive, die ihn als Abschnitt mit eigenem sachlichen Profil kennzeichnen; besonders zahlreich sind solche Motive in Joh 8,12–59 und 9,1–38, wobei in Kapitel 9 gleich drei Motive auf die einleitenden Absätze 7,1–10.11–13 zurückweisen[134].

Die Erzählung Joh 7,14–10,18 besteht also aus zwei Großabschnitten, die jeweils auf analoge Weise in zwei untergeordnete Passagen zu gliedern sind.

---

[128] Vgl. *Ibuki*, Wahrheit 68–71, gegen *Dietzfelbinger*, Evangelium 237.
[129] Jesus erblickt den Blinden »im Vorübergehen« (Joh 9,1), als er den Tempel verlässt (8,59b); vgl. dazu *Schenke*, Kommentar 183.
[130] Vgl. *Schnelle*, Evangelium 195.
[131] Vgl. *Schnackenburg*, Johannesevangelium II 302.
[132] Ähnlich *Kowalski*, Hirtenrede (189–)194.
[133] Zur Deutung des Ausdrucks προσεκύνησεν »er fiel nieder« vgl. die übrigen Belege des Verbs in Joh 4,20–24; 12,20; zum Konnex von »offenbaren« und »glauben« vgl. 2,11.
[134] Siehe die Angaben zu Joh 7,4.10/9,3; 7,11/9,12 und 7,13/9,22 in der rechten Spalte.

Für Joh 7,14–8,59 erlaubt die Wiederaufnahmestruktur noch eine weitergehende Einteilung. Inmitten der zahlreichen Querbezüge zwischen der in 7,14–52 gegebenen Darstellung des Auftretens Jesu und 8,12–59 fällt auf, dass neben 7,33 f. auch die Jesusworte 7,28 f. und 7,37 f. mit ihrem jeweiligen Umfeld in Kapitel 8 aufgegriffen werden, und zwar auf folgende Weise:

Joh 7,28–30.33–36.37–39	Joh 8,12–59
28 Da rief Jesus, *als er im Tempel lehrte*: »Ihr kennt mich und wisst, woher ich bin;	14 Jesus antwortete und sagte ihnen: »… ich weiß, woher ich kam und wohin ich gehe; ihr aber wisst nicht, woher ich komme oder wohin ich gehe.«
und nicht von mir aus bin ich gekommen, aber wahrhaftig ist, der mich gesandt hat, den ihr nicht kennt.	[vgl. V. 42d] [vgl. V. 26b] 19 … »Weder mich kennt ihr noch meinen Vater; wenn ihr mich kenntet, würdet ihr auch meinen Vater kennen.«
29 Ich kenne ihn, weil ich von ihm her bin und jener mich gesandt hat.«	[vgl. V. 55b] [vgl. V. 42e] 20 Diese Worte sprach er, *als er* an der Schatzkammer *lehrte, im Tempel;*
30 Da suchten sie <u>ihn</u> zu <u>ergreifen</u>, und <u>niemand</u> legte Hand an ihn, denn <u>noch war seine Stunde nicht gekommen</u>.	und <u>niemand</u> <u>ergriff ihn</u>, denn noch war seine Stunde nicht gekommen.
33 Da sagte Jesus: »Noch eine kurze Zeit bin ich bei euch, und (dann) gehe ich fort zu dem, der mich gesandt hat. 34 Ihr werdet mich suchen und mich nicht finden, und wo ich bin, könnt ihr nicht (hin)kommen.« 35 Da sagten die Juden zueinander: »… Will er etwa in die Diaspora gehen …? 36 Was ist das für ein Wort, das er gesagt hat: ›Ihr werdet mich suchen und mich nicht finden, und wo ich bin, könnt ihr nicht (hin)kommen‹?«	21 Da sagte er ihnen wiederum: »Ich gehe fort, und ihr werdet mich suchen und in eurer Sünde sterben; wohin ich gehe, könnt ihr nicht kommen.« 22 Da sagten die Juden: »Wird er sich etwa selbst töten, dass er sagt: ›Wohin ich gehe, könnt ihr nicht kommen‹?«
37 Am letzten Tag … stand Jesus da und rief: »<u>Wenn jemand</u> dürstet, komme er zu <u>mir</u>, und es trinke, 38 wer an <u>mich</u> *glaubt* – wie die Schrift gesagt hat: Ströme werden aus seinem Lieb fließen von lebendigem Wasser.«[135] 39 Dies aber sagte er über den Geist, den die empfangen sollten, *die zum Glauben an ihn kamen …*	31 Da sagte Jesus zu denjenigen Juden, *die zum Glauben an ihn gekommen waren:* »Wenn ihr in <u>meinem</u> Wort bleibt, seid ihr wahrhaft <u>meine</u> Jünger, 32 und ihr werdet die Wahrheit erkennen, und die Wahrheit wird euch frei machen.« 51 »Amen, Amen, ich sage euch: <u>Wenn jemand</u> mein Wort bewahrt, wird er den Tod nicht schauen in Ewigkeit.«

---

[135] In Aufnahme antik-jüdischer Traditionen, in denen eine Quelle »lebendigen«, d. h. Heil und Leben spendenden Wassers im Tempel der Endzeit erhofft wird (Sach 14,8 f.; Ez 47,1–12) und zugleich Wasser als Sinnbild für den Geist Gottes dient (Jes 44,3), präsentiert sich Jesus mit dem Bildwort Joh 7,37b–38 selbst als Tempel der Endzeit, in dem Gott gegenwärtig ist, und damit als die Quelle des Geistes; vgl. *Wilk*, Schriftgebrauch (zur Stelle).

Die Aussagen über den Geist in Joh 7,37–39 und über das Wort Jesu in 8,31 f.51 hängen sachlich zusammen, weil Geist und Wort bei Johannes aufs Engste verbunden sind: Es »ist der Geist, der *Leben* schafft«, so gewiss die Worte Jesu an seine Jünger »Geist sind und Leben sind« (6,63), und der die Jünger – indem er sie »an alles erinnert, was« Jesus »gesagt« hat (14,26) – als »Geist der *Wahrheit* in aller Wahrheit leiten wird« (16,13, vgl. 14,17; 15,26).

Demnach liegen in Joh 8,12–20.21–30.31–58 drei Gesprächsblöcke vor, die sukzessive an die Sprüche Jesu 7,28 f.33 f.37 f. anknüpfen.[136] Dabei fungiert das »Ich bin«-Wort 8,12 infolge seiner Wiederaufnahme in 9,5 als Leitsatz. Dazu passt der Befund, dass die für Joh 8 typischen Motive gesondert in 8,13–18.31–58 begegnen[137] und V. 20b–c wie V. 30 durch die Parallelen in 7,30.31a als Schlusssätze ausgewiesen werden. Umgekehrt legen jene Parallelen nahe, den entscheidenden Einschnitt innerhalb von 7,14–52 nach 7,30 f. zu setzen – in Übereinstimmung mit dem markanten Wechsel der Personenkonstellation, den V. 32 mit sich bringt und der bis V. 52 den Textverlauf bestimmt[138].

Auf der Grundlage dieses Ergebnisses ist nun die Sprachgestalt der Erzählung mit Blick auf deren Struktur zu untersuchen.

3.4.4 Einbeziehung der Kommunikationsebenen

Joh 7,1–10,39 besteht ganz überwiegend aus Passagen direkter Rede, die – neben den obligatorischen Einleitungssätzen – bisweilen auch mit Anschlussformulierungen, Hör-Notizen oder Nachsätzen verbunden sind[139]. Die umseitig abgedruckte Übersicht veranschaulicht, wer jeweils in diesen Passagen mit wem worüber spricht. Überblickt man den Befund, so fällt Folgendes auf:[140]

---

[136] Ein Schnitt vor Joh 8,12 (so *Thyen*, Johannesevangelium 420 f.) liegt daher nicht vor.

[137] Vgl. in der Tabelle auf S. 88 die Hinweise auf a) die Wahrhaftigkeit des Bezeugens (und Richtens) Jesu sowie b) die mit seinem »Wort« und seinen Aussagen über Abraham verbundene »Wahrheit«.

[138] In Joh 7,32 werden erstmals im Erzählverlauf die Pharisäer erwähnt, und nur in 7,32–52 treten die Hohepriester und die Diener (sowie Nikodemus [7,50–52]) in Erscheinung.

[139] Vgl. zu den drei genannten Möglichkeiten z.B. Joh 7,9$_{init}$: »als er dies gesagt hatte«, V. 32a: »Die Pharisäer hörten, wie die Volksmenge dies über ihn tuschelte« und 8,20a: »Diese Worte sprach er an der Schatzkammer, als er im Tempel lehrte«. – Zu den *deutenden* Erzählerkommentaren wie z.B. dem in 7,39 s.u. in 3.4.5.

[140] Die nachstehend benannten Phänomene sind in der Übersicht durch Schattierung oder Fettdruck gekennzeichnet. Pfeile zeigen die jeweilige Kommunikationsrichtung an.

Kommunikationsvollzüge in Joh 7,1–10,39

	Beteiligte	*Form* und Inhalt
7,3 f. 6–9ₘₜ.	Brüder ↔ Jesus	*Appell (plus Begründung):* „geh nach Judäa" – *Auskunft (inkl.* *Appell):* „meine Zeit ist noch nicht da; geht ihr" – Anschluss
7,11aₐₙ. 12b–d	„Juden" / Leute im Volk	*Frage:* Suche nach Jesus / *Stellungnahmen:* „er ist gut" ↔ „er verführt die Volksmenge"
7,15–19. 20–24	„Juden" ← Je- sus ↔ Menge	*Staunen:* Schriftkenntnis Jesu – *Antwort:* Quelle! Tötungsabsicht? – *Rückfrage – Antwort:* Apologie der Heilung am Sabbat
7,25–29. 31	einige Jerusale- mer ← Jesus / aus der Menge	*Stellungnahme:* Sollte er der Christus sein? – *Ausruf und Lehre:* die Herkunft Jesu / *rhetorische Frage:* Würde der Christus mehr Zeichen tun?
7,32a. 33–36	Pharisäer ← Jesus / „Juden"	Hör-Notiz, *indirekte Weisung / Ankündigung:* der Fortgang Jesu / *Rückfrage (untereinander mit Zitat):* Was heißt das?
7,37aₐₙ.–38. 40–42	Jesus / einige aus der Menge	*Ausruf:* die Gabe des Geistes an die Glaubenden / Hör-Notiz, *Stellungnahmen:* Prophet, Christus! ↔ aus Galiläa?
7,45b–49. 50–52	Pharisäer ↔ die Diener ↔ Nikodemus	*Vorwurf:* Jesus nicht gebracht? – *Rechtfertigung:* sein Reden! – *Zurechtweisung:* an die Oberen, nicht an die Menge halten – *Rückfrage:* gesetzeskonform? – *Erwiderung:* kein Prophet!
8,12–20a	Jesus ↔ Pharisäer	*Satz:* „Ich bin…" – *Kritik:* Eigenzeugnis – *Antwort:* es ist wahr – *Rückfrage, Antwort:* den Vater kennen – Nachsatz: Lehre
8,21–26. 28 f.30ₘₜ.	Jesus → „sie", „Juden" ↔ Jesus	*Auskunft:* Jesu Fortgang / *Erwägung (mit Zitat) – Erläuterung* *(mit Wdh.):* „ihr sterbt" – *Rückfrage:* „wer bist du?" – *Antwort:* Jesu Rede – *Ansage, Erläuterung:* Jesu Identität – Nachsatz
8,31–47	Jesus ↔ die gläubig gewor- denen „Juden"	*Unterweisung:* Jüngersein: Wahrheit und Freiheit – *(3x) Erwiderung* *(1x mit Zitat) und Antwort:* Nachfahren, nicht Kinder Abrahams, vielmehr Kinder des Menschenmörders
8,48–58	„Juden" ↔ Jesus	*(3x) Erwiderung (1x mit Zitat) und Antwort:* Jesu Identität im Verhältnis zu Abraham: nicht besessen, vom Vater geehrt
9,2–6ₘₜ. 7a–b	Jesus ↔ Jünger → ein Blinder	*Frage:* Wer hat gesündigt? – *Antwort, Erläuterung:* Gottes Werke sollen offenbar werden, solange es Tag ist – Anschluss – *Anweisung:* im Teich Siloam waschen
9,8aₐₙ.–12	Nachbarn etc. ‹ › Geheilter	*Erwägungen und Auskunft:* Identität des Geheilten – *(2x) Frage* *und Antwort (1x mit* Rekapitulation *):* Tat und Aufenthalt Jesu
9,15–17	Pharisäer ↔ Geheilter	**indirekte Rede**, *Antwort:* Heilungsvorgang – *Kommentare:* Jesus, ein Sünder!? – *Frage, Antwort:* Jesus, ein Prophet!
9,19–21. 22a.23	„Juden" ↔ Eltern	*Frage, Antwort:* Identität und Ursache der Heilung des Sohnes – Nachsatz *mit Rekapitulation*
9,24–34b	„sie" ↔ Geheilter	**indirekte Rede** – *Wortwechsel (3x):* Jesus, ein Sünder ↔ nur einer „von Gott her" kann Augen öffnen – *empörte Rückfrage*
9,35–38c	Jesus ↔ Geheilter	Hör-Notiz, *Frage – Rückfrage – Auskunft – Antwort:* Glaube an Jesus, den Menschensohn
9,39–10,6a	Jesus ↔ einige Pharisäer	*Satz:* Gericht / Hör-Notiz, *Rückfrage:* „Sind wir blind?" – *Antwort, Erläuterung:* „eure Sünde bleibt", Dieb etc. vs. Hirte – Nachsatz: Bildrede
10,7–18. 19–21	Jesus / „Juden"	*Rede:* Jesus, Tür und guter Hirte im Auftrag des Vaters / Anschlusssatz, *Stellungnahmen:* besessen! ↔ Heilungskraft!?
10,24aₐₙ.–30. 32–38	„Juden" ↔ Jesus	*Frage:* Christus? – *Antwort:* gibt Leben – *Frage, Antwort, Replik* *(mit Zitat/Eigenzitat):* keine Lästerung, Werke des Vaters

1. Nur in Joh 7,45–52 und 9,1–7 tritt die jeweilige Hauptfigur nacheinander mit zwei verschiedenen Bezugspersonen bzw. -gruppen ins Gespräch. Da diese stark hervorgehobenen Szenen die Auseinandersetzung Jesu mit den Pharisäern bzw. »den Juden« in 8,12–59 rahmen, bestätigen sich die o. g. Abschnittsgrenzen 7,52/8,12 und 8,59/9,1. Dabei sind die Kapitel 7 und 8 allerdings dadurch geeint, dass in ihnen die Antipoden Jesu mehrfach eine seiner Aussagen voller Skepsis zitieren (7,36; 8,22c–d.33c.52d–f).

2. Der Abschnitt Joh 9,1–38 weist in der Anordnung der Gesprächsblöcke 9,5 f./35–38 und 9,13–17/24–34 um 9,19–23 herum eine klare Ringstruktur auf – und erweist sich damit als Sinnzusammenhang. Dabei zeigt das Jüngergespräch 9,2–5 (im Rückgriff auf 7,3 f.) den Neueinsatz nach 7,14–8,59 an. Der Passus 9,8–12 wiederum bildet mit seinem auf V. 13 hinführenden Gespräch, das durch die Rekapitulation von bereits Erzähltem bestimmt wird, ebenso ein Zwischenstück wie der Erzählerkommentar 9,22 f.[141]

3. Sowohl in Joh 7,37–39.40–44 als auch in 10,7–18.19–21 führt eine öffentliche Rede Jesu bei den nachträglich benannten[142] Hörern »dieser Worte« zu einem »Schisma« mit gegensätzlichen Stellungnahmen zu seiner Person. Dadurch stechen beide Textpassagen deutlich aus ihrem Umfeld hervor.

4. Die Nachsätze zur rhetorischen Eigenart der jeweils voranstehenden Rede Jesu in Joh 8,20a; 10,6a zeigen den Abschluss von Teilabschnitten an.

So bestätigen sich viele der zuvor notierten Beobachtungen zum Aufbau von Joh 7,1–10,39: Der tiefste Einschnitt liegt bei 8,59/9,1, es folgen in der Rangordnung die Übergänge 7,52/8,12 und 9,38/39, dann 7,31/32 und 8,20/21. Deutlich werden ferner die Sonderstellung der Textstücke 7,37–44; 10,7–21 und die durch Zwischenstücke erweiterte Ringstruktur des Abschnitts 9,1–38.

3.4.5   Einbeziehung des Erzählstils

Der Erzählzusammenhang Joh 7,1–10,39 gewinnt seinen spezifischen Charakter durch den Einsatz einer Fülle von Stilmitteln. Welche jeweils wo Verwendung finden, ist in der umseitig abgedruckten Übersicht notiert.

Nicht jedes Stilmittel hat *per se* Bedeutung für die Gliederung des Textes. Zeitsprünge etwa zeigen zwar stets einen Neueinsatz an, erfolgen aber so oft, dass sie geradezu typisch für die Szenenabfolge in Joh 7,1–10,39 sind. Andererseits weist die Häufung von Stilmitteln in 8,31–47; 9,24–34 und 10,7–21 diese Passagen als Schaltstellen der Darstellung aus, ohne dass daraus sofort Rückschlüsse auf deren Struktur zu ziehen wären.[143] Immerhin ist festzustellen, dass Kommentare und Hintergrundinformationen, Einblicke ins Denken der Figuren und Minderungen der Darstellungsintensität zumeist den Beginn oder das Ende eines Textstückes

---

[141] Vgl. Joh 9,11: ὁ ἄνθρωπος … εἶπέν μοι ὅτι ὕπαγε εἰς τὸν Σιλωὰμ καὶ νίψαι »Der Mensch … sagte mir: ›Geh zum Siloam und wasche dich.‹« (und dazu V. 7a–b) mit V. 23: διὰ τοῦτο οἱ γονεῖς αὐτοῦ εἶπαν ὅτι ἡλικίαν ἔχει, αὐτὸν ἐπερωτήσατε »Deshalb sagten seine Eltern: ›Er ist alt genug, fragt ihn selbst.‹« (und dazu V. 21c–d). Zu der den Handlungsverlauf verlangsamenden Wirkung des langen Dialogs in 9,8–12 vgl. *Kemper*, Gestalt 258.

[142] Weder Joh 7,37a noch 10,7a enthalten eine Angabe zu den Adressaten der Rede.

[143] Die betreffenden Stellen und Passagen sind in der Übersicht hellgrau hinterlegt.

Narrative Stilmittel in Joh 7,1–10,39

Stilmittel	*7* 1–10	11–13	14–24	25–31	32–36	37–44	45–52	*8* 12–20	21–30	31–47	48–59	*9* 1–7	8–12	13–17	18–23	24–34	35–38	39–6	*10* 7–21	22–39
aktoriale Fokalisierung	5																			
Wertungen – **durch Jesus**									**23b.d**	**44a** **47c**									**8a**	
– durch andere		12b–e	15_init_	20a		40_init_ 40a_fin_ –41	46b 49_md_		27 30_fin_		48b 52b			16b.e 17_fin_		38b–c 30–34 28b		6b	20.f	33c 22f.
Kommentare / Hintergrundinformationen	1b–c 2		13 14_init_	30c 28a_md_		39 37_fin_		14 20a		8a_md_ 7c		1_fin_ 7c		16b.e 17_fin_	22 f. 22b		6a		6a	22f.
Einblicke ins Denken – in der direkten Rede	1b	13	14d	30a 27a		44a				37				13	18_init_ 22a	24c.25 29.31				39a
verminderte Darstellungsintensität	1a 9 f.		14_fin_	31_init_	32				30_fin_			7d		13		34c	38d			31
abweichende Fokussierung (nicht auf Jesus)		11–13	15	25 f. 30 f.	35 f. 32	40–52							8–34						19_init_ 21	39a
Zeitsprung	2		14_init_		32	37_init_	45a	12a	21a	31		1	8	13 f.	19		35	39	19	22.31
Prolepsen – in 7–10	6b 8c			30c **31b**		39	50b 46b	12c–d (22b) 20c 28b–c	21b–d 24c	31b– 32 36	51	3c 4b			18_fin_ **22c** (27c)			5a–b	**9b** 11b 15b 16– 18b	**25b**
– in der direkten Rede			31_fin_					21a	26c_init_ 28e_init_	38_init_ 40a_init_ 40b 44b	52c 53b–c 2 56 58c 58e_init_		8a_md_	11b–c	14 15c 17c				8 18e	29a 32
– **über das Ev. hinaus**			**19a** 21b **22a–b** 23_fin_											14	22b–c	27b 29a 32	37b_init_			**29**_init_ 32b **35a** 36b
– (irreale Möglichkeit)																			**28**	
logische Spannungen zum Voranstehenden	8/10		33a					12a	21a			1 2a			18_init_ 22b	24a	39		19	32
innere Widersprüche		20c/25b 27a→ 31a/b								31/37	59→							←29b	←24	

markieren.[144] Alle vier Stilmittel begegnen freilich nur unregelmäßig und auf verschiedenen Hierarchieebenen.

Gliederungsrelevant sind jedoch folgende Beobachtungen:[145]

1. In Joh 7–10 wechselt nicht nur in Einzelversen, sondern auch in vier Passagen (7,11–13.40–52; 9,8–34; 10,19–21) die Fokussierung von Jesus auf andere Personen, die sich über ihn äußern. Diese Passagen fungieren als Scharniere; sie verknüpfen a) die Rahmenstücke 7,1–10; 10,22–39 mit dem Rest des Hauptteils, b) die erste mit der zweiten Hälfte des Großabschnitts 7,14–8,59 und c) die Rahmenstücke mit dem Kern des Abschnitts 9,1–38.

2. Joh 7,14–24 enthält mehrere Rückblenden, die 7,1–10,39 mit Kapitel 5 – und zudem mit der Thora – verknüpfen. Analog dazu beinhaltet 10,7–21 etliche Prolepsen, die auf die Passionserzählung und auf das Wirken des Erhöhten hindeuten. Die beiden Passagen bilden somit Brückenköpfe, über die der Hauptteil in das Gesamtgefüge des Evangeliums eingebunden ist.[146]

> Bei den externen Rückblenden sind hier und im Folgenden die Hinweise auf die Sendung Jesu, sein Kommen und seine Herkunft von Gott ausgespart; infolge ihrer großen Zahl und ihrer breiten Streuung[147] sind sie für die Gliederung des Textes kaum von Bedeutung.

3. Die Häufung diverser Stilmittel in Joh 7,30f.32 verleiht dem hier vollzogenen Übergang Gewicht. Dabei bildet die interne Prolepse in V. 32$_{fin}$, die auf 7,44f. vorausweist, mit der Rückblende auf 7,33f.37f. in V. 46b eine Klammer, die den Passus 7,32–52 zusammenhält.

4. Der Abschnitt Joh 8,12–59 wird durch die hohe Zahl und die dichte Folge externer Prolepsen als narrativer Zusammenhang ausgewiesen.[148] Innerhalb der Schaltstelle 8,31–47 unterstreichen die hoch polemischen Bewertungen, mit denen Jesus seine Gesprächspartner belegt (V. 44a.47c), wie unwahrhaftig in seinen Augen ihr »Glaube« an ihn (V. 31a, vgl. V. 30) ist.

> Die Problematik wird bereits in Joh 7,31 sichtbar: Wenn »viele aus dem Volk« ihren (vorgeblichen) »Glauben« mit der Aussage stützen, selbst »der Christus« werde nicht mehr Zeichen tun als Jesus, so zeigt das, wie wenig sie die Würde Jesu erfasst haben. Ähnliche innere Widersprüche in der Stellung zu Jesus bestehen innerhalb von Joh 7–10 hinsichtlich der Offenheit für das Wort Gottes (8,31b ⇔ V. 37c), der Kenntnis der Herkunft Jesu (7,27a ⇔ 9,29b) und des Wissens um die Tötungsabsicht »der Juden« (7,20c ⇔ V. 25b).

Im Kontext von Joh 7–10 rückt der Erzähler also mit 8,31–47 alle positiven Stellungnahmen zu Jesus, die ohne Folgen bleiben, ins Zwielicht; sie verbleiben im Rahmen der inneren Zerrissenheit, die die Haltung »der Juden« zu Jesus in

---

[144] Die entsprechenden Zeilen sind in der Übersicht nach rechts eingerückt. – Ausgenommen sind lediglich der zugleich als Prolepse dienende Kommentar in Joh 7,39 sowie solche Einblicke ins Denken, die die Erzählfiguren (mit Sätzen wie »ich weiß …«) selbst eröffnen.

[145] Vgl. die mittel-/dunkelgrauen Schattierungen und Unterstreichungen in der Tabelle.

[146] Dieser Befund steht einer literarkritischen Ausgrenzung von Joh 7,15–24 (vertreten von *Bultmann*, Evangelium 177, u. v. a.) entgegen.

[147] Vgl. Joh 7,16.18.28.33; 8,16.18.26.29; 9,4 (πέμπω), 7,29; 8,42; 10,36 (ἀποστέλλω), 7,28; 8,14.42; 9,39; 10,10 (ἔρχομαι), ferner 7,27f.; 8,14; 9,29f. (πόθεν), 8,42.47 (ἐκ τοῦ θεοῦ) und 7,29; 9,16.33 (παρὰ θεοῦ o. ä.).

[148] Die Komposition beschränkt sich nicht auf Joh 8,30–59 (so *Schulz*, Evangelium 134).

diesem Hauptteil kennzeichnet[149]. Das positive Gegenbild dazu stellt der von seiner Blindheit Geheilte dar, der zum Glauben an den Menschensohn und zu dessen Anbetung findet (9,35–38) – und damit deutlich macht, was *de facto* die »Schafe« charakterisiert, denen Jesus in seinen anschließenden Bildworten attestiert, dass sie ihren Hirten erkennen, auf ihn hören, ihm folgen und so gerettet werden (10,3 f.9b.14$_{fin}$.27 f.).

5. Die ›Heilungserzählung‹ Joh 9,1–38 erhält durch eine Fülle *interner* Prolepsen und Rückblenden eine hohe innere Geschlossenheit. Dabei kommt 9,24–34 – vorbereitet durch den auffälligen Erzählerkommentar 9,22 f., der mit dem Motiv der Furcht vor »den Juden« auf 7,13 zurückweist, eine Prolepse mit einer von der Erzählzeit aus vorgenommenen (und insofern logisch anstößigen) Rückblende verknüpft und dann durch die Wiederaufnahme von 9,21c–d in die erzählte Situation zurückführt – insofern der Rang einer Schaltstelle zu, als hier der Geheilte und seine Antipoden mehrfach ihr »Wissen« zur Sprache und im Zusammenhang damit konträre Wertungen des Wirkens Jesu zum Ausdruck bringen.

6. In Joh 10,22–39 sorgt eine Reihe von Rückblenden auf die Selbstverkündigung (V. 25b.36b–c) und auf die »vielen Werke« (V. 32b, vgl. V. 25c.37 f.) Jesu dafür, dass hier mit dem Hauptteil 7,1–10,39 zugleich größere Erzählzusammenhänge zum Abschluss kommen. Das gilt zumal für die Kapitelfolge 5,1–10,39, die wesentlich die scharfen Auseinandersetzungen zum Inhalt hat, die Jesus im Tempel zu Jerusalem (5,14; 7,14.28; 8,20.59; 10,23) infolge seiner »Werke«[150] und seiner daran anknüpfenden Selbstpräsentation als Gottes »Sohn« (5,19–26; 8,35)[151] mit »den Juden« führt.[152]

Der mit dem Blasphemievorwurf begründete Steinigungsversuch (Joh 10,31–33) weist dabei auf 5,17 f. zurück. Als »Christus« hat Jesus sich in Joh 5–10 allerdings nie selbst bezeichnet;[153] er reagiert jedoch mit einer modifizierenden Bestätigung auf die entsprechende Erwägung einiger Jerusalemer (7,26b–29).

Letztlich wird mit Joh 10,22–39 aber die gesamte Darstellung des bisherigen öffentlichen Wirkens Jesu abgerundet[154] – und damit der Neueinsatz, der mit dem Rückgriff auf 1,28 in 10,40 gegeben ist, vorbereitet.

Insgesamt bestätigen diese Beobachtungen nicht nur die Grobgliederung des Hauptteils Joh 7,1–10,39; sie lassen darüber hinaus erkennen, wie der Erzähler die einzelnen Abschnitte seines Textes so strukturiert hat, dass dessen zentrale Inhalte sichtbar werden.

---

[149] Dazu s. o. nach Anm. 120.

[150] Dazu s. o. nach Anm. 107 sowie S. 83.

[151] Vgl. zudem die Rede Jesu von Gott als »(meinem) Vater« in 5,17 f. u. ö.; 8,19 u. ö.

[152] Zu Joh 5–10 als großer Sinneinheit vgl. *Mlakuzhyil*, Structure 175–181.

[153] Er tut es nach Johannes überhaupt nur einmal, und zwar im Gebet zu Gott (Joh 17,3).

[154] Vgl. dazu die Hinweise auf den ersten Gang Jesu zum Tempel (Joh 2,13 f.), auf seine Prädikation als »Christus« (1,41; 4,29, vgl. 1,25–27; 3,28 sowie 4,25 f.), auf sein Reden von Gott als »meinem Vater« (2,16), auf die mit Johannes beginnende Kette von »Zeugen« (1,34, vgl. 5,31–37), auf seine Befähigung, den Nachfolgern »ewiges Leben« zu geben (3,15 f. u. ö.), und auf seine »Heiligung« (10,36a) durch die Herabkunft des Heiligen Geistes (1,32–34).

3.4.6   Einbeziehung der Syntax

Joh 7,1–10,39 besteht, wie Abschnitt 3.4.4 gezeigt hat, primär aus Passagen direkter Rede, die meist zu Dialogen verbunden sind, bisweilen auch zu Szenen, in denen Aussagen Jesu und diverse Stellungnahmen zu ihm nebeneinander stehen. Verknüpft werden diese Rede- und Gesprächsblöcke durch meist knappe, die jeweilige Situation charakterisierende Angaben des Erzählers, der überdies durch etliche erläuternde Zwischenbemerkungen die Bedeutung des dargestellten Geschehens erhellt. Die Syntax ist in der Regel schlicht: Der Text ist vor allem aus einfachen, Haupt- und Nebensätze vereinenden Satzgefügen gebildet, die vielfach mit geläufigen Konjunktionen[155] verknüpft sind; dabei dominieren in den narrativen Passagen die Zeitstufen Aorist und Imperfekt – wobei in Redeeinleitungen häufig auch das Präsens vorkommt –; in den Passagen direkter Rede finden sich Aussagesätze (mit Präsens-, Aorist-, Perfekt- und Futurformen), daneben auch viele Aufforderungen und Fragen.[156]

In diesem Kontext stechen folgende Phänomene hervor:
– drei nachgeschobene, mit ἦν »es war« formulierte Zeitangaben (Joh 7,2; 9,14; 10,22b), von denen die letzte nur zwei Wörter umfasst,
– vier mit ταῦτα plus Partizip gebildete Nachsätze zu Passagen direkter Rede (7,9.32a; 8,30; 9,6),
– der Gebrauch des Zeitadverbs τότε »darauf/damals« in 7,10b; 10,22a,
– die Pluralform ὄχλοι in 7,12 (in 7,20.31 f.40.43.49 steht jeweils Singular),
– die relativ langen Satzgebilde in 9,6–7c.18 f.,
– das Asyndeton in 7,32a; 9,13.35.40[157],
– die im Hauptteil singuläre Redeeinleitung ὁ δὲ ἔφη »er aber sagte«[158] samt der ebenfalls singulären Bekenntnisaussage πιστεύω »ich glaube« und der wiederum analogielosen Notiz, dass Jesus Anbetung zuteilwird, in 9,38,
– die lange, nicht durch Fragen oder Einwürfe unterbrochene Rede 10,7b–18,
– die zwei Formen desselben Verbs verknüpfende Wendung ἵνα γνῶτε καὶ γινώσκητε »damit ihr jetzt und auf Dauer erkennt« in 10,38.

All diese Phänomene sind mehr oder weniger direkt mit Neueinsätzen oder Abschlüssen von teils kleineren, teils größeren Sinneinheiten verknüpft und bestätigen insofern die bisher notierten Beobachtungen zur Struktur des Textes. Letzteres gilt auch für den generellen Kontrast zwischen den Kapiteln Joh 7 und 9, die von rasch wechselnden, relativ kurzen Szenen bestimmt sind, und den Kapiteln 8 und 10, die längere Rede- und Gesprächsblöcke bieten. In 9,38; 10,7b–18 und 10,38 unterstreichen die syntaktischen Eigenarten auch das sachliche Gewicht der jeweiligen Aussagen.

Vergleichbare Akzente setzt der Erzähler durch den verschachtelten Satzbau bei den Schriftbezügen in Joh 7,22 f.37 f.42; 10,35 f. (anders 8,17), die elliptische Ausdrucksweise

---

[155] Häufiger belegt sind καί »und«, δέ »aber«, οὖν »nun/also/da«, γάρ »denn«, ἀλλά »sondern/aber«, εἰ bzw. ἐάν oder ὅταν »wenn« und ὅτι »weil/dass«.
[156] Für Joh 9–10 vgl. die detaillierte Analyse von *Du Rand*, Reading 98–108.
[157] Bei Verben des Sagens ist es – wie auch sonst im Johannes-Evangelium – öfter belegt; vgl. etwa Joh 7,46a.50a.
[158] ἔφη findet sich bei Johannes sonst nur in Joh 1,23.

in 9,3c[159] und die den Gesprächsverlauf transzendierende 1. Person Pl. in 9,4a[160]. Dass diese Phänomene für die Gliederung von 7,1–10,39 bedeutsam wären, lässt sich jedoch nicht erkennen.

3.4.7 Auswertung

Fasst man sämtliche Ergebnisse des analytischen Verfahrens in den Blick, so ergibt sich für Joh 7,1–10,39 eine klare Gliederung.

Im Kern erzählt der Text vom Auftreten Jesu im Zuge und im Gefolge des Laubhüttenfestes: Mit seinen Werken und ihrer Deutung erzeugt Jesus einen Zwiespalt unter »den Juden«, in dem sich seine Gegner sukzessive das Übergewicht verschaffen. Die Rahmenstücke zeigen, wie Jesus dem ungläubigen Drängen auf Öffentlichkeit begegnet: Vor dem Fest klärt er im Gespräch mit seinen Brüdern die Grundlagen seines Gangs nach Judäa (Joh 7,1–10); im Nachgang, beim Tempelerneuerungsfest, legt er »den Juden« gegenüber dar, was es zu erkennen gilt: dass er und der Vater »eins« sind (10,22–39).

Die Erzählung selbst wird mit Hinweisen auf gegensätzliche Stellungnahmen zu Jesus eröffnet (Joh 7,11–13) und beendet (10,19–21); und wie die erste Szene 7,14–24 auf Kapitel 5 zurück weist, so das letzte Redestück 10,7–18 auf die Passion voraus. Insgesamt sind zwei Großabschnitte erkennbar, die a) Jesu Lehre während des Laubhüttenfestes und im sachlichen Anschluss daran b) sein rettendes Handeln an einem Blindgeborenen thematisieren. In beiden Fällen wird zuerst das betreffende Wirken Jesu samt dem Echo, das es hervorruft, dargestellt (7,14–52; 9,1–38) und dann eine mehrstufige Unterredung angefügt, in der Jesus »die Juden« bzw. die Pharisäer mit dem Hoheitsanspruch konfrontiert, den sein Reden und Handeln begründen (8,12–59; 9,39–10,18).

Die Schilderung der Ereignisse im unmittelbaren Konnex mit dem Laubhüttenfest (Joh 7,14–52) setzt mit einer Szene ein, in der Jesus die Wahrhaftigkeit seiner von Gott stammenden Lehre dem Gesetzesbruch entgegenstellt, den »die Juden« mit der (von der Menge geleugneten) Absicht begehen, Jesus wegen seines beim letzten Fest vollbrachten Werkes zu töten (7,14–24). Die Belehrung einiger Jerusalemer über seine Herkunft von Gott (7,25–29) zieht zum ersten Mal das nicht in die Tat umgesetzte Ansinnen nach sich, Jesus zu ergreifen (V. 30), bei vielen aus der Menge aber auch – einen freilich gebrochenen, weil Jesus mit dem erwarteten »Christus« vergleichenden – »Glauben« (V. 31). Die Kunde davon ruft die Pharisäer auf den Plan, die gemeinsam mit den Hohepriestern Diener aussenden, um ihn ergreifen zu lassen (V. 32) – und diese nach dem Fest, als sie ohne ihn zurückkommen, ebenso zurechtweisen wie einen der ihren, Nikodemus, der ein gesetzeskonformes Verfahren anmahnt (7,46–52). Was die Diener staunen machte, wird in zwei Absätzen angeführt: zuerst das Wort Jesu von seinem für die Hörer unnachahmlichen Fortgang zu dem, der ihn gesandt hat, das »die Juden« voller Unverständnis erörtern (7,33–36); dann die Ansage der Ausgießung des Geistes auf die Glaubenden in einem Bildwort, das in der

---

[159] Sie kommt freilich bei Johannes auch andernorts vor; vgl. Joh 1,8; 13,18; 14,31; 15,25 und dazu *Blass/Debrunner/Rehkopf*, Grammatik § 448.7.

[160] Die Einbeziehung der Jünger wirkt wie eine Prolepse auf die nachösterliche Zeit; vgl. *Wilckens*, Evangelium 157. Auch dazu gibt es johanneische Parallelen; vgl. etwa Joh 3,11.

Volksmenge eine kontroverse Debatte darüber auslöst, ob Jesus »der Prophet« bzw. »Christus« sei, bei einigen aber zum zweiten Mal den Wunsch weckt, ihn zu ergreifen (7,37–44).

Die nachfolgende Unterredung im Tempel (Joh 8,12–59), für die V. 12 als Leitwort dient, verläuft im Anschluss an 7,25–44 in drei Blöcken. Zunächst zieht die Selbstpräsentation Jesu als »Licht der Welt« einen Disput mit den Pharisäern über die Wahrheit seines Zeugnisses nach sich, das – seiner Herkunft vom Vater gemäß – mit dem seines Vaters übereinstimme; und erneut setzt niemand den Gedanken, ihn zu ergreifen, in die Tat um (8,13–20). Sodann entfaltet Jesus den Sinngehalt seiner Rede vom Fortgang und weckt damit bei vielen »Glauben« (8,21–30). Daraufhin wendet sich Jesus diesen vermeintlich gläubigen »Juden« zu (8,31 f.). Dabei legt er, im Zuge einer Debatte über die von ihnen reklamierte Abrahamskindschaft, erstens dar, dass ihr Unvermögen, sein Wort zu hören und zu verstehen, und somit ihr Unglaube ihm gegenüber sie als Kinder dessen erweise, der von Anfang an Mord und Lüge in die Welt gebracht habe (8,33–47); zweitens bestreitet er den Vorwurf der Besessenheit und präsentiert sich als den, dessen Wort ewiges Leben vermittle, weil er den Vater kenne und in der Heilsfülle seines Wirkens schon Abraham offenbar geworden sei (8,48–58). Als sich »die Juden« daraufhin anschicken, ihn zu steinigen, verbirgt er sich und verlässt den Tempel (V. 59).

Die ›Heilungserzählung‹ Joh 9,1–38 besteht primär aus ringförmig angeordneten Szenen: In den Rahmenstücken wird erzählt, wie Jesus einen Blinden heilt und dieser in einer erneuten Begegnung seinen Glauben an ihn als »Menschensohn« bekennt, ja, durch Anbetung ausdrückt (9,1+6 f.35–38). Den inneren Ring bilden zwei Passagen, in denen die Pharisäer den Geheilten befragen und wegen seiner Hochschätzung Jesu verstoßen (9,13–17.24–34). Im Zentrum steht ein Gespräch »der Juden« mit den Eltern des Mannes, die ihn zwar auf Nachfrage als ihren blind geborenen Sohn identifizieren, sich aber aus Furcht nicht über die Ursache seines neuen Sehvermögens äußern (9,18–22a). Ergänzt wird diese Struktur durch mehrere Einschübe, die eine Belehrung der Jünger Jesu (9,2–5), ein Gespräch zwischen den Nachbarn und dem Geheilten (9,8–12) und eine Erläuterung besagter Furcht (9,22b–23) enthalten.

In Joh 9,39–10,18 führt ein Spruch Jesu über das von ihm vollzogene Gericht (9,39) zu einer Rückfrage einiger Pharisäer, die er mit der Feststellung ihrer bleibenden Sünde beantwortet (9,40 f.), um ihnen dann ihre Position durch eine Bildrede über den Kontrast zwischen dem Tun des Hirten und dem eines Diebes zu illustrieren (10,1–6a). Da sie dies aber nicht verstehen (V. 6b), führt er in einer längeren Rede aus, welche Rollen ihm selbst in dieser Bildrede zukommen und was demnach sein Dasein kennzeichnet (10,7–18).

Dieser Aufbau lässt sich wie folgt in einer Übersicht darstellen:[161]

---

[161] Stichworte zum Inhalt der Redestücke sind in KAPITÄLCHEN gesetzt.

Gliederungsübersicht zu Joh 7,1–10,39

Äußerer linker Längstext: *Jesu Auseinandersetzungen mit „den Juden" um seine Würde im Zuge und Gefolge des Laubhüttenfestes*

Rahmen	Gliederung	Verse	Inhalt
äußerer Rahmen	Ausgangssituation	7,1	Jesus in Galiläa – Tötungsabsicht der Juden
	Vorspiel: Klärung der Grundlagen des Gangs nach Judäa	7,2	*Zeitangabe: kurz vor dem Laubhüttenfest*
		7,3–9	Jesus redet mit s. Brüdern, bleibt in Galiläa
		7,10	Jesus zieht im Verborgenen zum Fest
innerer Rahmen — *Jesu Lehre im Tempel zu Jerusalem*	innerer Rahmen	7,11–13	*Fest:* gegensätzliche Aussagen über Jesus
	diskutierter Auftritt beim Laubhüttenfest — Rückblick: Joh 5	7,14–24	*Festmitte:* WAHRER LEHRER VS. GESETZLOSE
	Lehre in Bezug auf das Wissen einiger	7,25–29	DIE HERKUNFT DES CHRISTUS VON GOTT (a)
		7,30–31	Ergreifungswunsch (Stunde) / ‚Glaube' vieler
	Lehre im Auftakt	7,32	Hören der Kunde – Sendung der Diener
	Gegensatz zum Hohen Rat — Jesu Lehre / Reaktionen	7,33–36	JESU FORTGANG (b)
		7,37–39	*am letzten Tag:* LEBENDIGES WASSER (c)
		7,40–44	Schisma: „Christus"!?, Ergreifungswunsch
		7,45–52	Rüge der Diener und des Nikodemus
	Debatten über Jesu Hoheitsanspruch mit — Leitsatz	8,12	„Ich bin das Licht der Welt"
	… den Pharisäern	8,13–19	WAHRHEIT DES DOPPELTEN ZEUGNISSES (a)
		8,20	*im Tempel …:* Ergreifungswunsch (Stunde)
	… „den Juden"	8,21–29	FOLGEN DES FORTGANGS JESU (b)
		8,30	‚Glaube' vieler
	…‚gläubig' gewordenen Juden … im Bezug auf Abraham	8,31–32	Leitsatz: WAHRE JÜNGERSCHAFT (c)
		8,33–47	KEIN GLAUBE, SONDERN ABWEISUNG DES WORTES JESU, LÜGE UND MORDPLAN
	… „den Juden"	8,48–58	DAS WORT JESU, DER DEN VATER KENNT, VERMITTELT LEBEN IN EWIGKEIT
	Schlussnotiz	8,59	Steinigungsversuch – Jesus verbirgt sich
Jesu Tätigkeit im Umfeld des Tempels	Jesu Wirken als Licht der Welt	9,1–7	Blindenheilung [darin 2–5: Jüngerbelehrung]
	Überleitung	9,8–12	Gespräch der Nachbarn mit dem Geheilten
	Einschreiten der Pharisäer / „Juden" gegen Jesu Anhängerschaft	9,13	Transfer des Mannes zu den Pharisäern
		9,14	*Nachtrag: Heilung geschah am Sabbat*
		9,15–17	1. Verhör: Sünder!? (Schisma) / „Prophet"
		9,18–23	Befragung der Eltern, *Anlass ihrer Furcht*
		9,24–34	2. Verhör: KEIN SÜNDER, VON GOTT!
		9,35–38	Glaube und Anbetung seitens des Geheilten
	metaphorische Deutung — Überleitung	9,39	Deutewort: GERICHT IN DER WELT
		9,40–41	Antwort an Pharisäer: BLINDHEIT VS. SÜNDE
	Bildrede vom Wirken des Hirten mit	10,1–5	Erläuterung: DIEB VS. HIRTE FÜR DIE SCHAFE
		10,6	Nachsatz: Bildrede, wird nicht verstanden
	Ausblick: Joh 19 f.	10,7–18	„Ich bin die Tür der Schafe, der gute Hirte"
	innerer Rahmen	10,19–21	Schisma: gegensätzliche Stellungnahmen
äußerer Rahmen	Nachspiel: die Trennung Jesu von „den Juden" — Zeit-/Ortsangabe	10,22–23	*beim Fest der Tempelerneuerung, im Tempel*
	endgültige Klärung der Identität Jesu	10,24–30	Christusfrage – JESU WERKE ZEIGEN: ER IST, ALS HIRTE DER SCHAFE, EINS MIT DEM VATER
		10,31–38	Steinigungsvorbereitungen – Schriftargument
	Schlussnotiz	10,39	Ergreifungsversuch – Jesus entzieht sich

Diese Gliederung lässt erkennen: Joh 7,1–10,39 stellt eine
– bei aller formalen Vielfalt narrativ zusammenhängende und
– bei aller inhaltlichen Fülle thematisch kohärente, aber auch
– bei aller motivischen Konstanz stringent fortschreitende und
– bei aller Geschlossenheit in das Gesamtgefüge des Evangeliums integrierte
Erzählung dar, die die öffentliche Debatte zwischen Jesus und »den Juden« in
Jerusalem über seine Identität als »Gottes Sohn« (10,36) ihrem Höhepunkt zuführt – und damit zugleich ihren Abschluss durch die im Gefolge der Auferweckung des Lazarus getroffene Entscheidung des Hohen Rates, Jesus zu töten
(11,53), vorbereitet.

3.5 Das Evangelium nach Markus (Mk 1,1–16,8d)

Die folgende Darstellung zielt darauf, eine plausible Zuordnung der – formal
und/oder szenisch voneinander abgegrenzten und so als Textbausteine klar er-
kennbaren – »kleinen Einheiten« des Markus-Evangeliums[162] zu *Hauptteilen* zu
bieten. Sie bereitet damit einer detaillierten Gliederung, die wegen der Länge des
Textes hier nicht durchgeführt werden kann, den Boden.

Gegenstand der Analyse ist das Buch in seiner ältesten Gestalt, wie sie aus der
handschriftlichen Überlieferung zu erschließen ist. Die aus textkritischer Sicht
sekundären Passagen Mk 16,8e–g und 16,9–20 bleiben unberücksichtigt.

Die alte Diskussion, ob man Mk 16,8a–d als Abschluss des Markus-Evangeliums ansehen
oder eher damit rechnen muss, dass das ursprüngliche Ende (mit einem Erscheinungs-
bericht) verlorengegangen ist,[163] wird inzwischen kaum noch geführt. Mehrheitlich ist die
Forschung zu dem Urteil gekommen, dass ein »*halboffene(r) Schluß* der kompositorischen
Absicht des Evangelisten entsprach«, der »die Geschichte des irdischen Jesus erzählen
wollte«[164]. In der Tat passt die Erzählung vom leeren Grab (16,1–8d) als Abschluss gut zu
1,1, sofern man diesen Vers als Buchüberschrift begreift[165]. So gelesen teilt er ja mit, was
der Erzähler insgesamt bieten will: den »*Anfang*« bzw. die »*Grundlage*« des« mündlich zu
verkündigenden »Evangeliums«, in dem für diejenigen, die es glaubend annehmen (vgl.
V. 15_fin_.), Jesus Christus als Auferstandener (vgl. 16,6d) präsent wird[166]. Genau deshalb aber
gehört ein Bericht über Erscheinungen des Auferstandenen nicht in dieses literarische
Werk hinein.

---

[162] Vgl. *Dormeyer*, Markusevangelium 150. Der geläufige Begriff »Perikopen« ist in der Exegese unangemessen, da er Textausschnitte meint, die »zum liturgischen Gebrauch« (*Friedrichs*,
Perikopen 1112) dienen. Auch die Bezeichnung »Episoden« (so *Breytenbach*, Markusevangelium 143 [in Anlehnung an die Poetica des Aristoteles]) ist problematisch, da sie sich kaum
auf Redestücke anwenden lässt.

[163] Vgl. dazu *Vielhauer*, Geschichte 348.

[164] *Roloff*, Einführung 155.

[165] Das ist eine plausible, wenn auch nicht die einzig mögliche Deutung des prädikatlosen
Satzes; s. u. nach Anm. 187 und vgl. *Wilk*, Weg 188 f.193.197–199.

[166] Wie Mk 1,14 f.; 8,35; 10,29; 13,10; 14,9 belegen, ist das »Evangelium« für Markus eine
mündliche Größe. Dabei zeigen 8,35 und 10,29, dass die Begegnung damit nach Ostern an die
Stelle der Begegnung mit dem irdischen Jesus tritt. Demnach ist Jesus selbst im Evangelium
präsent; und das kann er nur als der Auferstandene sein. Ferner s. u. bei Anm. 194.197.

3.5.1 Überblick über das Inventar und vorläufige Bestimmung des Themas

Die markinische Erzählung handelt primär vom öffentlichen Auftreten ihrer Hauptfigur: Jesus[167]. Die anderen *Handlungsträger* – seien es Individuen wie Simon Petrus (Mk 1,16 u. ö.), Gruppen wie die Schriftgelehrten (2,6 u. ö.) oder unbestimmt bleibende Scharen, auf die zumal Verben und Pronomina der 3. Person Pl. (1,22 u. ö.) sowie Ausdrücke wie ὄχλος »Volksmenge« (2,4 u. ö.) oder οἱ ἄνθρωποι »die Menschen« (8,27 u. ö.) verweisen – sind jeweils durch ein spezifisches Verhältnis zu Jesus gekennzeichnet: Markus nennt
– einerseits Anhänger, Zeugen, Helfer und Sympathisanten,
– andererseits Skeptiker, Opponenten, Gegner und Feinde, ferner
– Personen(gruppen), die Jesu Rat oder Hilfe suchen bzw. erfahren, sowie
– Personen(gruppen), deren Verhalten Jesus für andere kommentiert.[168]
Allerdings setzt diese Fokussierung auf Jesus und die Menschen, zu denen er in Beziehung tritt, erst mit der Notiz ein, dass er sich von Johannes taufen lässt (Mk 1,9); und sie endet mit der Darstellung der Bestattung seines Leichnams durch Joseph von Arimathäa (15,46 f.). Im Blick auf die Personenkonstellation sind also 1,1–8 (mit dem Bericht vom Wirken des Täufers) und 16,1–8d (mit dem Bericht von der Auffindung des leeren Grabes durch einige Frauen) als äußere Rahmenstücke der markinischen Jesuserzählung erkennbar.

Die Rahmenstücke sind nun freilich eng mit dem Eingangs- bzw. Schlussteil der Erzählung verbunden: Die Aussagen über die Tätigkeit Johannes' des Täufers (Mk 1,4–8) münden über 1,9–10$_{init.}$ in die Darstellung der Geistbegabung Jesu und seiner Versuchung durch den Satan (1,10 f.12 f.); die Geschichte von der Auffindung des leeren Grabes (16,1–8d) schließt mit der Nennung der handelnden Frauen (V. 1) an die Episoden zum Tod (15,33–39) und zur Bestattung Jesu (15,42–46) an, bei denen die Frauen jeweils als Augenzeugen erscheinen (15,40 f.47)[169]. All diese Abschnitte sind dadurch gekennzeichnet, dass Jesus selbst in ihnen passiv bleibt. Die einzige Ausnahme[170] bildet sein Ruf am Kreuz (15,33 f.), der über die Reaktion der Dabeistehenden (15,35 f.) auf den Schrei hinführt, mit dem Jesus stirbt (V. 37). Mit diesem Ruf aber gibt der Evangelist zum letzten Mal einen Ausspruch Jesu wörtlich wieder; insofern hat das Zitat sein Pendant in dem Satz, mit dem die Verkündigung Jesu einleitend zusammengefasst wird (1,14 f.)[171]. Es liegt deshalb nahe, in 1,9–15 (mit 1,14 f. als Übergangsstück) und 15,33–47 (mit 15,33–39 als Übergangsstück) den inneren Rahmen des Markus-Evangeliums zu erblicken.

---

[167] Der Name Jesus ist im Markus-Evangelium (zwischen Mk 1,1 und 16,6) 80-mal belegt.

[168] Bisweilen vereint eine Erzählfigur in sich mehrere Aspekte. So wird der besessene Gerasener (Mk 5,2–5), der Jesus abzuwehren sucht (5,6 f.), nach der Vertreibung des Dämons (5,8–13) zum Anhänger und Zeugen Jesu (5,18–20). – Zu schematisch ist die Einteilung in »disciples«, »Jewish leaders« und »minor characters« bei *Telford*, Mark 109–112.

[169] Vgl. *Hurtado*, Women 433.

[170] Von Jesu »Kommen« und »Heraufsteigen« in Mk 1,9.10a kann hier abgesehen werden.

[171] Die summarische Eigenart der Notiz Mk 1,14 f. (vgl. *Holtzmann*, Synoptiker 115) wird sowohl an ihrer vorgezogenen Stellung deutlich als auch daran, dass hier weder ein konkreter Adressat noch eine bestimmte Situation für die Predigt Jesu genannt wird.

Diese Bestimmung des Rahmens wird durch die *topographische Anlage* des Werkes bestätigt.[172] Die Erzählung von der öffentlichen Wirksamkeit Jesu zeichnet ja im Wesentlichen den langen Weg nach, den Jesus zurücklegt: Zunächst tritt er in Galiläa (Mk 1,14) auf, das er, ausgehend vom Westufer des Galiläischen Meeres (V. 16 u. ö.) und zumal von Kafarnaum (V. 21, vgl. 2,1), als Prediger und Heiler durchzieht (1,39). Nachdem er sein Tätigkeitsgebiet nach Osten (5,1 u. ö.)[173] und Norden (7,24 u. ö.) in das Umland Galiläas erweitert hat, zieht er von den Dörfern bei Cäsarea Philippi (8,27) aus durch Galiläa (9,30), Judäa und Peräa (10,1) über Jericho (V. 46) und Bethanien (11,1 u. ö.) nach Jerusalem (V. 11 u. ö.), wo er schließlich zum Tode verurteilt wird (15,15). Der Weg Jesu von Galiläa (über Umwege) nach Jerusalem findet nun aber sein Gegenstück in den genannten Rahmentexten, die jeweils von einem »Gang« Jesu aus der Umgebung Jerusalems nach Galiläa sprechen.

Die Vorgeschichte setzt gemäß Mk 1,4 f. so nahe bei Jerusalem ein, dass u. a. »alle Jerusalemer« hinausziehen, um von Johannes im Jordan getauft zu werden. Als nach vielen anderen auch »Jesus aus Nazaret«[174] sich hat taufen lassen (V. 9), geht er vom Taufort – im Anschluss an einen längeren Aufenthalt in der Wüste (V. 13) – nach Galiläa (V. 14). Die Nachgeschichte zum Erdenleben Jesu, das vor den Toren Jerusalems[175] auf Golgotha (15,22) endet, beginnt in seinem ebenfalls außerhalb der Stadt gelegenen[176] Grab (16,5, vgl. 15,46), wo drei Anhängerinnen Jesu von einem weiß bekleideten »Jüngling« mit der Auferweckungsbotschaft den Auftrag erhalten: »Geht hin und sagt seinen Jüngern und Petrus: ›Er geht euch voran nach Galiläa; dort werdet ihr ihn sehen, wie er euch gesagt hat‹!« (16,7).

In dieselbe Richtung weist der *chronologische Aufbau* der Erzählung: Während sie ohne jede Zeitangabe einsetzt, wird die Taufe Jesu mit der Wendung »und es geschah in jenen Tagen« (Mk 1,9*init.*) grob in die Zeit der Tauftätigkeit des Johannes eingeordnet, in die auch der 40-tägige Wüstenaufenthalt Jesu (V. 13) fällt; ein Zeitsprung an das gewaltsam herbeigeführte Ende dieser Tätigkeit (V. 14*init.*, vgl. 6,17 f.) führt dann die summarische Kennzeichnung der Verkündigung Jesu (1,14 f.) ein, die zur Darstellung seiner Wirksamkeit überleitet[177]. Deren zeitlicher Verlauf bleibt auf weite Strecken recht vage.

---

[172] Etwas anders urteilt *van Iersel*, Markus 67–70, der allein aufgrund der »Ortsbestimmungen« (67) Mk 1,2–13; 15,42–16,8d als die »äußeren Abschnitte« (68) und 1,14 f.; 15,40 f. als »Scharnierstücke« (69) identifiziert. Es ist aber nicht plausibel, Personen- und Zeitangaben bei der Gliederung auszublenden (ähnlich auch *Hedrick*, Role 257, der jedenfalls für Mk 1–13 in den Ortsangaben »the only evident overall framework« des zusammengestellten Erzählstoffs sieht); 15,42–16,8d spielt auch keineswegs durchgehend »am Grab« (so *van Iersel*, Markus 68); und 15,40 f. liegt weder sachlich noch funktional mit 1,14 f. auf einer Ebene.

[173] Indem der Erzähler mit einer »Schweineherde« die pagane Prägung des zur »Dekapolis« gehörigen »Landes der Gerasener« anzeigt (Mk 5,1–20), unterscheidet er die Gebiete am Ostufer des Sees klar von Galiläa (gegen *Koch*, Gliederung 150–154: 1,14–8,26 sei geographisch gesehen ein »geschlossener Teil« der Erzählung). Ferner s. u. bei Anm. 257–259.

[174] Die Parallelen zu dieser Wendung in Mt 21,11; Joh 1,45; Apg 10,38 sprechen dafür, dass Nazaret hier als Ort der Herkunft Jesu, nicht als Ausgangspunkt seines Herbeikommens genannt wird. Vgl. zur Formulierung in Mk 1,9 ferner Mt 27,57a; Mk 5,35a.

[175] Vgl. Mk 15,20c–22 und dazu *Blinzler*, Prozeß 268 samt Anm. 24 (Belege): »Nach jüdischer und römischer Sitte erfolgten Hinrichtungen außerhalb des bewohnten Stadtgebietes.«

[176] Vgl. dazu *Gnilka*, Evangelium II 335.

[177] Zur überleitenden Funktion von Mk 1,14 f. vgl. *Petersen*, Zeitebenen 102 f.

Der Erzähler bietet seiner Leserschaft in Mk 1–10 nur eine ungefähre Orientierung,[178] indem er mehrfach auf einen Sabbat (1,21; 2,23[–28]; 3,2[.4]; 6,2) oder Abend bzw. Tageswechsel (1,32+35; 4,35; 6,35+47 f.) verweist, gelegentlich auch auf bestimmte (8,2: »drei Tage«; 9,2: »nach sechs Tagen«) oder unbestimmte Zeiträume (2,1: »nach Tagen«; 8,1: »in jenen Tagen«).

Erst mit Mk 11,1 beginnt ein langer, Jesu Aufenthalt in Jerusalem schildernder Passus, der präzise Zeitangaben enthält: In 11,11 f.19 f. sind Tageswechsel angezeigt; 14,1 weist auf den vorletzten Tag vor dem Passafest, V. 12 auf den Tag des Passahmahls; ab V. 17 werden die Ereignisse am zugehörigen Abend und in der folgenden Nacht (V. 30.72) dargestellt, ab 15,1 das Geschehen am nächsten Tag. Dieser wird in V. 25.33$_{init.}$42 mit Tageszeitangaben strukturiert. Von 11,1 bis 15,42 vergehen also sechs Tage.[179] In V. 42 wird nun der letzte Tag des Erdenlebens Jesu als Rüsttag auf den Sabbat identifiziert. Die Auffindung des leeren Grabes datiert Markus dann – mittels eines Zeitsprungs[180] – auf den Tag nach diesem Sabbat (16,1 f.). Hier setzt die Erzählung also neu ein, freilich so, dass die Umkehrung genau der Ereignisse zur Sprache kommt, die in Kapitel 15 besonders ausführlich geschildert wurden: der Tod Jesu am Kreuz (16,6c, vgl. 15,33–39) und seine Bestattung (16,6f, vgl. 15,42–46). So erweisen auch die Zeitangaben die Abschnitte 1,1–8 und 16,1–8d als äußeren sowie 1,9–15 und 15,33–47 als inneren Rahmen des Markus-Evangeliums.

Die Teile des Rahmens weisen nun markante Querbezüge zueinander auf. Das gilt zunächst für Mk 1,1–8 und 16,1–8d, und zwar in mehrfacher Hinsicht:
1. In beiden Textstücken tritt ein durch besondere Kleidung als Gottesbote erkennbarer Mann auf (Mk 1,6; 16,5)[181], der das Kommen bzw. Erscheinen Jesu ankündigt, freilich auf je eigene Weise: Zu Beginn weist Johannes auf den »Stärkeren« hin, der Menschen »mit Heiligem Geist taufen«, d. h. durch sein Wirken in den Machtbereich des Geistes hineinführen[182] werde (1,7 f.); am Ende spricht

---

[178] *Schenke*, Markusevangelium 15, spricht dagegen von einer »Wochen-Struktur«, der zufolge sich das öffentliche Auftreten Jesu insgesamt (von Mk 1,14 bis 16,1) über sieben Wochen erstrecke. Dagegen ist einzuwenden: a) Jesus predigt nach 1,39 in den Synagogen ganz Galiläas; die aber betritt er gemäß 1,21; 3,1 f.; 6,2 stets an einem Sabbat. Längere Phasen des Wirkens Jesu werden zudem in 1,45b–c; 6,6b.55 f. angezeigt (vgl. dazu, wenn auch z. T. mit anderen Belegen, *Dormeyer*, Markusevangelium 152). b) In 2,23 f. und 3,1 f. ist kaum ein und derselbe Sabbat gemeint; da die Wendung »ging wiederum« zuvor jeweils auf länger zurückliegende Vorgänge verweist (vgl. 2,1 / 1,21a und 2,13a / 1,16 [sowie mit anderem Verb 4,1a / 2,13]), dürfte 3,1a an 1,21b (und nicht an 2,23–28) anknüpfen. c) Der Zustrom von Menschenmassen, von dem 3,7 f. und 7,32 (f.) handeln, wird narrativ durch die Notizen über die Verbreitung der Kunde von Jesus »in der ganzen Umgebung von Galiläa« (1,28) bzw. »in der Dekapolis« (5,20) vorbereitet; für diese weite Verbreitung muss aber jeweils viel mehr Zeit als nur eine gute Woche veranschlagt werden. Ähnliches gilt für den Zusammenhang zwischen 6,7–13 und 6,30. Vgl. ferner 1,45a; 6,14b; 7,36c (dazu s. o. S. 57).

[179] Zur stetigen Verringerung des Erzähltempos vgl. *Fendler*, Studien 46.

[180] Auf diesen Zeitsprung wird die Leserschaft durch die dreimalige Ankündigung Jesu vorbereitet, der Menschensohn werde »nach drei Tagen auferstehen« (8,31; 9,31; 10,34).

[181] Zum an Elija erinnernden Ledergürtel des Johannes vgl. 2Kön 1,8, zum »Jüngling« 2Makk 3,26.33; Josephus, Ant. 5,277, zu seinem »weißen« Gewand Mk 9,3; Offb 19,14.

[182] Vgl. Mk 1,10 mit 3,22–30: Als Träger des Geistes vermag Jesus »den Starken« (Satan) zu »binden« und sodann »sein Haus auszurauben« (also Besessene von Dämonen zu befreien).

ein Jüngling vom auferweckten »Gekreuzigten«, der seinen Jüngern in Galiläa erscheinen werde (16,6 f.). Dabei ordnet Johannes sich selbst dem »Stärkeren« als Vorläufer zu (1,7b), während jener Jüngling Jesus als den präsentiert, der seinen Jüngern vorangeht (16,7a*fin.*).

2. Die Predigt des Täufers (Mk 1,7 f.) richtet sich an alle Bewohner Judäas und Jerusalems, die sich, seiner Verkündigung einer »Taufe (als Zeichen) der Umkehr(, die) zur Vergebung der Sünden (führt)« (V. 4)[183] entsprechend, von ihm im Jordan taufen lassen. Die Botschaft des Jünglings wiederum (16,6 f.) gilt den Frauen, die zur Grabstätte Jesu gegangen sind, um ihm durch die nachträgliche Salbung seines Leichnams einen »letzten Liebesdienst« zu erweisen (16,1)[184]. In beiden Fällen wird den herbeigekommenen Menschen eine gänzlich unerwartete Zukunft eröffnet: Als die Frauen »in« das Grab Jesu eingetreten sind (V. 5*init.*), wird ihr Ansinnen, dort die Lebensgeschichte Jesu würdig abzuschließen und damit gleichsam zur Ruhe zu bringen, *ad absurdum* geführt; denn Gott selbst hat – wie die passivische Verbform ἠγέρθη »er ist auferweckt worden« (V. 6d) zurückhaltend, aber unmissverständlich anzeigt[185] – die Geschichte des »Nazareners«[186] nach seiner Kreuzigung (V. 6c) aufs Neue in Gang gesetzt. Als andererseits die Scharen vor dem Täufer ihre Sünden bekannt haben (1,5*fin.*), wird ihre Ausrichtung auf ihn und seinen Ruf zur Umkehr von ihm selbst korrigiert: Sein ›Nachfolger‹ sei im Vergleich mit ihm insofern »der Stärkere«, als durch ihn der Heilige Geist selbst an ihnen wirksam werde.

3. Zu Beginn wird die auf Jesus hinführende Tätigkeit des Täufers für die Leserschaft mit einem – durch seine Stellung nach Mk 1,1 und seinen auktorialen Charakter besonders hervorgehobenen[187] – Schriftzitat autorisiert.

Es ist nicht leicht zu verstehen, welche Wegbereitung das Mischzitat aus Ex 23,20 und Mal 3,1 (Mk 1,2b–c) in der Kombination mit Jes 40,3 (Mk 1,3) eigentlich zur Sprache bringt. Schon die Syntax ist an drei Stellen mehrdeutig: Man kann a) den Genitiv Ἰησοῦ Χριστοῦ in Mk 1,1 subjektiv oder objektiv auffassen, b) das Zitat 1,2 f. mit V. 1 oder V. 4 verknüpfen und c) die Wendung ἐν τῇ ἐρήμῳ in V. 3 mit dem Vorstehenden oder dem Folgenden verknüpfen. Die folgende Übersicht zeigt die Deutungsmöglichkeiten:

---

[183] Da Markus zufolge erst »der Menschensohn« die »Vollmacht« hat, »Sünden zu vergeben auf Erden« (Mk 2,10) – und diese Vollmacht den »Vielen« durch Jesu Tod zugutekommt (10,45; 14,22–24) –, kann die Angabe »zur Vergebung der Sünden« in 1,4 nur die erhoffte Folge der Umkehr, nicht die Wirkung der Taufe selbst bezeichnen.

[184] Vgl. *Eckey*, Markusevangelium 401.

[185] Der »Jüngling« bedient sich hier derselben Ausdrucksweise wie Jesus in Mk 14,28 (der sonst vom »Auferstehen« des »Menschensohns« spricht, vgl. 8,31; 9,9.31; 10,34). Das sog. *passivum divinum*, das nach Joachim Jeremias (*ders.*, Theologie 24) der antik-jüdischen »Apokalyptik … zur verhüllenden Beschreibung des geheimnisvollen endzeitlichen Handelns Gottes« diente, ist auch im Markus-Evangelium ein spezifisches Merkmal der Verkündigung Jesu (vgl. a. a. O., 21 f.); es zeigt hier regelmäßig an, dass gerade im Wirken und in der Geschichte Jesu das Heilswille Gottes zur Geltung kommt (vgl. *Sitanggang*, Passivum *passim*).

[186] Der Ausdruck »Nazarener« in Mk 16,6c weist auf 1,24; 10,47; 14,67 zurück.

[187] Sonst sind es stets Erzählfiguren, die die Schrift zitieren; vgl. *van Iersel*, Markus 81.

Übersicht zur Syntax in Mk 1,1–4

V. 1	Anfang der Evangeliumsverkündigung Jesu Christi	Anfang/Grundlage des Evangeliums von Jesus Christus
V. 2	… Wie	…, wie
	geschrieben ist bei Jesaja, dem Propheten: „Siehe, ich sende meinen Boten vor dir her, der deinen Weg bahnen wird.	
V. 3	Stimme eines Rufenden in der Wüste: ‚Bereitet	Stimme eines Rufenden: ‚In der Wüste bereitet
	den Weg des Herrn, macht gerade seine Pfade!'"	
V. 4	…, (so) trat auf	Es trat auf
	Johannes, der in der Wüste taufte und verkündigte eine Taufe …[188]	

Außerdem ist keineswegs eindeutig, wer jeweils mit den genannten Personen(gruppen) gemeint ist: Wird in Mk 1,2b–c Jesus als »du« angesprochen (vgl. 12,36) oder das Gottesvolk (vgl. 12,29 f.)? Bahnt also der Täufer den Weg, oder tut das Jesus selbst?[189] Gibt 1,3 daraufhin die Predigt wieder, die der Täufer dem Volk hält, oder die Stimme Gottes, die Johannes und/oder Jesus beruft? Und wird der »Weg des Herrn« durch Gottes Boten oder durch Gottes Volk bereitet? Diese Alternativen lassen sich im Rahmen des Markus-Evangeliums nicht definitiv entscheiden, weil der Referenzrahmen des Zitats 1,2 f. – mit jeweils guten Gründen – unterschiedlich bestimmt werden kann; es lässt sich ebenso gut auf 1,4–6 beziehen wie auf 1,4–8, auf 1,4–13 oder 1,4–16,8d. In 1,1–8 liegt demnach eine offene Leseanweisung vor, deren Mehrdeutigkeit das Markus-Evangelium als Darstellung sukzessiver Wegbereitungen aufzufassen lehrt.[190] Dabei wird aber auf jeden Fall ein Gotteswort zitiert,[191] das in der einen oder anderen Weise das Auftreten Johannes' des Täufers und das Jesu miteinander verknüpft und beide damit als Gesandte Gottes ausweist.

Am Ende hingegen autorisiert der »Jüngling« seine Ankündigung des Vorangehens Jesu nach Galiläa durch den Hinweis auf dessen gleichlautende Zusage (vgl. Mk 14,28).[192] Da die Jünger in Jerusalem bereits zweimal erlebt haben, dass etwas genau so geschah, wie Jesus es ihnen vorhersagte (11,2 f.4–6; 14,13–15.16), ist die Zusage umso glaubwürdiger.[193] Dennoch reagieren die Frauen mit Entsetzen und Flucht, Furcht und Schweigen (16,8). Die Auferstehungsbotschaft droht daher im Grab Jesu stecken zu bleiben. Die Leserschaft jedoch weiß, dass diese Botschaft laut wurde; sie selbst hat ja das »Evangelium von Jesus Christus« (1,1), das an alle Völker verkündigt werden muss (13,10), vernommen.[194] So wird sie an dieser Stelle erneut – wie zu Beginn – in die von Markus erzählte Geschichte Jesu hineingezogen. Sie selbst muss tun, was die Frauen unterließen: dem Auftrag des »Jünglings« gemäß die Auferstehungsbotschaft weitertragen[195] und so

---

[188] Fasst man ὁ βαπτίζων in Mk 1,4 wie in 6,14.24 als Titel auf, ergibt sich als Übersetzung: »… trat Johannes, der Taufende, in der Wüste auf, und zwar indem er verkündigte …«

[189] Im ersten Fall erscheint der Täufer als ἄγγελος »Bote« Gottes (in Analogie zum »Jüngling« in Mk 16,5), im zweiten Jesus selbst (vgl. dazu 12,6 sowie 2,17b).

[190] Vgl. dazu ausführlich *Wilk*, Weg, sowie in Kürze *Wilk*, Schriftgebrauch (zur Stelle).

[191] Zum »Ich« Gottes in Mk 1,2 vgl. die Schriftzitate in 7,6 f.; 11,17; 12,26.36; 14,27.

[192] Der Zitationsformel καθὼς γέγραπται »wie geschrieben ist« in Mk 1,2a (vgl. 9,13c) entspricht die Wendung καθὼς εἶπεν »wie er gesagt hat« in 16,7b (vgl. dazu 11,6; 14,16).

[193] Vgl. *Petersen*, Zeiteben 126.130 (mit Bezug auf die Leserschaft des Markus).

[194] Zur Identität von Auferstehungsbotschaft und Evangelium s. o. bei und in Anm. 166.

[195] Vgl. *Danove*, End 220–222; gegen *Hurtado*, Women 438–440: Nach Mk 16,7 f. hätten die Frauen zwar öffentlich, nicht aber gegenüber den Jüngern geschwiegen.

die Jüngerschar Jesu auffordern, dem Auferstanden dorthin zu folgen, wo er ihr seiner Verheißung zufolge erscheinen wird – in Galiläa.

Dass der »Jüngling« die Frauen zu Jesu Jüngern samt Petrus schickt und eine Vision des Auferstandenen in Galiläa ankündigt, ist gewiss der frühchristlichen Überlieferung geschuldet, Jesus sei Petrus und den Zwölfen erschienen (vgl. 1Kor 15,5), und zwar (jedenfalls auch) in Galiläa (vgl. Mt 28,16f.; Joh 21,1f.).[196] Gleichwohl ist der Auftrag Mk 16,7 offen für eine Rezeption seitens der Leserschaft. Die »Jünger« bleiben in der Erzählung ja unverständig (4,13; 8,17f.; 9,10.32) – mit der Folge, dass sie Jesus bei seiner Verhaftung in Jerusalem fluchtartig verlassen (14,50); selbst Petrus macht es kaum besser (vgl. 8,32f.; 14,54.66–72). So können die Adressaten des Markus sich mit 16,7 aufgefordert sehen, einander zur Nachfolge zu ermuntern. Der Verweis auf »Galiläa« als Ort, an dem sie Jesus »sehen« werden, ist dabei mehrdeutig: Erstens ist damit der Raum bezeichnet, in dem das »Evangelium« erklingt (vgl. 1,14f.); denn im Hören und Aufnehmen dieser Botschaft begegnet man dem Auferstandenen.[197] Dadurch wird seine Anhängerschaft freilich zugleich an den ebenfalls in Galiläa erteilten Auftrag erinnert, »Menschenfischer« zu sein (vgl. 1,16f.). Zweitens aber dürfte mit Galiläa *auch* »das Land der eschatologischen Vollendung« gemeint sein; denn im Markus-Evangelium hat Jesus zuvor nur mit Blick auf die Parusie des Menschensohns explizit angekündigt, man werde ihn »sehen« (13,26; 14,62, vgl. 9,1).[198] Demgemäß erinnert die Zusage προάγει ὑμᾶς »er geht euch voran« auch an die der Parusie vorausgehende Leidenszeit (vgl. 13,5–23) – so gewiss Nachfolge nach 8,34 Kreuzesnachfolge heißt.[199] Dadurch wird dann die Reaktion der Frauen relativ verständlich: Ihre Furcht erwächst nicht nur aus der Epiphanie des Gottesboten (vgl. 4,41; 6,49f.); sie fürchten gerade die Bedrängnis, in die sie die Nachfolge Jesu führen wird.[200]

Aus dem Vergleich der äußeren Rahmenteile ergibt sich das Thema des Markus-Evangeliums: Es zeichnet die Lebensgeschichte Jesu ein in den heilsgeschichtlichen Zusammenhang von Schrift und »Evangelium«; es verortet sie zwischen dem Wirken des von Gott gesandten Täufers und dem Auftreten des himmlischen Osterzeugen; und es schildert sie im Rahmen dieser bei Jerusalem lokalisierten Vorgänge geographisch als Weg von Galiläa nach Jerusalem, sachlich als Werdegang von dem mit Gottes Geist begabten »Stärkeren«, der auf den Täufer folgt, zu dem durch Gottes Macht auferweckten »Gekreuzigten«, der seinen Jüngern, jenseits der erzählten Zeit, (nach Galiläa) vorangeht. Eben damit wird die Leserschaft angeleitet, die dargestellte Geschichte Jesu als »Anfang« und »Grundlage des Evangeliums von Jesus Christus« (Mk 1,1) aufzufassen – und demgemäß das eigene Dasein an ihr auszurichten.

---

[196] Von einer Erscheinung Jesu vor den Jüngern in Jerusalem (vgl. Lk 24,34.36; Joh 20,19 [im Anschluss an 20,1–18]) ist bei Markus nirgends die Rede.

[197] Dazu s. o. Anm. 166 und vgl. Mk 9,9: Dass einige Jünger Jesus bereits in ›himmlischer‹ Gestalt gesehen haben (vgl. 9,2–4), wird erst mit seiner Auferstehung kommunikabel.

[198] Vgl. *Lohmeyer*, Evangelium 356, der aber zu Unrecht jeden Bezug auf die »Erscheinungen des Auferstandenen« negiert. Da die o. g. Ankündigungen weder an die Jünger gerichtet noch an Galiläa gebunden sind, ist der Verweis auf die Parusie lediglich ein zusätzlicher Aspekt der Verheißung Mk 16,7b–c. – Ein Appell zur erneuten Lektüre des Markus-Evangeliums (so *Ebner*, Markusevangelium 163) lässt sich V. 7 kaum entnehmen; ein »Sehen« des Auferstandenen vermittelt diese literarische »Grundlage des Evangeliums« jedenfalls nicht.

[199] Vgl. dazu Mk 10,32a–d, wo die Verben προάγω »vorangehen« und ἀκολουθέω »nachfolgen« im Kontext einer Leidensankündigung miteinander verknüpft sind.

[200] Vgl. dazu wiederum Mk 10,32a–d.

Zwischen den beiden Teilen des inneren Rahmens bestehen ebenfalls deutliche Querbezüge. Wertet man sie aus, so lässt sich das aus dem äußeren Rahmen erschlossene Thema bestätigen und präzisieren:

1. Sowohl bei der Taufe als auch beim Tod Jesu zeigt der Erzähler der Leserschaft, wie ein Protagonist das Einwirken himmlischer Wirklichkeit auf das irdische Dasein wahrnimmt: Nach seiner Taufe (Mk 1,9–10$_{init.}$) »sieht« Jesus, wie »der Himmel aufgerissen« wird und »der Geist auf ihn herabkommt« (V. 10); daraufhin identifiziert[201] ihn eine Stimme aus dem Himmel als Gottes »Sohn« (V. 11) und spricht ihm damit die Vollmacht zu, in Gottes Namen zu wirken[202]. Als Jesus aber am Kreuz hängt, »sieht« der Zenturio, wie nach einer dreistündigen Finsternis (15,33) Jesus »den Geist aufgibt« und zugleich »der Vorhang des Tempels aufgerissen« wird (15,37–39a); daraufhin stellt er fest, dieser Mensch sei »wahrhaft Sohn Gottes« gewesen (V. 39a$_{fin.}$–b), und bezeugt damit abschließend die Jesus von Gott verliehene Würde, Menschen die Gegenwart Gottes zu eröffnen.

Auf der Textebene bleibt das Votum des römischen Hauptmanns zwangsläufig vage.[203] Er reagiert ja auf das, was bei der Kreuzigung Jesu zu sehen und zu hören ist: Nachdem die Spötter auf seine angebliche Fähigkeit, den Tempel abzureißen und in drei Tagen wiederaufzubauen (Mk 15,29), auf seine Wunderheilungen (V. 31b) sowie seine Benennung als »Christus« und »König Israels« (V. 32$_{init.}$) verwiesen und Jesus aufgefordert haben, vom Kreuz zu steigen, »damit [sie] sehen und glauben« (V. 32a–b), breitet sich für drei Stunden Finsternis über das Land (V. 33); anschließend fragt Jesus Gott im Gebet nach dem Zweck der ihm auferlegten Gottverlassenheit (V. 34). Wenn daraufhin im Moment seines Todes der Vorhang des Tempels aufgerissen wird und dieser damit seine Funktion als Ort der Gottesverehrung verliert[204], kann der Zenturio daraus nur schließen, dass Gott den Spöttern widersprochen und Jesus in der Tat die göttliche Würde eines Königs zukam[205]. Der Leserschaft jedoch erschließt das Zeugnis V. 39b (das innerhalb der Erzählung keine Hörer hat) das Verständnis des Kreuzestodes Jesu: Hier, am Kreuz, wird er als Gottessohn erkennbar, weil er als Gekreuzigter einen neuen »Ort« anstelle des Tempels eröffnet, an dem Menschen – und zwar aus allen Völkern (vgl. 11,17) – Gott begegnen.[206]

Der Weg, den die Geistbegabung Jesu einleitet, ist demnach der Weg des Gottessohnes und gelangt als solcher erst am Kreuz zu seinem Ziel.

2. Das öffentliche Wirken Jesu, das in Galiläa nach der Verhaftung des Johannes beginnt, steht im Zeichen seiner Verkündigung der erfüllten Zeit und der nahe gekommenen Gottesherrschaft, die zu Umkehr und Glaube ein-

---

[201] Vgl. *Kazmierski*, Jesus 39 (gegen die Wertung des Geschehens als »Adoption« und »Apotheose« durch *Vielhauer*, Erwägungen 206.213).

[202] In Mk 1,11 wird Jesus weder legitimiert (nur er hört ja die Himmelsstimme) noch berufen (es fehlt ein Auftragswort). Innerhalb der Taufszene fungiert das übermittelte Gotteswort vielmehr im Rückbezug auf die Geistbegabung (V. 10) als Zuspruch der Bevollmächtigung.

[203] Ein »vollgültiges Bekenntnis« (*Schweizer*, Markus 195) stellt sein Ausspruch nicht dar: Man beachte das Fehlen bestimmter Artikel (anders Mk 1,11 u. ö.) und den Gebrauch des Impf. ἦν »er war« (wie im sog. Testimomium Flavianum [Josephus, Ant. 18,63 f.]).

[204] Vgl. dazu *Böttger*, König 90 f.

[205] Vgl. die Rede vom »Sohn Gottes« im Kaiserkult und dazu *Kim*, υἱὸς θεοῦ 223.

[206] Zum Ganzen vgl. *Wilk*, Jesus 55–58; ferner s. u. nach Anm. 303.

lädt (Mk 1,14 f.).[207] Dass sie durch Jesus nahe gekommen ist und dabei die Schöpfungsrealität neu zur Geltung bringt, wird zuvor bei seiner Versuchung deutlich: Da er dem Satan widersteht, kehren für und mit Jesus paradiesische Zustände ein (V. 13).[208] Von einem (Tisch-)Dienst für Jesus (V. 13$_{fin.}$) und einer Ausrichtung auf die Gottesherrschaft ist nun auch in Mk 15 die Rede, freilich auf andere Weise: Hier erscheinen die Augenzeuginnen der Kreuzigung als solche, die Jesus, »als er in Galiläa war, folgten und dienten« (V. 41a), und Joseph von Arimathäa als »Ratsherr, der auch selbst die Herrschaft Gottes erwartete« (V. 43a–b). Diese Kombination von Rückblick und Ausblick markiert aber die Gegenwart als Zeit, in der Jesus weder Dienst noch Nachfolge zuteil- und die Gottesherrschaft nicht erfahrbar wird. Das entspricht den Signalen, die der Erzähler zuvor mit Jesu Gebet (V. 34) und dessen Deutung auf einen – unbeantwortet bleibenden – Hilferuf an Elija durch einige Dabeistehende (15,35 f.) gesetzt hat: Jesus ist im Sterben sowohl von seiner Anhängerschar als vor allem auch von Gott verlassen. Sein Werdegang vom »Stärkeren« zum »Gekreuzigten« ist demnach auch durch die Spannung zwischen der Erfahrung und dem Verkündigen eschatologischen Heils am Beginn und der Erfahrung und dem Beklagen totaler Einsamkeit am Ende des Weges Jesu gekennzeichnet.

3.5.2 Methodologische Zwischenüberlegung

Eine Grobgliederung des Markus-Evangeliums im Sinne des Themas hat von den Stellen auszugehen, die wichtige Schritte auf dem Weg von Galiläa nach Jerusalem sowie in Jesu Werdegang vom bevollmächtigten »Stärkeren«, der als Bote der Gottesherrschaft agiert, zum von Gott und Mensch verlassenen Gekreuzigten, der auferweckt wird, markieren. Sodann ist zu prüfen, ob weitere Angaben zum narrativen Inventar die vorgenommene Einteilung stützen.

Stellen, die die Leserschaft unmittelbar in die Erzählung hineinnehmen, wie es Anfang und Ende des Werkes tun, sind bei den Analysen der Kommunikationsebenen (3.5.6) und des Erzählstils (3.5.7) sowie der Wiederaufnahmestruktur (3.5.4) zu berücksichtigen.

Die auf diese Weise abgegrenzten Großabschnitte kann man freilich nur dann mit guten Gründen als Hauptteile der Erzählung auffassen, wenn sich zeigen lässt, dass sie zur Entfaltung des Themas jeweils einen spezifischen Beitrag leisten. Für dessen Beschreibung ist deshalb zu erheben, wie jeder Hauptteil
– den Spannungsbogen zwischen den Rahmenstücken fortführt im Blick auf
  • das Verhältnis von Schrift und Jesuswort,
  • die Beziehung und die Kommunikation zwischen Jesus und Gott sowie
  • die Erkenntnis seiner Gottessohnschaft bzw. überhaupt seiner Würde,

– motivisch Anfang und Ende verknüpft – durch Rekurse auf das »Evangelium«, das Auftreten von Zeugen Jesu, die Wegbereitung für bzw. durch ihn oder die Eröffnung unerwarteter Zukunft in der Begegnung mit ihm –, und

---

[207] Vgl. dazu *Weder*, Gegenwart 45 f.: »Thematisiert wird nicht der Abstand, den das Jetzt zur Gottesherrschaft hat …, thematisiert wird vielmehr die Näherung der Gottesherrschaft, also das Verhältnis, das sie zum Jetzt eingegangen ist.«

[208] Vgl. *Klauck*, Vorspiel 57–60 (der für die Motive des Friedens mit den Tieren und des Tischdienstes der Engel u. a. auf Jes 11,6–8 und TestNaph 8,4 verweist). Zur Wiederherstellung der Schöpfung im Zuge des Wirkens Jesu s. ferner o. Abschnitt 3.2.5 nach Anm. 39.

– bedeutende Aspekte der vorderen *oder* der hinteren Rahmenstücke zur Geltung bringt, sei es durch einen Rückblick auf den Täufer bzw. einen Ausblick auf die Auferweckung oder durch die Rede vom Glauben, den Jesus findet, bzw. vom Unverständnis, auf das er stößt. Solch ein Nachweis setzt jedoch eine Analyse der Wiederaufnahmestruktur der markinischen Jesuserzählung voraus. Er wird deshalb in einem eigenen Arbeitsgang (s. u. 3.5.5) an jene Analyse angeschlossen.

3.5.3 Thema- und inventarorientierte Analyse

Für die Abgrenzung der Hauptteile der Erzählung ist zunächst festzustellen, dass bei der Darstellung des Weges Jesu von Galiläa nach Jerusalem drei Episoden größere Fortschritte markieren: Nach längerem Wirken in Galiläa (Mk 1,14. 28. 39) mit Schwerpunkten in Kafarnaum (1,21; 2,1) und am nordwestlichen Seeufer (1,16; 2,13; 3,7; 4,1) steuert Jesus in 4,35–5,2 erstmals das Umland Galiläas an;[209] in 8,27–33 erreicht er mit den Dörfern von Cäsarea Philippi den nördlichsten Punkt seiner Wanderung, von wo aus er sich auf den Weg zum Hohen Rat, nach Jerusalem, macht[210]; mit dem Einzug in die Stadt (11,1–11$_{init.}$) gelangt dieser Weg lokal gesehen an sein Ziel. Ein vierter topographischer Fortschritt ist mit 14,1–9 gegeben: Nach den Beratungen der Hohepriester und der Schriftgelehrten, »wie sie ihn mit List ergreifen und töten könnten«, hält Jesus sich (nach 11,1.11 f.) zum letzten Mal in Bethanien auf, um von dort aus seinen letzten Gang in die Stadt zu unternehmen (vgl. 14,17).

Alle vier Episoden enthalten nun für den Fortgang der Erzählung wichtige Aussagen über die Identität Jesu, und zwar jeweils in einem Dialog mit seinen Jüngern, der ihr mangelndes Verständnis dieser Identität erkennen lässt:[211]

– Angesichts seiner Befehlsgewalt über Wind und Meer fragen sich die Jünger erstmals: »Wer ist dieser …?« (Mk 4,41); doch zuvor hält er ihnen ihre Verzagtheit vor und fragt: »Habt ihr noch keinen Glauben?« (V. 40).[212]
– Bei Cäsarea Philippi stellt Petrus auf Nachfrage den positiven, aber unzureichenden Einschätzungen Jesu, die im Volk kursieren, das Bekenntnis zum »Christus« gegenüber (Mk 8,27–29); doch als Jesus die Jünger daraufhin über

---

[209] Gegen *Taylor*, Gospel 108.307: Mk 6,14–8,26 behandele Jesu »ministry beyond Galilee« – und gegen *van Iersel*, Markus 68.70, der 1,16–8,21 insgesamt »in Galiläa« situiert.

[210] Zur Ausrichtung auf die Konfrontation mit dem Hohen Rat vgl. Mk 8,31; 10,32 f.

[211] Ein Erkenntnisprozess der Jünger kommt dabei nicht zur Darstellung – gegen *Peace*, Conversion 123 f.149 f. Peace sieht diesen Prozess sogar als Thema des Markus-Evangeliums an und definiert sechs Abschnitte, in denen Jesus sukzessive als Lehrer (Mk 1,16–4,34), Prophet (4,35–6,30), Messias (6,31–8,30), Menschensohn (8,31–10,45), Davidssohn (10,46–13,37) und Gottessohn (14,1–15,39) erkennbar werde; doch solch eine durchgehende Orientierung an Hoheitstiteln und mit ihnen verbundenen Aspekten der Identität Jesu hat an der faktischen Darstellung des Auftretens Jesu durch Markus (s. u. 3.5.4 und 3.5.5) wenig Anhalt.

[212] In Mk 4,41 greifen die Jünger die Frage auf, mit der die Augenzeugen der ersten Dämonenaustreibung Jesu in Kafarnaum ihr Erstaunen über seine Vollmacht in Worte fassten (Mk 1,27). Dass sie »noch keinen Glauben« haben, bringt sie aber in Gegensatz zu den Leuten, die in Kafarnaum trotz aller Hindernisse einen Gelähmten zu Jesus brachten (vgl. 2,3–5).

das ihm als »Menschensohn« auferlegte Geschick belehrt, tritt im Widerspruch des Petrus sein widergöttliches Denken zutage (8,31–33).[213]

– Vorbereitung und Durchführung des Einzugs Jesu nach Jerusalem veranlassen die Jünger mit allen Vorangehenden und Nachfolgenden, ihn als den zu besingen, »der im Namen des Herrn kommt« (Mk 11,9, vgl. V. 3d); doch ihr Reden von der »kommenden Königsherrschaft unseres Vaters David« (V. 10a) zeigt, dass sie ihn immer noch missverstehen.[214]

– In Bethanien sieht Jesus sich mit der Salbung durch eine Frau vorab zum Begräbnis zugerüstet, sodass er ihrer Tat ein andauerndes Gedenken im Zuge der weltweiten Evangeliumspredigt zuspricht (Mk 14,8 f.); doch seine Jünger haben die Salbung als Akt der Verschwendung getadelt (14,4 f.).

Es liegt deshalb nahe, die Verse Mk 4,35; 8,27; 11,1; 14,1 jeweils als Beginn eines neuen Hauptteils der markinischen Jesus-Erzählung anzusehen.[215]

Viele Angaben zum narrativen Inventar stützen diese Einteilung. So fällt in lokaler Hinsicht auf: Nur zwischen Mk 4,35 und 8,22 wird erzählt, wie Jesus und seine Jünger per Boot[216] das Galiläische Meer befahren[217]; nur zwischen 8,27 und 10,52 sind sie wiederholt gemeinsam »auf dem Weg«;[218] und nur zwischen 11,(1.)11 und 13,3(–37) halten sie sich im bzw. am Jerusalemer Tempel auf[219]. Bei den Zeitangaben sticht die erstmalige Erwähnung des bevorstehenden Passafestes (14,1) hervor, während mit 11,1 der durch genaue Tageszählung geprägte Teil der Erzählung beginnt[220]. Zudem ist 4,35–8,26 durch die gegenwartsbezogenen Angaben »an jenem Tag« zu Beginn und »in jenen Tagen« gegen Ende ausgezeichnet;[221] in 8,27–10,52 wiederum findet sich – abgesehen von der isolierten und

---

[213] Wie das Christus-Bekenntnis in Mk 8,29 an die Überschrift 1,1 erinnert, so weist die Bezeichnung des Petrus als »Satan« auf die Versuchungsgeschichte 1,12 f. zurück.

[214] Während Jesus seinen Jüngern gegenüber – wie schon im Gespräch mit dem geheilten Gerasener (Mk 5,19) – doppeldeutig, im Bezug auf sich selbst und auf Gott, von »dem Herrn« spricht (11,3d), wird sein Einzug von seinen Begleitern zu Unrecht mit der erhofften Wiederaufrichtung der davidischen Herrschaft verknüpft. Auf ähnliche Weise wird Jesus im Kontext seiner Hinrichtung fälschlicherweise »König der Juden« bzw. »… Israels« genannt (vgl. 15,2–5.9–14.26.31 f. und s. dazu u. Anm. 297). »Davids Sohn« ist er nicht wegen seiner königlichen Machtfülle, sondern als barmherziger Heiler (vgl. 10,47 f.) und als der, der künftig, seiner Stellung als »Herr« gemäß, zur Rechten Gottes sitzen wird (vgl. 12,35–37 und dazu *Lohse*, υἱὸς Δαυίδ 488 f.). Demgemäß lässt die beim Einzug »aufbrechende Begeisterung« durch sein Verhalten im Jerusalemer Tempel (11,11) ins Leere laufen (vgl. *Schweizer*, Markus 124).

[215] Vgl. *Lührmann*, Markusevangelium 23, der aber auch Mk 13,1 als Neueinsatz wertet.

[216] Dieses »Boot« hat ihm zuvor – nach der Bereitstellung durch die Jünger (Mk 3,9) – am Seeufer als Rednerbühne gedient (4,1). Man kann dessen erste Erwähnung daher kaum als Indiz für den Beginn des zweiten Hauptteils in 3,7 werten; gegen *Lang*, Kompositionsanalyse 7.

[217] Vgl. Mk 4,35–5,2 (Fahrt zum Ostufer); 5,18$_{init.}$21$_{init.}$ (Fahrt zurück ans Westufer); 6,32–34$_{init.}$ (Fahrt am Westufer entlang); 6,45–52.53–54$_{init.}$ (Fahrt Richtung Ostufer, das nicht erreicht wird, und zurück ans Westufer); 8,10 (Fahrt ans Westufer [vom Ostufer, das Jesus zu Fuß erreicht hat, vgl. 7,31]); 8,13–22a (Fahrt ans Ostufer). – Anschließend wird das »Meer« nur noch ohne konkreten geographischen Bezug in zwei Jesusworten erwähnt (9,42; 11,23).

[218] Vgl. Mk 8,27; 9,33 f.; 10,32.52 (sowie mit anderen Präpositionen 10,17.46; 11,8) und dazu *Kelber*, Kingdom 67.69. In 2,23; 6,8; 8,3 ist nur vom »Weg« der Anhänger die Rede.

[219] In Mk 14,49 blickt Jesus dann auf sein »tägliches Lehren im Tempel« zurück.

[220] Siehe o. S. 104.

[221] Vgl. Mk 4,35 sowie 8,1 (und dazu 1,9). In 2,20; 13,17.24 (vgl. 13,19.32; 14,25) weisen Angaben jeweils (innerhalb direkter Rede) in die Zukunft.

daher wohl traditionsgeschichtlich begründeten Datierung »nach sechs Tagen« in 9,2[222] – gar keine Zeitangabe.

Hinsichtlich der Personenkonstellation wiederum ist zu beobachten: a) Der Passus Mk 4,35–8,26 wird durch ähnliche Sequenzen gerahmt: In 4,35–5,1.2–20 wie in 8,13–22a.b–26 folgt jeweils auf eine Bootsfahrt mit den Jüngern ans Ostufer eine dort vollzogene Heilung bzw. Dämonenaustreibung[223]. b) 4,35–8,26 endet ebenso mit einer Blindenheilung (8,22–26) wie 8,27–10,52 (10,46–52); dabei erinnert die zweite zugleich an 8,27–30, da hier wie dort bestimmte Nachfolger (Petrus und Bartimäus) Jesus als »Christus« bzw. »Sohn Davids« titulieren. c) Zwischen 8,27–30 und 10,46–52 bilden 8,31–32a.b–33.34–9,1 und 10,32–34.35–40.41–45 einen inneren Rahmen um den Rest des Abschnitts: In beiden Fällen folgen auf eine Belehrung der Jünger (bzw. der Zwölf) über Leiden, Tod und Auferstehung des Menschensohns ein Disput mit einem (Petrus) bzw. zweien (den Zebedaiden) seiner engsten Jünger sowie eine Unterweisung der daraufhin »hinzugerufenen« (Volksschar und) Jünger[224]. Zudem weist das Nebeneinander von Jüngerschar und Volksmenge in 10,46(–52) auf 8,34(–9,1) zurück. d) Ab Kapitel 11 wird, den Ansagen in 8,31 und 10,33 gemäß, der Hohe Rat gegen Jesus aktiv (11,18.27 u. ö.), mit Kapitel 14 dann auch, wie in 3,19 angedeutet, Judas Iskariot (14,10.43). e) Mit 14,3–9 und 15,42–46 umrahmen zwei Passagen den Schlussteil, die schildern, wie einzelne Sympathisanten Jesu (eine anonyme Frau und Josef von Arimathäa) sich im Horizont bzw. Kontext seines Begräbnisses um seinen »Leib« kümmern.

Der geographisch-thematische Aufriss und die Anlage des narrativen Inventars sprechen also dafür, Mk 1,(14)16–4,34; 4,35–8,26; 8,27–10,52 (mit 8,27–30 als Überleitung); 11–13 sowie die Passionsgeschichte in 14–15[225] als Hauptteile des Markus-Evangeliums anzusehen.

3.5.4   Einbeziehung der Wiederaufnahmestruktur

Achtet man zunächst darauf, wo und wie die in den Rahmenstücken benannten *Personen* bzw. Erzählfiguren – abgesehen von Jesus und seinen Jüngern – sonst im Markus-Evangelium auftauchen, so ergibt sich folgendes Bild:[226]

---

[222] Sie dürfte auf Ex 24,16 anspielen und so die Verklärung Jesu »auf einem hohen Berg« (Mk 9,2) mit der Erscheinung der »Herrlichkeit des Herrn« vor Mose und Josua auf dem Sinai-Berg (Ex 24,15–17) verknüpfen; vgl. dazu *Eckey*, Markusevangelium 235 f.

[223] In beiden Fällen wird der Befreite bzw. Geheilte abschließend in sein Haus geschickt (Mk 5,19; 8,26 – in 2,11 erfolgt die entsprechende Weisung bereits mit dem heilenden Wort).

[224] Ähnlich *Tannehill*, Jünger 59 f., der solch ein Muster aber auch für 9,31–37 behauptet.

[225] Die Abgrenzung am Ende bleibt etwas unklar. Zur Charakterisierung von Mk 15,33–47 s. jedoch o. S. 102–104.

[226] Stellen, an denen die Figuren in direkter Rede erwähnt werden, sind *kursiv* gesetzt; Verse, in denen ein Bezug wahrscheinlich, aber nicht eindeutig ist, stehen in Klammern ().

Wiederaufnahme von Erzählfiguren in Mk 1,1–16,8d

	Mk 1	2	3	4	5	6	7	8	9	10	11	12	13	14	15	16
himmlische Stimme	*(3.)*11								7							
Johannes der Täufer	*(2f.)* 4–9.14	18				*14– 29*		28	*(11– 13)*		*30– 32*					
Elija	*(2.6)*					*15*		28	4.5 *11–13*						*35f.*	
[einige] Jerusalemer	5		8. *[22]*				*[1]*				18 32	12 37		2	8–15	
Geist	8.10.12		29										36	*11*	*(37)*	
Satan	13		*22–27*	15				*33*								
Engel	13							*38*				25	27 *32*			*(5– 7)*
Pilatus									*(33)*						1–15 43–45	
Simon Petrus	16 f. 29–31 36–38		16		37 f.			29 32 f.	2–14	28	21		3 f.	*29–31 33–42 54–72*		7

Strukturierend wirken die durch graue Schattierungen markierten Phänomene:
– Wie in Mk 1,2–11, so ist auch in 9,2–13 ein Reden der himmlischen Stimme zu bzw. über Jesus als den »Sohn Gottes« mit Aussagen über den ihm vorangehenden Täufer und Elija verknüpft.[227]
– Die Verweise auf den Zulauf, den erst der Täufer und dann Jesus aus (Judäa und) Jerusalem erhalten (Mk 1,5; 3,[7c-]8$_{init.}$), haben ihr Pendant in den wiederholten Notizen über die Wertschätzung beider Personen seitens der zu Jerusalem versammelten Volksmenge in 11,15–12,37.
– Sowohl in Mk 1,12 f. als auch in 8,31–38 wird eine Begegnung Jesu mit dem Satan ergänzt durch eine Assoziation Jesu mit den Engeln.
– Die in Mk 15 geschilderte Begegnung zwischen Jesus und Pilatus (sowie dessen Soldaten) wird in der letzten Leidens-, Todes- und Auferstehungsansage Jesu (10,32–34) bereits in den Blick genommen.
– Mk 1,16 f.; 8,27–33; 14,29–31 und 16,5–7 bieten mit der Berufung des Simon (Petrus) durch Jesus, ihrem Dialog über dessen Christuswürde und Menschensohn-Geschick, der Ansage der Verleugnung des Petrus sowie der Vorhersage seiner Begegnung mit dem Auferstandenen die entscheidenden Etappen der Beziehung zwischen Jesus und seinem ersten Jünger.

Dabei fällt überdies auf, dass der in Mk 14 zu beobachtende »Umschlag« ihrer Beziehung sein Gegenstück in der nach 11,15–12,37 überraschenden Ablehnung Jesu durch die Volksmenge vor Pilatus (15,8–15) hat.

Auf diese Weise wird vor allem die Wertung von Mk 8,27–10,52 als Mittelteil und 14,1–15,39(16,8d) als Schlussteil des Markus-Evangeliums bestätigt.

---

[227] *Myers*, Binding 390 f., sieht Mk 9,2–9 so auch mit 15,33–39 (s. o. S. 108) verknüpft.

Hinsichtlich der Wiederaufnahme *wesentlicher Gegenstände und Sachverhalte*, die in den Rahmenstücken Erwähnung finden, ist der Befund in der nebenstehenden Tabelle dargestellt.[228]

Zu einzelnen Stellen seien folgende exegetische Entscheidungen vermerkt: a) In Mk 1,1 gehört υἱοῦ θεοῦ »des Sohnes Gottes« aus textkritischer Sicht nicht zum ältesten Textbestand.[229] b) In 3,7 sprechen die besten Handschriften für die Lesart mit ἠκολούθησεν »folgte nach« am Ende von V. 7b; der Erzähler unterscheidet die Nachfolgenden aus Galiläa von den Bewohnern der übrigen Gebiete, die aufgrund der Kunde von Jesus (1,28) zu ihm kommen.[230] c) In 8,38–9,1 wird die sichtbare Vollendung der Gottesherrschaft mit der Parusie des Menschensohns verknüpft; dabei entspricht die Angabe eines Zeitpunktes, an dem einige Augenzeugen Jesu noch leben werden, der Ankündigung 13,30. d) In 12,10f. verweist das Motiv des seitens der *Haus*bauer verworfenen, vom Herrn aber zum Eckstein gemachten *Steins* auf die Erwartung eines neuen, »nicht mit Händen gemachten« (14,58) Tempels.[231] e) In 13,14 deutet ἀναγινώσκω »lesen« wie in 2,25; 12,10.26 auf eine Stelle in der Schrift (hier: Dan 12,11 u. ö.).

Der Befund gibt zu erkennen, dass etliche Motive (fast) das gesamte Markus-Evangelium durchziehen,[232] während andere nur sporadisch oder unregelmäßig aufgenommen werden. Gleichwohl lässt sich die vorgeschlagene Gliederung durch eine Reihe von Beobachtungen untermauern:[233]

- Mk 8,27 bildet insofern den zentralen Neueinsatz[234], als 8,27–9,1 einerseits wesentliche Motive vom Beginn der Erzählung wieder aufnimmt (Evangelium 8,35, Christus V. 29) oder neu wendet (Jesus und die Jünger »auf dem Weg« V. 27, sündiges Geschlecht V. 38, Blick auf die vollendete Gottesherrschaft 9,1), andererseits einige der das Ende prägenden Motive einführt (Kreuz 8,34, Jesu Auferstehung V. 31, künftiges Sehen Jesu 9,1, Schweigen der Jünger 8,30) oder gegenüber dem Voranstehenden mit einer charakteristischen Note versieht (Nachfolge ins Leid V. 34, Verweis auf »meine Worte« V. 38 im Konnex mit der Verheißung an die Jünger 9,1).

Zudem finden sich nur in Mk 8,27–10,52 Hinweise auf das wechselseitige Dienen der Jünger (9,35; 10,43–45) und das Eingehen in die Gottesherrschaft (9,47; 10,15.23.25) sowie kombinierte Ansagen der Tötung und der Auferstehung Jesu (8,31; 9,31; 10,32–34).

---

[228] Verse, die einen Sachverhalt nur bedingt thematisieren, stehen in Klammern ( ); *Kursivierungen* verweisen auf direkte Rede; etwaige Spezifikationen sind <u>unterstrichen</u>.
[229] Vgl. *Greeven/Güting*, Textkritik 41–46.
[230] Vgl. *Keck*, Mark 345; zum Konnex mit Mk 1,28 s. o. Anm. 178.
[231] Vgl. die Stichwortbezüge auf Mk 11,17; 13,1f.; ferner s. u. nach Anm. 280.
[232] Nach *Hooker*, Gospel 16f., ist das charakteristisch für den Stil dieser Jesuserzählung.
[233] In der Tabelle sind die nachfolgend erläuterten Belegstellen grau markiert.
[234] Vgl. dazu *Larson*, Structure 142f. (mit Verweis auf viele andere Exegeten).

Wiederaufnahme von Gegenständen und Sachverhalten in Mk 1,1–16,8d

	Mk 1	2	3	4	5	6	7	8	9	10	11	12	13	14	15	16
Evangelium	1.14f.							35		29		10		9		
Christus	1							29	41			35	21	61	32	
Gottessohn	[1].11		11	7				7				(6)	32	61	39	
explizite Schriftbezüge	2f. 44	25f.				18	6f. 10	12f.	4f. 19		17	10.19 24.26 29–31.36	14	21 27 49		
„Weg"	2f.	23		4 15		8		3| 27	33f.	17.32 46.52	8	(14)				
Herr (eindeutig Gott)	3	28			19		28				3.9	9.11 29f. 36f.	20 35			
Umkehr	4.15					12										
Sünde[r] / Vergebung	4f.	5–10 15–17	28f.	12				38		(45) (30)	25			(24) 41		
Dienen	13.31								35	43–45					41	
Gottesherrschaft	15			11 26 30					1 47 19	14f. 23–25		34		25	43	
(fehlender) Glaube	15	5		40	34.36	6			23f. 42	52	22–24 (31)		21		32	
Gebet Jesu / Gebet	35					46					24f.	40	18	32 –39	34	
Tempel / Heiligtum / Gotteshaus		26									11 15f. 17.27	35	1 2 3	49 58	29 38	
Jesu Tod / Tötung		20	6					31	12 31	33f. 45	18	7f.		1.21 –64	39 44	
nachfolgen / folgen	18.20	14f.	7		24	1		34	38	21.28 32.52	9			(13) 54	41	
Jesu Leib														8.22	43	
Sabbat	21	23–28	2.4			2									42	1
Staunen / Entsetzen / Furcht	22.27	12	(21)	41	15.20 33.36 42	2(.6) 20 50f.	37		6 15 32	24.26 32c.d	18b.c 32	12.17		(33)	5 44	5f. 8b 8d
Kreuz								34						13–32		6
auferweckt /-erstehen					14 16			31	9f. 31	34		23 25f.		28		6
vorangehen										32				28		7
Jesus sehen						49f.			(1) 4.8				26	62	32 39	7
Zusagen an die Jünger	17			14 20				38	1 41	29f. 39f.	23f.		2 31	22 28		7
Flucht					14								14	50 52		8a
nicht reden	44				43		36	30	9							8c

- Jesu Lehre in Gleichnissen (Mk 4,1–34) rundet den ersten Hauptteil ab, indem sie sowohl (in 4,11.26–32) die Predigt der Gottesherrschaft aus 1,15 als auch (in 4,14–20) die Ankündigung des künftigen Wirkens Jesu durch die Jünger an den Menschen[235] aus 1,17 aufgreift. Zudem ist bis auf weiteres (vgl. 10,45 etc.) nur in Mk 1–4 von Sünde und Vergebung die Rede.[236]
- Umgekehrt sind in Mk 4,35–41 erstmals, und zwar bei den Jüngern, die für das Folgende bedeutsamen Motive des Unglaubens und der Furcht belegt.
- Mk 11–13 ist durch die gehäufte Rede von Gott als κύριος »Herr« (11,9; 12,9.11.29f.36b$_{init.}$; 13,20) ausgezeichnet; zudem finden sich nur in diesen Kapiteln Aussagen Jesu über sich selbst als »Sohn« (12,6; 13,32) und über die Zukunft des Gotteshauses (11,17; 12,10f.; 13,2).
- Die relative Selbständigkeit der Passions(- und Oster)geschichte machen mehrere innere Klammern (vgl. Mk 14,32–39 / 15,34: Gebete Jesu, 14,1 / 15,44: Tod Jesu, 14,8 / 15,43 u. ö.: Salbung/Bestattung des Leibes Jesu, 14,28 / 16,7: Vorangehen des Auferweckten nach Galiläa) deutlich.

So bestätigt die Aufnahme von Elementen aus dem Rahmen des Markus-Evangeliums dessen Gliederung in die genannten fünf Hauptteile.

3.5.5 Thematische Beschreibung der postulierten Hauptteile

Im Folgenden ist wie angekündigt (s. o. 3.5.2) darzulegen, auf welche Weise das Thema des Markus-Evangeliums in den Hauptteilen jeweils entfaltet wird.

Nach Mk 1,14–4,34 erweist Jesus sich in Galiläa als *der vollmächtige Bote der Gottesherrschaft,*[237] der aber *aufgrund seiner Vollmacht angefeindet* wird. Sein öffentliches Wirken beginnt ja damit, dass seine »Vollmacht« als Lehrer die Hörerschaft in der Synagoge zu Kafarnaum überwältigt (1,21f.). Diese Vollmacht äußert sich sofort in der Befehlsgewalt über »die unreinen Geister« (V. 27); denn solche Gewalt erwächst aus der Überwindung des Herrschers der Dämonen durch den Träger des Geistes (vgl. 3,22–30)[238]. Später weist Jesus zudem nach, dass er als Menschensohn »die Vollmacht hat, Sünden auf Erden zu vergeben« (2,10) und »Herr … auch über den Sabbat« (2,28) ist.[239] Sein »Lehren in Gleichnissen« am Seeufer (4,1f.) zeigt dann, dass es bei allem um eine Vollmacht seines

---

[235] Die Rede von Bedrängnis und Verfolgung in Mk 4,17 weist eindeutig in die nachösterliche Zeit; vgl. dazu 13,19.24 sowie 10,30 (samt 13,9–13.14–16).

[236] Die Abgrenzung von Mk 1,14–3,6 als erstem Hauptteil, dem dann 3,7–6,6a und 6,6b–8,26[21] entsprechen sollen (so etwa *Koch*, Gliederung 154–157 und 146 mit der Nennung von Vorgängern), hat hingegen an der vom Rahmen her erfassten Wiederaufnahmestruktur des Markus-Evangeliums kaum einen Anhalt. Das Verfahren, es anhand von Summarien zu gliedern, hat zudem *Hedrick*, Role 303f., überzeugend kritisiert. Ferner s. u. 3.5.5.

[237] Man beachte die Rahmung durch Mk 1,14f. und 4,26–32.

[238] Siehe o. Anm. 182 – gegen *Stewart*, Gathered 207: Der ständige Kampf mit den Dämonen belege, dass Jesus den Satan nicht besiegt habe.

[239] Eben deshalb ruft Jesus die »Sünder« zu sich (vgl. Mk 2,17b) und nutzt den Sabbat seiner schöpfungsgemäßen Bedeutung gemäß (vgl. 2,27 und dazu *Doering*, Much 238–240) dazu, Gutes zu tun (3,4b) – Menschen aus Not (vgl. 2,25) und Beeinträchtigung (3,1) zu »retten« (V. 4c) –, um ihn so als Lebensordnung neu zu konstituieren (vgl. *Böttger*, König 64).

»Wortes« geht (4,14, vgl. 2,2), mit dem die »Gottesherrschaft« auf Erden gleichsam ausgesät wird (4,26.30 f.).[240]

Ihre fragmentarische, auf endzeitliche Vollendung angelegte Präsenz im Wirken Jesu ist
gemeint, wenn Jesus vom »Geheimnis der Gottesherrschaft« redet (Mk 4,11b).[241] Die
Gleichnisse, nach denen die Anhänger Jesu fragen (V. 10), stellen ja klar, dass ihnen durch
sein Wort die Gottesherrschaft auf verborgene Weise schon »gegeben worden ist«.[242]

So predigt Jesus den Menschen »das Wort« generell »nicht ohne Gleichnis«
(Mk 4,33–34a), auf dass jeder, »der Ohren … hat, höre« (V. 9b.23). Dass sein
Tun die Schrift zur Geltung bringt,[243] verleiht diesem Ruf großen Nachdruck.

Es klingt freilich öfters an, dass Jesu Identität allein mit dem Staunen über seine
Vollmacht (Mk 1,22.27; 2,12b) nicht zureichend erfasst ist: Die Dämonen, die
ihn kennen (1,34b) und als »den Heiligen …« bzw. »den Sohn Gottes« anreden
(1,24e–f; 3,11), belegt er mit Schweigegeboten (1,25b.34a$_{fin}$; 3,12); den vom Aus-
satz Geheilten fordert er (allerdings vergeblich) auf, seine wunderbare Heilung
nicht publik zu machen (1,44b). Auf diese Weise deutet sich an, dass von Jesus
künftig noch ganz anderes zu berichten sein wird.

Einen ähnlichen Effekt haben die Hinweise auf den Protest, den Jesu voll-
mächtiges Auftreten auslöst: Einige Schriftgelehrte denken, dass er Gott lästert
(Mk 2,6 f.); die pharisäischen Schriftgelehrten empören sich, er hebe die Grenze
zwischen Gerechten und Sündern auf (V. 16); die Pharisäer werfen ihm vor, den
Bruch des Sabbatgebotes zu dulden (V. 24); seine Familie meint, er sei von Sinnen,
und versucht, seiner habhaft zu werden (3,21.31). Die Konflikte spitzen sich so
zu, dass bereits die spätere Tötung Jesu in den Blick kommt: durch ein auf Gegen-
sätze in der Fasten-Praxis bezogenes Bildwort Jesu über die aktuelle Präsenz und
künftige Beseitigung des »Bräutigams« (2,19f.); durch Notizen, dass die Pharisäer
einen Anlass suchen, ihn »anzuklagen« (3,2), und nach seinem Heilen am Sabbat
»mit den Herodianern den Beschluss fassen«, ihn zu »vernichten« (V. 6); sowie
durch das Auftreten von »aus Jerusalem gekommenen« Schriftgelehrten, die Jesus
beschuldigen, mit »Beelzebul« im Bunde zu sein (V. 22, vgl. V. 30). Gerade seine
Vollmacht führt also dazu, dass jüdische Autoritäten ihn anfeinden. Dabei reicht
die Feindschaft, wie die Identifizierung des Judas Iskarioth als dessen, »der ihn
dann auslieferte« (V. 19), anzeigt, bis in die Jüngerschar hinein.[244]

Von den Anhängern entwirft der Erzähler im Übrigen ein differenziertes Bild:
Jesus beruft zur Nachfolge (Mk 1,16–20; 2,14) und erhält darüber hinaus – infolge

---

[240] Den Vorrang des Wortes deutet auch Mk 1,38 f. an: Als ihn infolge seiner Wunder »alle
suchen« (V. 37), zieht Jesus in andere Dörfer, um, wie er sagt, auch dort zu predigen; faktisch
verbindet sich seine Verkündigung dann aber mit Dämonenaustreibungen.

[241] Vgl. *Gnilka*, Evangelium I 165.

[242] In der Wendung τὸ μυστήριον … τῆς βασιλείας τοῦ θεοῦ liegt also – wie in Eph 6,19 (τὸ
μυστήριον τοῦ εὐαγγελίου »das Geheimnis des Evangeliums«) – ein *genitivus appositivus* vor.
Um die Befähigung, »die Geheimnisse der Gottesherrschaft zu verstehen« (Lk 8,10, vgl. Mt
13,11), geht es in Mk 4,11b nicht; Jesus benennt, was er den Menschen »um ihn herum« (V. 10,
vgl. 3,32a.34a) faktisch zueignet (zu ὑμῖν δέδοται vgl. 10,37b: δὸς ἡμῖν »gib uns« …).

[243] Vgl. die expliziten Schriftbezüge Mk 1,44; 2,25 f. und die klaren Anspielungen in 3,27
(Jes 49,24f.); 4,12 (Jes 6,10); 4,32 (Ez 17,23). Zu ihrer Einbindung in »Jesus' announcement,
demonstration and establishment of the kingdom of God« vgl. *Hatina*, Search 376.

[244] Zur Rollenzuweisung, die der Erzähler hier vorab vornimmt, vgl. *Vorster*, Markus 33.

der sich ausbreitenden »Kunde von ihm« (1,28, vgl. V. 45a) – großen Zulauf[245].
Da er dabei immer wieder lehrt, Kranke auf das in ihn gesetzte Vertrauen hin
heilt und Dämonen austreibt,[246] entsteht um den Jüngerkreis[247] und die aus seiner
Mitte erwählten »Zwölf« (3,13–19) herum eine größere Schar von Menschen, die
ihrerseits Jesus nachfolgen (2,15c; 3,7b), »um ihn« sind (3,32a.34a, vgl. 4,10b), sich
in das Tun des Willens Gottes einweisen lassen und für ihn deshalb »Bruder und
Schwester und Mutter« sind (3,35).

Allerdings bleibt dieses Bild in doppelter Hinsicht unabgeschlossen: Zum
einen kündigt Jesus seinen ersten Nachfolgern, Simon und Andreas, an, er werde
sie zu »Menschenfischern« machen (Mk 1,16 f.), und setzt die Zwölf – unter Aus-
zeichnung von Simon, Jakobus und Johannes durch Beinamen (3,16 f.) – dazu ein,
ihn stets zu begleiten sowie als seine Gesandten zu predigen und die Dämonen
auszutreiben (3,14 f.); tatsächlich ausgesendet werden sie indes noch nicht. Zum
andern sind all seine Anhänger inklusive der Zwölf nicht im Stande, die Gleichnisse zu verstehen (4,10.13), sondern darauf angewiesen, dass er ihnen, wenn sie
für sich sind, »alles erklärt« (V. 34b).[248]

Auf *diese* Problematik bezieht sich Jesu Kommentar Mk 4,11 f. Er dient der Warnung der
Jünger, indem er aufzeigt: Es sind jene, die sich dem Wirken Jesu entziehen und »draußen«
bleiben,[249] die sich der Möglichkeit begeben, Jesu Lehre, die den tieferen Sinn seines Wirkens erschließt, zu verstehen. Solchen Leuten ist dann auch der Weg zu Umkehr und Vergebung verschlossen; denn indem ihnen »in Gleichnissen das Ganze zukommt« (V. 11c),
wird ihnen von Jesus nichts anderes zuteil als die für sich genommen unverständlichen
Gleichnisse.[250]

Was es mit diesem Mangel an Verständnis auf sich hat, bleibt vorerst unklar. Im
Übrigen steht zu erwarten, dass Jesus nach seinem Zug durch Galiläa (Mk 1,39)
und seiner Konzentration auf das Westufer des Sees auch die übrigen Gebiete an
diesem »Meer« und das weitere Umland Galiläas aufsuchen wird – umso mehr,
als bereits ein Boot für ihn bereitliegt (3,9) und er mit seinem Tun schon viele

---

[245] Vgl. Mk 1,32 f.45b–d; 2,2a.13b; 3,7c–8.20b–c; 4,1b–d.

[246] Vgl. zur Lehre Mk 1,21b–22; 2,13c; 4,1a.2 (sowie die Verweise auf »das Wort« in 2,2b;
4,33), zu Heilungen und Exorzismen 1,34; 3,10 f. (samt den exemplarischen Einzelfällen
1,23–26.30 f.40–42; 2,3–12). In 3,1–5 liegt insofern ein Sonderfall vor, als Jesus hier ausnahmsweise von sich aus handelt, um den Sabbat zur Geltung zu bringen (s. o. Anm. 239).

[247] Vgl. dazu Mk 2,15b*fin.*16a*fin.*18d.23b; 3,7a.9; 4,34b.

[248] Anders *Tannehill*, Jünger 55–57, der ein zunächst günstiges Jüngerbild durch Mk 4 relati-
viert sieht, es aber bis 6,30 als »insgesamt positiv« wertet (dagegen s. u. zu Mk 4,35–8,26).

[249] Der Ausdruck ἐκείνοις … τοῖς ἔξω »jenen, die draußen sind« (Mk 4,11c) weist ebenso auf
3,31 f. zurück wie der Begriff οἱ περὶ αὐτόν »die um ihn sind« (4,10b) auf 3,32a.34a.

[250] Die Deutung des Logions Mk 4,11b–12 ist sehr umstritten (vgl. zur Diskussion *Lehnert*,
Provokation 21–32). Generell entnimmt man aber V. 11c, dass Jesus zu »jenen, die draußen
sind« *ausnahmslos* in Gleichnissen *spreche*. Doch dieser Auffassung stehen Wortstellung und
-gebrauch in V. 11c entgegen; es heißt eben nicht: »jenen … draußen wird alles in Gleichnissen gesagt«. Sie verträgt sich zudem nicht mit dem Befund, dass in V. 12 auch, ja, zuerst vom
Schauen und (Ein-)Sehen die Rede ist. τὰ πάντα γίνεται verweist auf den *Gesamtzusammenhang*
eines *Geschehens* (vgl. Lk 9,7; 21,36), wobei im Anschluss an Mk 4,11b im Blick ist, was Gott
durch Jesus Christus für die Menschen tut (vgl. Röm 8,32; 1Kor 12,6; 2Kor 4,15; 5,18). Dieser
Zusammenhang reduziert sich für »jene … draußen« auf die Gleichnisse, sodass sie weder die
Taten noch die Lehre Jesu in ihrer Bedeutung erfassen können.

Menschen aus dem Umland angelockt (3,7c–8), Nachfolger aber bisher nur unter Galiläern gefunden hat (V. 7b)[251].

In Mk 4,35–8,26 werden die drei genannten Gesichtspunkte aufgenommen. Dieser zweite Hauptteil des Markus-Evangeliums stellt nicht nur dar, wie Jesus sein Wirkungsgebiet durch mehrere Bootsfahrten[252] und zwei längere Wanderungen (6,1–6; 7,24–31) – die ihn jeweils zurück an den See führen[253] – nach Norden, Osten und Süden erweitert. In diesem Zusammenhang treten auch seine Jünger als Mitarbeiter (6,37–41; 8,5–7), die Zwölf als Apostel (6,7–13.30) und (Simon) Petrus, Jakobus und Johannes als seine engsten Begleiter (5,37) in Erscheinung. Zugleich aber verweist der Erzähler mehrfach darauf, dass die Jünger ihren »Lehrer« (4,38) nicht verstehen.

Besonders deutlich markiert er diesen Mangel bei den drei Bootsfahrten Richtung Ostufer: Hier wird den Jüngern fehlender »Glaube« (Mk 4,40c) und »ein verhärtetes Herz« (6,52b; 8,17d) attestiert – was sie mit den Menschen verbindet, die Jesus abweisen oder gar anfeinden[254]. Das »Unverständnis« (6,52a; 8,17c.21b, vgl. 7,18b–c) der Jünger tritt aber auch bei anderen Gelegenheiten darin zutage, dass sie Äußerungen und Weisungen Jesu mit verwunderten Rückfragen beantworten (vgl. 5,30 f.; 6,37; 7,14–17; 8,2–4).

Im Kern geht es dabei, wie Mk 4,41 zeigt, um Jesu Identität: Trotz aller positiver Erfahrungen, die sie mit Jesus machen, wissen sie nicht, was sie von ihm halten sollen. Sie hätten dies aber, wie in 6,52a; 8,18b–21 betont wird, aus den Speisungswundern (6,32–44; 8,1–9) erschließen sollen.[255] In der Tat lassen diese im Rahmen der markinischen Komposition zweierlei klar erkennen:

1. In beiden Fällen hat Jesus sich über zu ihm gekommene Menschen, denen es an Nahrung fehlte, »erbarmt« (Mk 6,34a.36$_{fin.}$; 8,1 f.), ihnen unter Mithilfe der Jünger genug zu essen gegeben (6,41 f.; 8,6–8a) und sich damit vor den Jüngern als barmherziger Nothelfer bewährt. Ihr Entsetzen angesichts ihrer wunderbaren Rettung aus dem Sturm (6,51) ist daher ebenso unbegründet wie ihre Sorge wegen mangelnder Verpflegung (8,14.16–17b).
2. Die Texte zeigen, wie sich am West- und am Ostufer des Galiläischen Meeres große, aus der jeweiligen Umgebung herbeigeströmte Volksmengen um Jesus versammeln (Mk 6,33–34$_{init.}$; 8,1$_{init.}$.3c). Diese repräsentieren die Gesamtheit des jüdischen Volkes im Land Israel und in der Diaspora; das belegen die Anspielungen an 2Chr 18,16 (in Mk 6,34b: »sie waren wie Schafe, die keinen Hirten haben«) und Jes 60,4 (in Mk 8,3c: »und einige von ihnen sind von weit her gekommen«)[256]. Demnach erweist sich Jesus mit den Speisungswundern als der endzeitliche Hirte ganz Israels.

---

[251] Siehe o. Anm. 216 (zu Mk 3,9) und bei Anm. 230 (zu 3,7b).
[252] Siehe o. Anm. 217, zur Rahmung des Hauptteils bei Anm. 223.
[253] Für die Wanderung nach Nazaret (Mk 6,1–6) ergibt sich dies aus dem Fortgang der Erzählung; vgl. 6,7–11 (Aussendung der Jünger) mit 6,30–32 (Rückkehr zu Jesus am See).
[254] Vgl. die Rede von »Unglaube« in Mk 6,(4–)6a und »Verhärtung des Herzens« in 3,5b.
[255] Die Bedeutung dieser Rückverweise betont zu Recht *Petersen*, Zeitebenen 107.
[256] Nach 2Chr 18,16[LXX] berichtet der Prophet Micha dem König Ahab von einer Vision mit den Worten: »Ich habe Israel auf den Bergen zerstreut gesehen *wie Schafe, die keinen Hirten haben* …«; und in Jes 60,4[LXX] wird Jerusalem in einer Schilderung der Heilsvollendung auf-

Natürlich sind die Ereignisse von Mk 7,31–8,9 in einem von hellenistischen Stadt-republiken dominierten, also pagan geprägten Gebiet verortet – ähnlich, wie es für die Begebenheiten im »Land der Gerasener« (5,1–20), im »Gebiet von Tyrus« (7,24–30) und im Dorf »Bethsaida«[257] (8,22–26) gilt. Jesus selbst richtet sein Tun jedoch grundsätzlich auf dort lebende Juden aus; das belegen zumal die durch die Heilige Schrift geprägten Züge, mit denen die meisten Erzählfiguren ausgestattet sind[258]. Zweimal kann er al-lerdings den Kontakt mit Menschen, die als »Heiden« erkennbar sind, nicht vermeiden; doch in beiden Fällen bleibt eine deutliche Distanz: Im Land der Gerasener bitten ihn die von den Schweinehirten herbeigeholten Stadtbewohner infolge der Dämonen-austreibung und der damit verbundenen Vernichtung der Schweineherde, ihr Gebiet zu verlassen (5,14–17); im Gebiet von Tyrus begegnet er einer Syrophönizierin, die ihn aufsucht, höchst reserviert (7,24–27), und die erbetene Dämonenaustreibung voll-zieht er nur aus der Ferne und im Sinne des Überschusses, den die Frau seinem Israel geltenden Heilswirken zuschreibt (7,26–29). Von einer aktiven Hinwendung Jesu zu den »Heiden« erzählt Markus gerade nicht.[259]

Mit Mk 4,35–8,26 wird also im Wesentlichen geschildert, wie Jesus rund um das Galiläische Meer herum als *der barmherzige Helfer und Hirte ganz Israels* auftritt, *seine Jünger ihn aber* – trotz ihrer Mitwirkung an seiner Mission – *nicht als solchen erkennen*. Dieser Ausrichtung entsprechen auch die übrigen thema-tisch wichtigen Akzente des Hauptteils:
– Dass Jesus im Namen Gottes an und für Israel tätig wird, markiert der Er-zähler auf vielfache Weise: Der Dämon »Legion« (Mk 5,9) gebraucht, seinem an die Besatzungsmacht erinnernden Namen gemäß, in der Anrede Jesu die bei Römern geläufige Bezeichnung des Gottes Israels (V. 7)[260] – und geht dann mit Schweinen zugrunde (V. 13); Jesus selbst vergleicht sich mit einem »Pro-pheten« (6,4), wie es etliche Zeitgenossen auch tun (V. 15), und reagiert mit seinem Erbarmen über die ›hirtenlosen Schafe‹ (V. 34) nicht zuletzt auf das Versagen des »Königs« Herodes, der Johannes wegen dessen biblisch begrün-deter Kritik an seinen Ehe-Intrigen verhaften und hinrichten ließ (6,17–29); im Sturm gibt er sich seinen Jüngern mit der Wendung zu erkennen, die in der Schrift Gottes Einzigkeit zur Sprache bringt (V. 50);[261] den Pharisäern sowie Schriftgelehrten aus Jerusalem gegenüber beharrt er auf der uneingeschränkten

---

gefordert: »Erhebe ringsum deine Augen und sieh: Versammelt sind deine Kinder! Siehe, alle deine Söhne *sind von weit her gekommen* ...«

[257] Vgl. *Strange*, Beth-Saida: Dieses Dorf sei ein Vorort der nahen, gleichnamigen Stadt.

[258] Der besessene Gerasener wird wie ein dem Götzendienst verfallener Israelit dargestellt (vgl. Mk 5,2–5 mit Jes 65,3–7 und dazu *Rau*, Markusevangelium 2104); zum Taubstummen und seiner Begleiterschar in der Dekapolis (Mk 7,31–37) s. o. 3.2 mit Anm. 24.28.34.40.42. Der Blinde und die Leute in Bethsaida (8,22–26) erscheinen dadurch als Juden, dass der Heilungs-vorgang weithin dem von 7,32–36a entspricht und anschließend jüdische Urteile über Jesus referiert werden (8,28, vgl. 6,14 f.).

[259] Auch die Verkündigung, die Jesus infolge seiner eigenen Ausweisung dem vom Dämon befreiten Gerasener für die Seinen aufträgt (Mk 5,19) und die von diesem daraufhin auf die Dekapolis ausgeweitet wird (V. 20), richtet sich angesichts der bleibenden Distanz zwischen jenem Gerasener und den Stadtbewohnern (vgl. V. 15) kaum an »Heiden«. Ihr Erfolg zeigt sich dann ja auch gemäß 7,31–8,9 unter den Juden in der Dekapolis (s. o. Anm. 178). – Zum Ganzen vgl. *Wilk*, Jesus 59–69, gegen *Feneberg*, Jesus 145–186, u. a.

[260] Zur Anrede »Sohn Gottes, des Höchsten« vgl. etwa Philo, LegGai 157.317 (ὁ ὕψιστος θεός »der höchste Gott« in Weisungen des Augustus), sowie *Feldtkeller*, Identitätssuche 108.

[261] Zu ἐγώ εἰμι »Ich bin« vgl. Jes 43,10; 45,18 u. ö.

Geltung der durch Mose gegebenen Gebote Gottes (7,1.8–13); und selbst die Syrophönizierin erkennt an, dass das heilend-sättigende Wirken Jesu zuerst Israel gilt (vgl. 7,27 f.).

– Als barmherziger Nothelfer erweist sich Jesus auch und gerade an denen, die er von Dämonen befreit (vgl. Mk 5,19$_{fin.}$) oder heilt (vgl. 5,29$_{fin.}$7,35b), sowie an deren Angehörigen (vgl. 5,38b–39; 6,55 f.; 7,26c.30). Gemäß 5,34c; 6,56c werden die Kranken im Zuge ihrer Heilung gar »gerettet«[262].

– Das Unverständnis der Jünger rückt diese in die Nähe der Bewohner Nazareths, die wegen der familiären Herkunft Jesu über die Quelle seiner Weisheit sowie seiner Machttaten rätseln und ihm Anerkennung und Glaube verweigern (Mk 6,2–4.6a). Es sticht zudem insofern stark hervor, als er nicht nur vom Dämon als »Sohn Gottes« (5,7c), sondern auch von dem befreiten Gerasener (vgl. 5,19c–20a) und der Syrophönizierin als »Herr« (7,28b) identifiziert wird – und etliche Notleidende ihm mit ihrer Annäherung (5,28) oder ihrer Bitte um Hilfe (5,23; 6,56b; 7,26c.32) »Glauben« (5,34c, vgl. V. 36c)[263] bzw. die Hoffnung auf »Rettung« (V. 23b.28$_{fin.}$, vgl. 6,56b–c) entgegenbringen. Selbst die Pharisäer unterstellen ihm mit der Forderung eines »Zeichens« (8,11) den Anspruch, ein endzeitlicher Prophet bzw. der Christus zu sein, der die Erlösung Israels heraufführt.[264]

Dabei drängt auch dieser Hauptteil auf einen Fortgang der Erzählung. Nach Mk 8,18b–21 geben gerade die erheblichen Überschüsse, die bei beiden Speisungswundern trotz der jeweils riesigen Zahl von Mahlteilnehmern aufgehoben wurden (6,43 f.; 8,8b–9a), den Jüngern (vgl. V. 10) die Möglichkeit, aus Jesu Wirken als Wundertäter die richtigen Schlüsse auf seine Identität zu ziehen. An sich zeigen diese Überschüsse freilich nur, dass seine Wundertaten über sich selbst hinausweisen; das Unverständnis der Jünger ist insoweit durchaus nachvollziehbar. Immerhin bietet der Erzähler zwei Anhaltspunkte zur Deutung: Erstens ruft die unmittelbar vorangehende Warnung der Jünger »vor dem Sauerteig der Pharisäer und dem Sauerteig des Herodes« (V. 15) die Absicht dieser Personen, Jesus zu töten (3,6), ins Gedächtnis – eine Absicht, die durch die Erinnerung an Herodes' mörderisches Vorgehen gegen Johannes (6,16.17–29) und den Hinweis auf die »Versuchung«, der die Pharisäer Jesus aussetzen (8,11),[265] noch untermauert wird. Die Überschüsse rücken also den Tod Jesu in den Blick. Zweitens spiegelt das doppelte Bildwort von dem »Brot«, das die Kinder »sättigt«, und den Krümeln, die den Hunden unter dem Tisch zugutekommen (7,27 f.), den Befund bei den Speisungswundern wider:[266] Dort bleiben von den Broten, die die Menschen sättigen, viele Brocken übrig (6,41–43; 8,6–8). Demnach weisen die Überschüsse auf die Heilsbedeutung des Wirkens Jesu auch für die Weltvölker hin. Wie aber

---

[262] Vgl. dazu *Radl*, σῴζω 767: Jesu Heilen ziele auf ein »Heil in umfassenderem Sinn«.

[263] Wo er wie in Nazareth fehlt (Mk 6,6a), kann Jesus kaum eine Machttat tun (V. 5a).

[264] Vgl. dazu Mk 13,22 sowie *Gibson*, Temptations 182–192.

[265] Mit einem »Zeichen«, das seine Identität als Endzeitprophet bzw. Christus demonstrierte, würde Jesus – wie am Geschick der so genannten »Zeichenpropheten« zu sehen ist (vgl. dazu *Theißen/Merz*, Jesus 141 f.) – unweigerlich das Einschreiten der Machthaber provozieren. Ähnliche Gefährdungen haben die Pharisäer mit ihren weiteren »Versuchungen« Jesu in Mk 10,2 und 12,14 (vgl. V. 15) im Sinn.

[266] Vgl. *Burkill*, Woman 30.

die beiden eher vagen Hinweise zu einer klaren, die Wahrnehmung als barmherziger Helfer und Hirte ganz Israels übersteigenden Erkenntnis der Identität Jesu zu verbinden sind, muss der Erzähler erst noch darlegen.[267]

Der dritte Hauptteil Mk 8,27–10,52 erfüllt die so geweckte Erwartung jedenfalls partiell. Nach einem Gespräch, in dem Jesus die Jünger zur Auswertung ihrer Eindrücke von seinem Auftreten als Lehrer und Wundertäter anleitet[268] und das Christus-Bekenntnis des Petrus mit einem Schweigegebot beantwortet (8,27–30), belehrt er sie umgehend über das unausweichliche Geschick des »Menschensohns«: Er »müsse vieles erleiden, verworfen werden« vom Hohen Rat, »getötet werden und nach drei Tagen auferstehen« (V. 31). Da diese Belehrung samt den angeschlossenen Versen 8,32–9,1 am Ende des Hauptteils eine Parallele hat (10,32e–34.35–45)[269] und zudem in 9,9b+12c[270].31 mit Variationen wiederholt wird, bildet sie dessen Motto – freilich nur insofern, als sie durch eine Reihe von Aussagen ergänzt wird, die Jesus gerade angesichts jenes Weges zur maßgeblichen Orientierungsfigur für die Jünger erklären.

Diese Aussagen erschließen die maßgebende Rolle Jesu sukzessive vom Ende seines Weges her: Nach Mk 8,38 wird »der Menschensohn« als endzeitlicher Richter agieren, vor dem nur die bestehen können, die »in diesem … sündigen Geschlecht« Jesus und seinen Worten treu geblieben sind. Bei der Verklärung (9,2–8) erscheint Jesus vorab in der himmlischen Herrlichkeit, die ihm durch die Auferstehung zukommen wird (vgl. V. 9),[271] sowie in seiner Elija und Mose überragenden Bedeutung, woraufhin – in Fortführung von 1,11 – eine himmlische Stimme ihn als Gottes »Sohn« präsentiert, auf den die Jünger »hören« sollen. In 10,43–45 deutet Jesus dann seinen Tod als Lebenshingabe des »Menschensohns«, die für »viele« als »Lösegeld« wirkt und seinen Jüngern ein Beispiel für die Notwendigkeit des »Dienens« gibt.

Demgemäß stellt Jesus seinen Anhängern zum einen immer wieder mit verschiedenen Wendungen das Ziel ihres Daseins vor Augen: dass sie ihr »Leben … retten« (Mk 8,35b, vgl. 10,26b), »in das Leben eingehen« (9,43c.45c), »in die Gottesherrschaft eingehen« (9,47c; 10,15b–c.24d, vgl. V. 23b.25), »im kommenden Äon ewiges Leben empfangen« (10,30b, vgl. V. 17c). Zum andern aber legt er dar, dass solche Teilhabe an seiner himmlischen Herrlichkeit (vgl. V. 37b) nur denen zukommen wird, die sich konsequent zu ihm und dem »Evangelium« halten, und koste es auch das eigene (irdische) Leben (8,35, vgl. 10,38 f.). Deshalb ruft er nicht nur in die Nachfolge (10,21 f., vgl. 8,34b), sondern macht vor allem deutlich, welche Ansprüche mit ihr verbunden sind: Es gelte, »sich selbst zu verleugnen und sein Kreuz auf (sich) zu nehmen« (V. 34c); alles abzulegen – und sei es unter

---

[267] Die Anklänge in Mk 6,41a; 8,6b an den Bericht vom Abschiedsmahl Jesu (vgl. 14,22a) lassen sich – aus der Leserperspektive – erst von dort aus für die Interpretation auswerten.

[268] Zum Rückblick, der in Mk 8,27–29 erfolgt, s. u. S. 131.134.

[269] Siehe o. S. 112.

[270] In Mk 9,11–13 wird das Leidensgeschick des Menschensohns zugleich in der Heiligen Schrift verankert und gerade so mit dem Geschick des – nach 1,6 (s. o. Anm. 181) erneut – als Elija identifizierten Täufers (vgl. dazu 9,11b.12b [Rückgriff auf Mal 3] mit 1,2 sowie 9,13b [willkürliche Tötung] mit 6,19–25 und dem Ganzen *Öhler*, Elia 38–47) parallelisiert.

[271] Nach *Pokorný*, Markusevangelium 1989, wird so die Zusage Mk 9,1 erfüllt; dem steht aber der Konnex mit 4,11.26–32 (s. o. bei Anm. 240 f.) und 13,30 (s. u. Anm. 354) entgegen.

Schmerzen –, was einen von der Ausrichtung auf die Gottesherrschaft abhält und damit in die Hölle zu führen droht (9,43–49); Gottes heilvolle Zuwendung vertrauensvoll und rückhaltlos zu »empfangen wie ein Kind« (10,15);[272] sich zumal von Reichtum zu trennen, um stattdessen einen »Schatz im Himmel« zu haben (V. 21d–e, vgl. 10,23–25); Verfolgungen auszuhalten (V. 30a_{fin.}); und das Trachten nach etwaigen Ehrenplätzen in der himmlischen Herrlichkeit aufzugeben (vgl. V. 40).

Dieser Hauptteil verknüpft also die Wanderung Jesu und der Jünger nach Jerusalem mit der *Einweisung in den Weg, der den »Menschensohn« Jesus und auf ähnliche Weise auch seine Nachfolger durch Leiden und Tod in die vollendete Gottesherrschaft führen wird*. Dabei schließt die ›Wegweisung‹ weitere Angaben zur Eigenart und Gestaltung des Lebens in der Jüngerschaft und damit in der Ausrichtung auf die Gottesherrschaft ein:

– Nach außen haben die Jünger darauf zu achten, dass sie bei Dämonenaustreibungen auf den Glauben der Bittsteller (vgl. Mk 9,18c–19c) und ihr eigenes Gebet (9,28 f.) angewiesen sind, bereitwillig im Namen Jesu Kinder aufnehmen (V. 37), Hilfesuchende nicht abweisen (10,13b–14.48 f.), Machttaten, die andere in seinem Namen vollbringen, nicht ablehnen (9,39 f.) und jede Versorgung, die ihnen um Christi willen zuteilwird, würdigen (V. 41).

– Nach innen bildet die Gemeinschaft der Jünger, die Haus, Familie und Besitz verlassen haben, eine Art »neue Familie« (Mk 10,29 f.), geradezu eine »Kontrastgesellschaft« (10,42b–43a),[273] in der Leitungspositionen nur denen zustehen, die den anderen als »Diener« begegnen (Mk 9,35; 10,43b–44),[274] in der »die Kleinen« besonderen Schutz genießen (9,42) und Kritik an sich selbst wie an anderen zum Frieden untereinander beiträgt (V. 50).

– Grundsätzlich soll in der Nachfolge der ursprüngliche Sinn der Thora zur Geltung kommen; damit ist jede Aufhebung der Ehe (von innen wie außen) ausgeschlossen (Mk 10,9)[275] und Armenfürsorge geboten (V. 19f und 21d).

Solch ein Leben in der Bindung an Jesus stellt hohe Ansprüche (vgl. 10,21 f.), ist aber möglich; denn denen, die glauben, hilft er in ihrem »Unglauben« auf (vgl. Mk 9,23 f.), sodass sie an Gottes Möglichkeiten Anteil erhalten (10,27).

Damit sind die Unausweichlichkeit des Todes Jesu und dessen fundamentale Bedeutung für die Jüngerexistenz umfassend dargelegt. Zudem ist deutlich, dass Jesus die endzeitliche Vollendung der Gottesherrschaft ebenso heraufführt wie jetzt schon ihre aktuelle Präsenz – sodass die Erfahrung seines heilenden Wirkens konsequenterweise in die Nachfolge führt (vgl. Mk 10,52). Dennoch stoßen die Jünger nicht zu einem rechten Verstehen vor; ihr Protest (8,32b) und Unverständnis (9,6a.10.32a) verwandeln sich auf dem Weg vielmehr in ein vielfältiges Missverständnis[276] (9,34b.38; 10,13.26.35–37). In der Tat lässt der dritte Hauptteil die im zweiten Hauptteil anklingende universale Dimension der Identität Jesu

---

[272] Vgl. *Eckey*, Markusevangelium 261, der zur Deutung auf Mk 10,16 verweist: Die Kinder »lassen sich, annahme- und hingabebereit, von ihm [sc. Jesus] umarmen und segnen.«

[273] Vgl. *Lohfink*, Gemeinde 52–54.62 f.

[274] Unter den Jüngern gibt es demgemäß weder einen »Vater« (vgl. Mk 10,30a mit V. 29c) noch Leute, die über andere »herrschen« (10,42b–43a).

[275] Zur Deutung von Mk 10,9 im Kontext von 10,5–12 vgl. *Wilk*, Verbindlichkeit 35 f.

[276] Nach *Rhoads/Dewey/Michie*, Mark 126, erfolgt der Wandel bereits mit Mk 8,31–33.

weithin außer Betracht[277] – und überdies offen, wie sich der aufgezeigte Weg des Menschensohns zur heilend-befreienden Wundertätigkeit des Christus verhält, die in der Episode 9,14–27 gleichsam ihren Höhepunkt findet[278]. Dass Jesus in 10,45 die Hingabe seines Lebens als »Lösegeld für viele« interpretiert, überrascht deshalb und bedarf der Klärung. Im Übrigen weist die wiederholte Ankündigung der Auslieferung Jesu »in die Hände der Menschen« (9,31a) – konkret: an den Hohen Rat (8,31; 10,33b) und durch ihn an »die Heiden« (10,33c) – auf die weitere Darstellung voraus.

Der vierte Hauptteil Mk 11–13 greift diese Vorgaben auf eigene Weise auf. Mit der Anbahnung des Einzugs Jesu nach Jerusalem (11,1–7) wird ein Geschehensablauf am und im Tempel eröffnet, der sich über drei Tage erstreckt (vgl. 11,11 f.19 f.) und erwartungsgemäß eine Auseinandersetzung mit dem Hohen Rat (11,15–18.27–12,12) umfasst sowie mehrere Begebenheiten, bei denen er im Kontakt mit den Jüngern ist (11,1–3.7–11.12–14.19–25; 12,41–44; 13,1 f.3–37). Im Zentrum steht freilich eine Reihe von Gesprächen (12,13–34) und Lehräußerungen (12,35–40), in denen Jesus sich mit zentralen Anliegen und Anschauungen maßgeblicher jüdischer Gruppierungen auseinandersetzt.

Das Motto des Hauptteils lässt sich wiederum aus dem Vergleich zwischen Anfang und Ende erheben, die vielfach miteinander verknüpft sind:

Mk 11,1–14	Mk 13,26–37
9 man jubelt, dass Jesus »kommt«	26 man sieht, wie der Menschensohn »kommt«
9–11 er zieht »im Namen des Herrn« in den Tempel (»das Haus« Gottes [17])	35 er ist selbst »der Herr des Hauses«
1 er »sendet« zwei seiner Jünger voraus	27 er »sendet« seine Engel
7 er setzt sich auf einen Esel, 2 f. der allein für »den Herrn« bestimmt ist	26 er kommt in den Wolken mit großer Macht und Herrlichkeit
4–7 die Jünger bereiten seinen Einzug vor, 8 und viele schmücken seinen Weg	34 f. die Sklaven sollen wachen und beständig auf sein Kommen gefasst sein
9 viele gehen voran und folgen nach	27 er sammelt seine Auserwählten …
10 man besingt (fälschlich)[279] die kommende Königsherrschaft Davids	27 … von allen Enden der Erde, 31 wenn Himmel und Erde vergehen
13 ein »Feigenbaum«, der keine Feigen trägt, zeigt die »Zeit« an	28 ein »Feigenbaum« mit treibenden Zweigen zeigt die Nähe der Ernte (33: »Zeit«) an

Derselbe, der »im Namen des Herrn« auf einem Esel nach Jerusalem kommt, wird einst als »Menschensohn« und »Herr« vom Himmel auf die Erde kommen, um

---

[277] Jesus ist in den Dörfern von Cäsarea Philippi außerhalb Galiläas und nahe bei einem paganen Heiligtum (vgl. *Schürer*, History II 169–171). Gleichwohl spiegelt die Darstellung Mk 8,27–9,29 nicht anders als 9,30–10,52 ein jüdisches Umfeld wider; vgl. *Wilk*, Jesus 69.

[278] Diese Geschichte vereint in sich diverse Motive früherer Wundererzählungen; man vgl. die »sichtbare Besessenheit« (Mk 9,18.20.22) mit 5,3–5, die »Taubstummheit« (9,17.25) mit 7,32–37, das Bringen des zu Heilenden (9,20) mit 1,32; 2,3; 7,32; 8,22, Jesu Erbarmen (9,23) mit 1,41, den »väterlichen Glauben« (9,24), den »scheinbaren Tod« (9,26) und die »Aufrichtung« (9,27) mit 5,36.39–42, die »Austreibung des unreinen Geistes« (9,25 f.) mit 1,23.25 f.

[279] Dazu s. o. Anm. 214.

die Angehörigen seines »Hauses« von allen Enden der Erde zu sammeln. Daher müssen die Jünger, die jetzt seinen Einzug in die Stadt vorbereiten und mit Jubel begleiten, allezeit für das nicht datierbare Kommen ihres Herrn bereit sein und dabei den ihnen zugewiesenen Aufgaben in seinem »Haus« nachkommen (vgl. Mk 13,33–37).

In diesen Rahmen fügt sich die Darstellung des streitbaren Auftretens Jesu im Tempel und seiner Unterweisung der Jünger am Tempel schlüssig ein:

– Was mit Jesus nach Jerusalem kommt, ist nicht die davidische Königsherrschaft (vgl. Mk 11,10f.), sondern das »Gebetshaus für alle Völker« (V. 17b), in dem das Gebet und mit ihm die Vergebung allein an den »Glauben« der Betenden (und nicht an einen konkreten Ort) gebunden sind (11,22–25). Insofern löst dieses in der Schrift (Jes 56,7) verheißene Gebetshaus den Jerusalemer Tempel ab, der als »Räuberhöhle« (Mk 11,17c, vgl. Jer 7,11) – d.h. als Rückzugsort derer, die Jesus zu töten suchen (vgl. Mk 11,18a) – dem Gericht verfällt (vgl. V. 14).[280]

– Diesen Sachzusammenhang erläutert Jesus mit seiner zweiteiligen Antwort (Mk 11,29–33; 12,1–11) auf die beiden ihm vom Hohen Rat gestellten Fragen nach Eigenart und Urheber der im Tempel demonstrierten Vollmacht (11,27f.): Sein Wirken entspricht der himmlisch begründeten »Taufe des Johannes« (V. 30), hat also das gleiche Ziel wie sie: die Vergebung der Sünden;[281] dieses Ziel aber wird erreicht, indem er – der als letzter Bote von Gott gesandte »Sohn« (12,6) – nach seiner Verwerfung[282] und Tötung (V. 8) durch den Hohen Rat (vgl. V. 12) der Schrift (Ps 118[117],22) gemäß zum Eckstein eines neuen Gotteshauses wird (Mk 12,10f.).[283]

– In den folgenden Szenen tritt Jesus nicht nur als vollmächtiger Interpret der Schrift und Ausleger des Gotteswillens auf (Mk 12,13–33.38–44)[284]; er erweist sich auch selbst als »der Christus«, der nach seinem Erdenwirken als Davidssohn an die rechte Seite »des Herrn« erhöht wird, damit selbst zum »Herrn« wird (12,35–37)[285] und deshalb in der Lage ist, Menschen den Zugang in die Gottesherrschaft zu- oder abzusprechen (vgl. 12,34a–b.40b).

– In der abschließenden Unterweisung (Mk 13,1f.3–37) führt Jesus einige ausgewählte Jünger – beginnend mit der Ansage der Zerstörung des Tempels – in den weiteren Geschichtsplan Gottes ein. Dabei bereitet er seine Anhänger

---

[280] Vgl. *Wilk*, Jesus 43–45. Wie die Komposition Mk 11,12–25 zeigt, interpretieren die doppelte Feigenbaumszene, in der sich das Fluchwunder (als Zeichen des Gerichts über den Tempel) mit einer Gebetsparänese verbindet, und die in sie eingebettete Tempelszene einander. Demgemäß dient Jesu Tempelaktion (11,15f.) ihrerseits auf doppelte Weise als Zeichen: Sie unterbricht kurzfristig den Kultbetrieb und schafft so zwischenzeitlich Raum zum Gebet.

[281] Vgl. Mk 1,4; dazu s.o. Anm. 183.

[282] Vgl. ἀποδοκιμάζω in Mk 12,10b und dazu 8,31.

[283] Als ein bestimmten Menschen zur Pflege anvertrauter Ort, der Früchte bringen soll, steht der Weinberg im Gleichnis Mk 12,1–9 für den »Ort der Erwählung und Gegenwart Gottes« (*Merklein*, Jesusgeschichte 182). Eben dieser Ort wird nach dem Gericht über die Mörder des »Sohnes« von anderen betreut: den Jüngern Jesu (vgl. 11,22–25). Dass der Hohe Rat faktisch die Tötung Jesu zwar veranlasst (14,1.64; 15,3.11), aber nicht durchführt (vgl. auch 8,31; 10,33f.), kommt in der Bildwelt des Gleichnisses allerdings nicht zur Darstellung.

[284] Vgl. dazu *Pokorný*, Markusevangelium 2012.

[285] Dazu s.o. Anm. 214.

zunächst auf die Bedrängnisse vor, die ihnen im Zuge der Verkündigung des Evangeliums an alle Weltvölker bevorstehen, und zeigt auf, wie sie darin »ausharrend« bestehen können (13,5–23); sodann[286] unterrichtet er sie über die Ereignisse beim Kommen des »Menschensohns« (13,24–27) und fordert sie unter Hinweis auf die Nähe des Geschehens, mit dem sich »dies alles vollenden wird« (V. 4$_{fin.}$), auf zu »wachen« (13,28–37).

Auf diese Weise tritt Jesus in Jerusalem in mehrfachem Sinne als »Herr des Hauses« (Mk 13,35) in Erscheinung: Er erfüllt den Tempel mit seiner Lehre (11,17; 12,14. 19. 32.35, vgl. 14,49), präsentiert sich als Begründer des »Gebetshauses für alle Völker« (11,17, vgl. 12,10 f.) und verpflichtet seine Jünger, die in seinem Haus Dienst tun (13,34), ihm »bis ans Ende« (V. 13) die Treue zu halten. Im Rahmen dieser Konzeption wird dann deutlich, wie die Tätigkeit Jesu Christi auf Erden mit seinem Wirken als Erhöhter zusammenhängt: Die Aufgabe, in der Nachfolge Jesu, der selbst das »Evangelium Gottes« predigt, als »Menschenfischer« zu wirken,[287] werden die Jünger vollumfänglich mit der Predigt des »Evangeliums von Jesus Christus« (1,1) an alle Weltvölker erfüllen (vgl. 13,10); in der damit verbundenen Verfolgung wird ihnen derselbe Geist beistehen (V. 11), als dessen Träger Jesus die Dämonen austreibt[288]; ihre Gebete im »Gebetshaus für alle Völker« werden aufgrund desselben Glaubens erhört (11,22–24), der viele Kranke und Beeinträchtigte durch Jesus Heilung erleben lässt;[289] und die in solcher Heilung vollzogene Rettung findet – als Erfahrung der Gottesherrschaft – ihr Gegenstück in der endzeitlichen Rettung der Auserwählten (13,13.20, vgl. V. 27).[290] Zugleich erschließt die Anlage des vierten Hauptteils, wie das auf Israel konzentrierte Erdenwirken Jesu sein künftiges Wirken an allen Weltvölkern anbahnt: Wird mit dem Tod Jesu das »Gebetshaus für alle Völker« errichtet, so gelten dort seine Weisungen für das Leben der Jünger[291] auch den Anhängern aus der Völkerwelt; unter dem Evangelium leben dann also Juden und »Heiden« zusammen. Auf dieses Zusammenleben wird Israel durch Jesus vorbereitet. Dies geschieht in seinen Streit- und Schulgesprächen mit jüdischen Autoritäten (vgl. 12,13–34, ferner 2,1–3,5; 7,1–13; 10,2–9) ebenso wie in seiner öffentlichen Lehre (vgl. 11,15–17; 12,35–37, ferner 7,14 f.). Hier wie dort bekräftigt er ja die Notwendigkeit der unbedingten Bindung an den »Gott Abrahams« (12,26), legt indes – als Bote der Gottesherrschaft – die Thora auf ihren ursprünglichen, in der Schöpfung verwurzelten Sinn hin aus (2,27; 10,6–9),[292] sodass er zentrale Aspekte jüdischer Existenz – die Liebe zu dem einen Gott, die Orientierung am Tempel, die Sabbatobservanz, die Reinheitspraxis, die messianische Erwartung – universalisierend interpretiert und gruppenspezifische Eigenarten wie die Orientierung an mündlicher Überlieferung sowie bestimmte Vorstellungen zu den Themen Auferstehung, Ehe, Fasten oder Tischgemeinschaft einer grundsätzlichen Kritik

---

[286] Den Wechsel zum Thema »Parusie« betont mit Recht *Stenger*, Grundlegung 9 f.

[287] Dazu s. o. S. 118.

[288] Dazu s. o. bei Anm. 238.

[289] Zur Einheit der markinischen Glaubenskonzeption vgl. *Söding*, Glaube 552–558.

[290] Zu diesem Zusammenhang s. o. S. 121 und S. 122, ferner (zur »Erfahrung der Gottesherrschaft«) bei Anm. 241.

[291] Dazu s. o. S. 123.

[292] Siehe dazu bei Anm. 208, ferner Anm. 239.

unterzieht. Auf diese Weise aber arbeitet er daran, jüdische Existenz auf ein Zusammenleben mit »Heiden« hin zu öffnen.[293]

Damit sind fast alle der bisher offen gebliebenen Fragen beantwortet. Unklar ist freilich noch, *wie* Jesu Tod zur Errichtung des »Gebetshauses für alle Völker« führt – und was es dann konkret bedeutet, in den Bedrängnissen »auszuharren« (Mk 13,13) und zu »wachen« (13,33–37). Im Übrigen weckt der vierte Hauptteil natürlich die Erwartung zu erfahren, wie es nun zu der Tötung Jesu kommt, die der Hohe Rat anstrebt und die Jesus selbst vorhersieht.

In der Tat erzählt der fünfte Hauptteil mit einer spezifischen Zuspitzung von der Passion Jesu. Das macht schon der Vergleich von Anfang (Mk 14,1–11) und Ende (15,40–47)[294] deutlich. Zwei Punkte fallen dabei auf:[295]
– Derjenige, den »die Hohenpriester und die Schriftgelehrten« in Jerusalem in Absprache mit Judas Iskarioth zu Tode bringen (Mk 14,1f.10f.), wird von einigen Anhängerinnen aus Galiläa bis ans Kreuz, ja, bis ans Grab begleitet (15,40f.47).
– Nachdem eine Frau Jesu Leib in Bethanien gesalbt und Jesus ihrer Tat – dem Protest einiger Jünger zum Trotz – als einer Zurüstung für sein Begräbnis ein »Gedächtnis« in der weltweiten Evangeliumspredigt zugesichert hat (Mk 14,3–9), wird sein Leib schließlich – nach einer entsprechenden Genehmigung des Pilatus – von einem »Ratsherr, der auch selbst die Gottesherrschaft erwartete« auf würdige Weise bestattet (15,42–46).
Die markinische Darstellung der Passion ist also von ihrem Rahmen her einerseits durch divergente Haltungen geprägt, die verschiedene Personen aus dem Umfeld Jesu im Bezug auf seinen Tod einnehmen: Judas ermöglicht es dem Hohen Rat, diesen Tod »mit List« (Mk 14,1, vgl. V. 11b) herbeizuführen; die anderen Jünger demonstrieren einmal mehr ihr Unverständnis; nur einige Anhängerinnen aus Galiläa begleiten ihn bis zuletzt; und zwei Sympathisanten aus Jerusalem erweisen seinem Leib letzte Ehren, wobei am Ende Pilatus – vom Zenturio, dessen Soldaten Jesus gekreuzigt haben, informiert – sein Einverständnis gibt. Andererseits ist der Darstellung durch ihren Rahmen die Spannung zwischen gegenläufigen Sichtweisen der Tötung Jesu vorgegeben: Seinem irdischen Wirken setzt sie gewaltsam ein Ende; und doch bricht die in jenem Wirken gegebene Annäherung der Gottesherrschaft (vgl. 1,15) mit seinem Begräbnis nicht ab (15,43b). Vielmehr wird dieses selbst zum Inhalt der Evangeliumspredigt, die Jesus initiiert hat (vgl. 1,14), sodass ihr eine neue, universale Zukunft eröffnet wird (14,9). Demnach soll die Passionsgeschichte des Markus vor allem zeigen, welche Bedeutung Jesu

---

[293] Zum Ganzen vgl. *Wilk*, Jesus 76–81.
[294] Für diesen Vergleich ist das Rahmenstück Mk 15,40–47 heranzuziehen; es entspricht als eine Art Nachtrag zur Leidensgeschichte, die mit dem Blick auf Jesu Tod und dessen Bewertung durch den Zenturio (15,37–39) endet, ihrer Eröffnung durch die Darstellung von Ereignissen, die dem eigentlichen, mit dem Abschiedsmahl (14,12–25) anhebenden Passionsgeschehen zeitlich vorausliegen (vgl. V. 1a.12a–b) und es der Sache nach vorbereiten.
[295] Für die nachstehenden Angaben zu Mk 15,40–47 und 14,3–9 s. o. S. 102f.109.111.112.

Tod für die künftige Verkündigung des Evangeliums und die Existenz seiner Nachfolger hat.[296] Dieser Ausrichtung entspricht die in Mk 14,12 einsetzende Schilderung der letzten beiden Tage im Erdenleben Jesu. Natürlich wird grundlegend erzählt, wie der Hohe Rat (14,43$_{fin.}$53b.55$_{init.}$; 15,1) gezielt gegen Jesus vorgeht: Man lässt ihn abseits der Öffentlichkeit wie einen Räuber verhaften (14,48 f.), konfrontiert ihn mit falschen Zeugen (14,55–59), fällt ein Todesurteil (V. 64), verhöhnt und schlägt ihn (V. 65), überstellt ihn dann, aus Neid (15,10), unter falscher Anschuldigung an Pilatus (15,1–2b)[297], verhindert die von diesem angebotene Freilassung aus Anlass des Festes (V. 11) und reiht sich vor dem Kreuz in die Riege der Spötter ein (15,31–32b). Im Zusammenhang damit wird aber auch deutlich, dass der Tod ein integrierendes Element des Weges bildet, den der Gottesbote Jesus zu gehen hat: Er weiß, was ihm bevorsteht (14,18.20.41 f.), verankert es in der Schrift (14,21a.27.48 f.), nimmt es im Gebet als unausweichlich, da dem Willen Gottes entsprechend an (14,35 f.), setzt sich deshalb vor dem Hohen Rat dem Todesurteil aus (14,61b–64) und steigt gerade nicht vom Kreuz, wie es die Spötter ihm unter Verweis auf seine Machttaten vorschlagen (15,29–32). Gerade im Erdulden seines Geschicks, so macht der Erzähler klar, erweist sich Jesus als »Menschensohn« (14,21.41), »Hirte« (V. 27), »Christus« (15,32) und »Gottessohn« (V. 39).

Dass gerade im Leiden Jesu seine ihm von Gott verliehene Würde zutage tritt, lässt auch die Darstellung des Kreuzigungsvorgangs Mk 15,15b–27 erkennen: Indem die römischen Soldaten einem Ohnmächtigen huldigen, den Kyrenäer Simon das Kreuz tragen lassen (vgl. 8,34), ihm vergeblich Wein anbieten (vgl. 14,25), ihn durch die Verlosung seiner Kleider als leidenden Gerechten identifizieren (vgl. Ps 22[21],19) und die Plätze links und rechts von ihm (vgl. Mk 10,37) als Plätze des Mit-Leidens markieren, werden sie Jesus »wider Willen gerecht«[298]. Ähnliches gilt dann für den Zenturio, der Jesus als »Sohn Gottes« tituliert, gerade weil er ihn unter besonderen Umständen am Kreuz sterben »sieht« (15,39)[299] – während die Spötter »sehen« wollen, wie Jesus sich selbst rettet (15,31c–32b) oder von Elija gerettet wird (V. 36b).

Andererseits endet Jesu Weg nicht am Kreuz; das bringt er selbst wiederholt zur Sprache: Sein Abschiedsmahl mit den Jüngern weist voraus auf seine Mitwirkung am Festmahl in der vollendeten Gottesherrschaft (Mk 14,22–25); als der von Gott geschlagene Hirte wird er auferweckt werden, um seinen Jüngern nach

---

[296] Nach *Hurtado*, Lord 311, richtet Markus seine *gesamte* Erzählung auf das doppelte Ziel aus »to make Jesus both the basis of redemption … and the pattern for his followers«.

[297] Vor Pilatus stellt die Bezeichnung Jesu als »König der Juden« einen schweren Vorwurf dar, wie der Verweis auf die ›Schuldtafel‹ in Mk 15,26 belegt: Einen Königsprätendenten muss der römische Präfekt hinrichten (vgl. Joh 19,12). Dass diese Bezeichnung aber die Identität Jesu verzeichnet, zeigt Mk 15,2c–5: Da das vieldeutige σὺ λέγεις (vgl. dazu *Fowler*, Reader 198) nicht zur Feststellung der Schuld führt, sondern Anklagen seitens der Hohepriester evoziert, auf die hin Pilatus Jesus erneut befragt, ohne eine Antwort zu erhalten, ist V. 2d als Zurückweisung eines Falschzeugnisses aufzufassen und mit »Das sagst du!« o. ä. zu übersetzen. Vgl. dazu die analoge Ereignisfolge in 14,55–61a (Zeugnis gegen Jesus, als unzureichend gekennzeichnet [14,55 f.] – erneute Anklagen [14,57–59] – Rückfrage des Hohepriesters, auf die hin Jesus schweigt [14,60–61a]) und zum Ganzen *Wilk*, Jesus 51 f.; ferner s. o. Anm. 214.

[298] *Burchard*, Markus 112 (mit Hinweis auf Mk 15,21.24). – Zu etlichen weiteren Anspielungen auf »die sog. *Leidenspsalmen*« in Mk 15 vgl. *Merklein*, Jesusgeschichte 211.

[299] Dazu s. o. S. 108.

Galiläa voranzugehen (14,27 f.); als der »in die Hände der Sünder« ausgelieferte Menschensohn (V. 41, vgl. V. 21b) wird er zur Rechten Gottes erhöht werden und dereinst von dort her »mit den Wolken des Himmels kommen«, um auch und gerade von seinen Gegnern als der endzeitliche Richter wahrgenommen zu werden (V. 62)[300].

Genau in diesem Kontext zeigt die Erzählung – in Fortführung des Jesuswortes Mk 10,45 – auf, welche Bedeutung Jesu Passion für die Jünger hat: Zum einen erschließt ihnen der Tod Jesu den Weg in die vollendete Gottesherrschaft. Denn indem sein »Blut« stellvertretend »für viele vergossen« wird (Mk 14,24b), nimmt er Gottes Zorngericht auf sich (vgl. 14,36d–e; 15,33 f.)[301]. So gibt er sich selbst hin als »Brot«, von dem andere leben können (14,22)[302]; so wird mit seiner Lebenshingabe der »Bund« in Kraft gesetzt, durch den »die Vielen« mit Gott verbunden werden (V. 24b)[303]; und so entsteht aufgrund seines Todes der neue, nicht mit Händen gemachte Tempel (14,58, vgl. 15,29), der für die Völker zum Ort der Gottesgegenwart wird (vgl. 15,38 f.).

Gewiss liegt in Mk 14,57 f. ein Falschzeugnis, in 15,29 eine lästerliche Unterstellung vor. Dennoch sind in diesen beiden Versionen des Jesus zugeschriebenen Tempelwortes etliche Aussagen Jesu verarbeitet;[304] falsch ist nur, dass Jesus zum Urheber der Tempelzerstörung erklärt, diese mit Gottes Gericht über den Tempel identifiziert und (in V. 29) dessen Wiederaufbau erwartet wird. Im Verein mit 15,38 f. zeigen 14,58 und 15,29 deshalb an, dass Jesus mit seinem Tod tatsächlich zum Begründer eines neuen Tempels wird.[305]

Zum andern führt Jesus den Jüngern vor, wie sie künftig in bedrängenden Situationen bestehen und der Versuchung entgehen (Mk 14,38b–c) können[306] – anders als im Zuge seiner Passion, in der sie ihn, allen Beteuerungen (V. 29.31) zum Trotz, nicht, wie von ihm erbeten, unterstützen (V. 37.40, vgl. V. 34), sondern, wie von ihm vorhergesagt, verlassen (14,50–52, vgl. V. 27) und verleugnen (14,66–72, vgl. V. 30). Es gilt, nicht fälschlich auf die eigene Standhaftigkeit zu vertrauen, sondern

---

[300] Vgl. für das »Sitzen zur Rechten« Gottes Mk 12,36, für das »Kommen« 8,38; 13,26 f.

[301] Vgl. *Karrer*, Jesus 283 f. Wie der »Kelch« in Mk 14,36d (und zuvor schon in 10,38) ein Bild für Gottes Gericht ist (vgl. Ps 75[74],8 f. u. ö.), so zeigt die mittägliche Finsternis in Mk 15,33 dieses Gericht zeichenhaft an (vgl. Am 8,9).

[302] Von hier aus wird deutlich, warum bei der Schilderung der Speisungswunder die Austeilung des Brotes ganz ähnlich beschrieben wird wie beim Abschiedsmahl (vgl. Mk 6,41a; 8,6b mit 14,22a): Die Wunder zeigen die Fülle des Lebens an, die den Menschen um Jesus mit seiner Lebenshingabe zuteilwird.

[303] Mk 14,24b erinnert zugleich an die Rede vom »Bundesblut« in Ex 24,6–8, an das »Ausgießen« von Opferblut im Zuge des Sühne schaffenden Sündopfers (Lev 4,18–20) und an die Figur des Gottesknechts, der die Sünden von »vielen« auf sich nimmt, indem er um ihretwillen dahingegeben wird (Jes 53,12). Das Abschiedsmahl, das Jesus mit seinen Jüngern hält, ist demnach eine Art Bundesmahl: In ihm wird die heilvolle Bedeutung des Todes Jesu von Gott selbst besiegelt, von Jesus zur Darstellung gebracht und den Anwesenden gefeiert.

[304] Vgl. die Ansage der Auferstehung »nach drei Tagen« (Mk 8,31; 9,31; 10,34), die Rede vom »Gebetshaus für alle Völker« (11,17) samt dem auf die Tötung Jesu bezogenen Bildwort vom »Eckstein« eines neuen Baus (12,10 f.), der den Tempel als Ort der Gottesbegegnung ablöst (11,12–25) – dazu s. o. S. 125 –, und die Ankündigung der Tempelzerstörung (13,1 f.).

[305] Vgl. zum Ganzen *Wilk*, Jesus 48–50.

[306] Vgl. die vielen Analogien zur Passionsgeschichte in Mk 13,9–13: Auslieferung, Prügel, Konfrontation mit Statthaltern, Verhör, Denunziation durch Angehörige. Zur paränetischen Funktion der markinischen Passionserzählung insgesamt vgl. *Dormeyer*, Passion 269–287.

an dem als zuverlässig erwiesenen Wort Jesu (14,13–16) festzuhalten, zu wachen und zu beten (V. 38a).

So präsentiert der fünfte Hauptteil Jesus als denjenigen, *der durch sein Sterben den Völkern Gottes eschatologisches Heil erschließt, in seinem Leiden den Jüngern zum Vorbild wird und auf diese Weise sowohl seine Identität bewährt als auch seine Sendung erfüllt.* Indem der Erzähler aber in diesem Zusammenhang Jesus erneut von seiner Auferweckung sprechen lässt (Mk 14,28) und zudem die galiläischen Frauen als Augenzeuginnen des Kreuzestodes wie der Bestattung Jesu benennt (15,40 f.47), bereitet er den Abschluss seines Jesusbuches mit der Szene am leeren Grab (16,1–8d) vor, die als solche die ganze Erzählung auf die Zeit des »Evangeliums«[307] und deren Vollendung in der Gottesherrschaft hin öffnet[308].

Der Durchgang durch das Markus-Evangelium zeigt, dass jeder der fünf Hauptteile einen spezifischen Beitrag zur Entfaltung des Gesamtthemas leistet und dabei die jeweils vorhergehende Darstellung schlüssig fortführt.[309] Der Erzähler präsentiert Jesus in seinem Werdegang vom »Stärkeren« zum »Gekreuzigten« sukzessive als

– den vollmächtigen Boten der Gottesherrschaft, der gerade aufgrund seiner Vollmacht angefeindet wird,
– den barmherzigen Helfer und Hirten ganz Israels, den seine Jünger jedoch trotz ihrer Mitwirkung an seiner Mission nicht als solchen erkennen,
– den »Menschensohn«, der seine Nachfolger in den Weg einweist, der sie, ähnlich wie ihn selbst, durchs Leiden in die vollendete Gottesherrschaft führen wird,
– den »Herrn des Hauses«, der zunächst »im Namen des Herrn« nach Jerusalem kommt und einst selbst als »Herr« vom Himmel kommen wird, um die Angehörigen seines »Hauses« von allen Enden der Erde zu versammeln,
– den nach Gottes Heilswillen Leidenden, dessen Passion den Völkern Gottes eschatologisches Heil erschließt und den Jüngern zum Vorbild wird,

und in alledem als Christus und Gottessohn, dessen Lebensweg Anfang und Grundlage des »Evangeliums« darstellt.[310] So untermauert die themaorientierte Betrachtung der Abschnitte Mk 1,14–4,34; 4,35–8,26; 8,27–10,52; 11–13; 14,1–15,39 deren Wertung als Hauptteile der Jesuserzählung des Markus.

3.5.6 Einbeziehung der Kommunikationsebenen

Das Markus-Evangelium stellt eine Erzählung dar, in der sich direkte Rede ausschließlich im Munde der Erzählfiguren findet.[311] Diese freilich stehen fort-

---

[307] Man beachte, dass die in Mk 15,37–16,7 mit den Frauen verknüpfte Ereignisfolge »Tod – Begräbnis – Auferweckung – Erscheinung vor Petrus und den Jüngern« dem Grundbestand des »Evangeliums« nach 1 Kor 15,3–5 entspricht (ähnlich *Hamilton*, Tradition 417).

[308] Dazu s. o. S. 101.104–107.

[309] Eine bloße Zweiteilung (so *Witherington*, Gospel 37 f.: In Mk 1,1–8,30 werde gezeigt, *wer* Jesus sei, in 8,31–16,8, worin seine Sendung bestehe) wird dem Text also nicht gerecht.

[310] Die Annahme einer konzentrischen Struktur (vgl. das Referat diverser Modelle durch *Larson*, Structure 152) wird dem fortschreitenden Erzählgang des Markus nicht gerecht.

[311] Auch in Mk 13,14 liegt kein Appell des Erzählers an die Leserschaft vor; s. o. nach Anm. 231 und vgl. *Bultmann*, ἀναγινώσκω.

laufend in Gesprächen miteinander, wobei Jesus an den meisten selbst beteiligt ist;[312] andere Personen oder Gruppen sprechen in der Regel nur im Beisein Jesu miteinander[313]. Szenen mit mehr als zwei Gesprächspartnern sind im Übrigen relativ zahlreich,[314] und immer wieder endet eine Begegnung mit einer im Wortlaut zitierten Äußerung einer Erzählfigur[315]. In diesem Rahmen fallen folgende Sachverhalte auf:

- Nur zweimal zitieren Erzählfiguren die Aussagen anderer Personen: rückblickend in Mk 8,28 (vgl. 6,14 f.), vorausweisend in 11,3 (vgl. 11,5 f.).

   Vergleichbar sind allenfalls Mk 14,72b (hier kommt Petrus die Ankündigung Jesu aus V. 30 in den Sinn), 16,7 (hier wird die Zusage Jesu aus 14,28 in Erinnerung gerufen, nicht zitiert) und 14,14 (dazu bietet der weitere Erzählgang keine wörtliche Entsprechung).[316]

- Längere Wortwechsel gibt es häufig;[317] Abfolgen verschiedener Dialoge sind jedoch nur in Mk 9,16–26; 10,47–52 und 14,32–42.57–65.67–72 belegt.
- Wem die Aussage einer Erzählfigur gilt, wird meist angegeben oder aus dem Zusammenhang klar. Neben Mk 1,14 f.[318] und einigen Stellungnahmen zu Jesus[319] hat aber auch der Vorsatz der Hohepriester und der Schriftgelehrten für das Vorgehen zur Ergreifung Jesu (Mk 14,2) innerhalb der Erzählung keinen Adressaten.[320] Unklar bleibt zudem, an wen sich die mit bloßem »und er sagte« eingeführten Gleichnisse in 4,26–32 richten.[321]
- Abgesehen von der knappen, durch den Rückblick auf die Tötung des Täufers erweiterten Darstellung des erfolgreichen, Aufsehen erregenden Wirkens der Zwölf als Apostel (Mk 6,12–29) werden nur noch in Kapitel 14 Gespräche erwähnt, bei denen Jesus nicht präsent ist: die Beratung des Hohen Rats samt seiner Übereinkunft mit Judas (14,1 f.10 f.) sowie die dreifache Verleugnung des Petrus im Hof des Hohepriesters (14,54.66–72).[322]
- Von einem Reden der Himmelsstimme wird nach Mk 1,11 noch in 9,7 berichtet; Gebete Jesu zu Gott werden in 14,35 f.; 15,34 wiedergegeben[323].

---

[312] Nur die Sinneinheiten Mk 1,29–31.32–34; 3,13–19; 6,53–56; 15,20c–27.40 f.42–47 enthalten keine wörtliche Rede.

[313] Solche Gespräche finden entweder innerhalb einer Gruppe (vgl. πρὸς ἑαυτούς/ἀλλήλους »[unter]einander« in Mk 1,27 u. ö. bzw. 4,41 u. ö.) oder zwischen eigens benannten Erzählfiguren (vgl. Mk 2,16 u. ö.) statt.

[314] Vgl. Mk 1,23–28 u. ö.

[315] Das kann ein Zuschauerkommentar wie Mk 2,12 oder eine Aussage Jesu wie 2,17 sein.

[316] Anders gelagert sind die Verweise auf eine Halacha Mk 7,11, ein angebliches Jesuswort 14,58 (s. o. bei Anm. 304 f.) und die Sätze künftig auftretender Verführer 13,6a.21a–c.

[317] Vgl. Mk 5,7–12; 6,35–39; 8,1–6.15–21; 9,17–24; 10,23–31.35–40; 15,8–15.

[318] Dazu s. o. Anm. 171.

[319] Vgl. neben Mk 7,37; 15,39 (dazu s. o. S. 56.108) noch 2,12b; 3,21b.22.30; 6,14c–15.16.

[320] Hier fehlt ein »untereinander« o. ä. (dazu s. o. Anm. 313).

[321] Im Anschluss an Mk 4,10–12.13–20.21–23.24 f. liegt es nahe, auch weiterhin (vgl. V. 9 nach 4,2–8) die Jünger angesprochen zu sehen; die Fortsetzung in 4,33 f. hingegen spricht dafür, die Gleichnisse (mit *van Iersel*, Markus 117 f.) als öffentliche Lehrstücke aufzufassen.

[322] Bei der Barabbas-Szene Mk 15,6–15a ist Jesus, wie die Rahmung durch V. 5.15b anzeigt, anwesend. Vgl. *Gnilka*, Evangelium II 300: »Von einem Ortswechsel ist keine Rede.«

[323] Allerdings spricht Jesus in Mk 7,34b–c wohl auch den Himmel an (s. o. 3.2.4).

- Mit Dämonen kommuniziert Jesus öfter;[324] doch nur in Mk 4,39a–c spricht er, erkennbar gebieterisch (vgl. 4,39d.41), zu Elementen der Schöpfung.[325]
- In Dialogen mit den Jüngern stellt Jesus mehrfach Fragen, die in der Regel bestimmten Zwecken dienen: Sie leiten in Form eines Tadels eine Unterweisung ein, dienen der Information, fungieren als rhetorische Lehrfragen.[326] Besonderen Charakter haben vor diesem Hintergrund erstens die analog konstruierten, durch den Gebrauch von οὔπω »noch nicht« resigniert klingenden Fragen zum mangelnden Verständnis der Identität Jesu in Mk 4,40; 8,17a–c (samt 8,17d–21),[327] zweitens seine Doppelfrage in 8,27b–c.29a–b, für wen die Leute und für wen die Jünger ihn halten, drittens die Rückfragen nach dem Wollen verschiedener Bittsteller in 10,36.51a–b.[328]
- Umgekehrt wird Jesus immer wieder befragt: von Jüngern und Sympathisanten[329] sowie von diversen Kritikern[330]. Besonderes Augenmerk ziehen in diesem Kontext die Doppelfragen in 11,28[331] und 13,3f. auf sich.

Wie sich zeigt, weisen die Teile Mk 1,14–4,34; 4,35–8,26; 8,27–10,52; 11–13; 14,1–15,39, alle Einleitungs- (1,14f.; 4,35–41; 8,27–30; 11,1–11; 14,1–11) und etliche Schlussabschnitte (4,26–32[34]; 8,14–21[26];[332] 10,46–52) diverse Spezifika bei der Darstellung der Kommunikation auf. Die Beobachtungen bestätigen also die vorgeschlagene Grobgliederung des Markus-Evangeliums.

3.5.7 Einbeziehung des Erzählstils

Die Fülle an narrativen Stilmitteln, die das markinische Erzählwerk prägen, ist infolge seiner Länge so groß, dass man sie kaum insgesamt überblicken kann. Viele Stilmittel sind freilich primär für die Feingliederung von Belang. Immerhin lassen manche Beobachtungen zur formalen Kohärenz und zeitlich-logischen Stringenz Rückschlüsse auf die Grobgliederung des Werkes zu.[333]

Überblickt man das Markus-Evangelium als Ganzes, so hebt sich Mk 14,1–15,39 (bzw. 16,8d) vom Rest deutlich ab. Dieser ist ja als episodische Erzählung gestaltet, d.h. aus vielen Szenen gebildet, die als Sinneinheiten relativ selbständig sind. Die Passions(- und Oster)geschichte stellt jedoch einen organischen, kon-

---

[324] Vgl. Mk 1,24f.; 3,11f.; 5,7–12; 9,25f., ferner 1,34a_{fin.} (indirekte Rede).

[325] Nur formal vergleichbar ist Jesu Fluchwort über den Feigenbaum (Mk 11,14a–b.20f.).

[326] Vgl. a) Mk 4,13c; 7,18a–b; 9,33b–c; 14,6c.37b–e, b) 6,38a–b; 8,5a–b, c) 4,21.30; 7,18c–19b; 9,12 (zur Deutung auch von V. 12b als Frage vgl. *Marcus*, Way 99). 50b–c.

[327] Zur Leserlenkung an diesen Stellen vgl. *Fowler*, Reader 67.145.

[328] In anderen Kontexten sind Fragen Jesu breiter gestreut; vgl. Mk 2,8f.25f.; 3,4a–c.23; 8,12a–b; 10,3; 11,30a; 12,9a.10f.15a–b.16b–c.24.26 sowie 2,19a–b; 3,33 im Zuge von Disputen, 5,30.39a–b; 8,23b–c und 5,9a–b; 9,16.19a–d.21a–b im Kontext von Heilungen bzw. Exorzismen, 10,18a–b und 11,17a–b; 12,35.37b innerhalb von Schulgesprächen bzw. Lehrszenen, schließlich 15,34 im Rahmen eines Gebets.

[329] Vgl. Mk 4,10; 7,17; 9,11.28; 10,10, 13,3f. (ähnlich 10,26) sowie 10,17; 12,28.

[330] Vgl. Mk 2,7 (in Gedanken), 2,18.24; 7,5 (hinsichtlich des Verhaltens seiner Jünger) sowie 11,28; 14,60.61b–c (mit Blick auf seinen Macht- und seinen Hoheitsanspruch).

[331] Dazu s.o. nach Anm. 280.

[332] Dazu s.o. bei Anm. 223 und nach Anm. 264.

[333] Das gilt auch, wenn der Text ursprünglich vorgelesen wurde (so *Hooker*, Gospel 15).

sequent fortschreitenden Erzählgang[334] dar, in dem fast jeder Abschnitt fest mit seinem jeweiligen Kontext verknüpft ist.

Die formale Geschlossenheit des Abschnitts wird durch seine inhaltliche Stringenz verstärkt. Dabei stehen neben Notizen, die jeweils aufeinander folgende Szenen verknüpfen, viele weiter ausgreifende Prolepsen und Rückblenden;[335] vgl.
Mk 14,1a: zwei Tage bis zum Passafest (→ 14,12–26),
14,1b: Planung der Gefangennahme mit List (→ 14,44–46),
14,8b: Zurüstung des Leibes zum Begräbnis (→ 15,43–46),
14,10 f.: Verabredung mit Judas (→ 14,42–45),
14,18–21: Ansage der Auslieferung (→ 14,41 f.),
14,24: Deutung des Todes Jesu als Bundesschluss für »viele« (→ 15,33–39),
14,25: Ansage des Verzichts auf Wein (→ 15,23),
14,27: Ansage der Zerstreuung aller »Schafe« (→ 14,50–52),
14,28: Ansage der Auferweckung [und des Gangs nach Galiläa] (→ 16,6 [f.]),
14,30: Ansage der Verleugnung (→ 14,66–72),
14,36: Erleiden des göttlichen Gerichts (→ 15,33 f.),
14,48: Verhaftung als »Räuber« (→ 15,27),
14,54: ›Nachfolge‹ des Petrus bis in den Hof (→ 14,66–72),
14,58: Zuschreibung des Tempelworts (→15,29.38),
14,61: Frage nach dem Hoheitsanspruch als Christus und Gottessohn (→ 15,32.39),
14,64a: Vorwurf der Lästerung (→ 15,29),
14,64c: Todesurteil (→ 15,1.11–14);
15,2[.9.12]: Anklage als »König der Juden« (→ V. 26.32),
15,15b–16: Übergabe an eine »Kohorte« Soldaten (→ 15,39.44 f.),
15,17–20a: Verspottung als »König« (→ 15,31 f.),
15,13b–32: Kreuzigung (→ 16,6c),
15,40: Frauen als Augenzeuginnen (→ 15,47–16,8d).

Auch Mk 11–13 hat eine besondere Prägung. Der Erzählgang 1,14–13,37 ist auf weite Strecken durch die Darstellung verschiedener Kommunikationssituationen bestimmt.[336] Dabei folgen meist einzelne oder zu Blöcken verbundene Szenen aufeinander, in denen Jesus a) seine Jünger beruft, unterweist, belehrt und als Mitarbeiter einsetzt, b) Hilfsbedürftige »rettet«, c) mit Kritikern und Gegnern disputiert oder d) öffentlich lehrt und predigt;[337] etliche Szenen schließen auch mehrere dieser Elemente ein. In 11–13 aber fehlt jeder Hinweis auf ein Handeln Jesu an Hilfsbedürftigen; selbst die »arme Witwe« in 12,41–44 wird nicht als Bittstellerin, sondern – insofern sie »ihr ganzes Leben« einsetzt (V. 44_{fin}.) – als Vorbild für die Jünger präsentiert. Deren Unterweisung erfolgt daraufhin ausnahmsweise in einer langen, ununterbrochenen Rede (13,5–37).[338] Die Debatten mit seinen Gegnern aber führt Jesus im Tempel zu Jerusalem erstmals im Horizont seiner

---

[334] Vgl. dazu *Moloney*, Strategies 9 f. (freilich nur im Blick auf Mk 14,1–72). Seine These eines ständigen Wechsels in der Fokussierung a) auf Jesus und b) auf die Jünger bzw. – in 15,1–47 – andere Charaktere (vgl. a. a. O., 9.17) lässt sich am Text jedoch nicht verifizieren.
[335] Die Häufung und die Eigenart dieses Stilmittels in Mk 14–15 übersieht *Dewey*, Mark 224–234 (seine breite Streuung weise auf die mündliche Verwendung der *ganzen* Erzählung).
[336] Siehe o. 3.5.6.
[337] Zu diesen vier Grundformen des Wirkens Jesu nach Markus vgl. *Wilk*, Jesus 77.
[338] Vgl. *Weiß*, Evangelium 213. Die zweitlängste Rede an die Jünger (Mk 9,39–50) ist bereits deutlich kürzer, und 4,11–25 ist durch Redeeinleitungen (V. 13a.21a.24a) unterbrochen.

öffentlichen Lehre (11,17; 12,35–40) und des positiven Echos, das sie in der Volksmenge findet[339].

Der besondere Charakter der Kapitel zeigt sich außerdem daran, dass das andernorts bei Markus häufig belegte Verfahren, die erzählte Zeit durch summarische oder iterativ aufzufassende Sätze zu raffen,[340] in Mk 11–13 keine Rolle spielt. Der Erzähler beschränkt sich darauf, die einzelnen Sinneinheiten durch kleinere Zeitsprünge miteinander zu verbinden.[341]

Mk 8,27–10,52 sticht innerhalb des Markus-Evangeliums dadurch hervor, dass der sonst typische Wechsel der Bezugspersonen Jesu weitgehend unterbleibt: Es gibt in diesem Abschnitt keine Szene, in der die Jünger nicht mindestens eine beachtliche Nebenrolle spielen.[342] Dies entspricht seiner zentralen Stellung im Gesamtgefüge; denn im Dialog mit den Jüngern wird einerseits, anhebend in 8,27–30, das zuvor dargestellte Wirken Jesu im Hinblick auf seine Identität und seine Bedeutung für die Jünger ausgewertet, andererseits, gipfelnd in 10,32–34(45), der Weg Jesu (und seiner Jünger) ins Leiden und durch das Leiden in die Gottesherrschaft vorbereitet.

Das nach Form und Inhalt singuläre Jüngergespräch Mk 8,27–30 verbindet eine Rückblende (8,27c–28)[343] mit einem seinerseits im Rückblick auf das vollmächtige Wirken Jesu formulierten Bekenntnis (V. 29).[344] Rückblenden auf bereits Erzähltes erfolgen auch in 8,33b–c: »hinter mich, Satan« (→ 1,13.17),
8,34b: »wer hinter mir nachfolgen will« (→ 1,17.20 und 1,18; 2,14 f.; 3,7b; 6,1b);
9,7: Himmelsstimme, »mein geliebter Sohn« (→ 1,11),
9,13: Kommen und Geschick des Elija, d. h. des Täufers[345] (→ 1,6; 6,16–29),
9,28: Unvermögen der Jünger (→ 6,7.13a),
9,33: Haus in Kafarnaum (→ 2,15 vgl. 2,1; 3,20),
9,35 und 10,32: »die Zwölf« (→ 3,14 u. ö.),
9,37$_{fin.}$ und 10,45$_{init.}$: Sendung Jesu (→ 1,2 f.11),
9,38: Wirken in Jesu Namen (→ 6,13–14b),
9,41: Versorgung der Jünger als Boten (→ 6,8–10);
10,1c: öffentliche Lehre wie gewohnt (→ 2,13; 4,1),
10,28 f.: »wir haben alles verlassen …« (→ 1,18.20),
10,30: neue »Brüder, Schwester, Mütter …, unter Verfolgungen« (→ 3,35; 4,17),
10,35: Söhne des Zebedäus (→ 1,19 f.; 3,17),
10,47: »Jesus, der Nazarener« (→ 1,24, vgl. V. 9).[346]

---

[339] Vgl. Mk 11,18b–c; 12,12b.37c, ferner (in Bezug auf Johannes) 11,32c–d.

[340] Vgl. etwa Mk 1,28.39 u. v. ö. Selbst in der Passionsgeschichte kommt dieses Verfahren zur Anwendung; vgl. 14,16.31d.53; 15,1.15b.24$_{init.}$45.

[341] Vgl. Mk 11,11 f.19 f.25/27; 12,12 f.17 f.27 f.34 f.37 f.40 f.; 12,44/13,1; 13,2 f.

[342] Nach *Ebner*, Markusevangelium 157, ist Jesus in Mk 8,27–10,45 generell »mit seinen Schülern allein«. Tatsächlich gilt das für die Mehrzahl der Szenen. Unentbehrlich für das erzählte Geschehen sind die Jünger aber auch in 8,34–9,1; 9,14–29; 10,1–12.13–16.17–27.46–52.

[343] Siehe o. S. 122; zur Rede vom Täufer und einem Propheten vgl. Mk 1,4–9; 6,18.4.

[344] Vgl. dazu *Weber*, Christologie 119; ferner s. o. Anm. 213.

[345] Dazu s. o. Anm. 270.

[346] Gegen *Petersen*, Zeitebenen 110, der nur in Mk 10,28.45 Hinweise »auf frühere Etappen der Erzählung« erkennt. – Weitere Rückbezüge durch Wiederaufnahmen und Analogien liegen vor in 8,30 und 9,9: Schweigegebot (→ 1,44; 5,43; 7,36); 8,38 und 9,19: »dieses Geschlecht« (→ 8,12); 9,2a: die drei engsten Jünger (→ 5,37); 9,6b: Furcht angesichts einer Epiphanie (→ 4,41; 6,50 f.); 9,7: auf Jesus hören (→ 4,3.9.15–20.23 f.); 9,14–27: Heilung/Exorzismus (→ frühere

Umgekehrt entwirft Mk 10,33 f. ein recht genaues Bild von den Passions- und Osterereignissen, wie es ähnlich – weniger detailliert und in der Form des »Lehrens« – schon in 8,31; 9,31 geschieht.[347] Prolepsen auf Jesu Leiden und Tod finden sich zudem in 9,12c: »… dass er vieles erleidet und verachtet wird«, 10,38f.: den Kelch trinken und mit der Taufe getauft werden,[348] und 10,45: Hingabe des Lebens »als Lösegeld für viele«[349]; seine Auferstehung kommt auch in 9,9b in den Blick. Darüber hinaus kündigen sich diverse Einzelzüge der Passions- und Ostergeschichte an; vgl.
Mk 8,34b.c$_{fin.}$: Jesus folgen ($\leftrightarrow$ 14,50),
8,34c$_{init.}$: sich selbst verleugnen ($\leftrightarrow$ 14,30f.66–72),
8,34c$_{md.}$: das Kreuz aufheben ($\rightarrow$ 15,21);
9,4: Jesus sehen ($\rightarrow$ 14,28; 16,7)[350],
9,6a: »er wusste nicht, was er antworten sollte« ($\rightarrow$ 14,40),
9,6b: Furcht der Jünger ($\rightarrow$ 16,8);
10,37.40: Plätze links und rechts von Jesus ($\rightarrow$ 15,27).[351]

Die zusammenfassend-auswertende Funktion von Mk 8,27–10,52 findet auch darin Ausdruck, dass der Erzähler davon absieht, Jesu Wunderwirken erneut zum Gegenstand von Sammelberichten oder Hinweisen auf die Ausbreitung der Kunde davon[352] zu machen. Zugleich führt er auf den nächsten Hauptteil hin, indem er einige Anknüpfungspunkte für die Unterweisung setzt, die in Kapitel 11–12 erfolgt,[353] und verschiedentlich der Endzeitrede Jesu vorgreift.
Vgl. Mk 8,35 und 10,29: Leiden und Entbehrung um des Evangeliums willen ($\rightarrow$ 13,9f.);
8,38a–b: endzeitliche Relevanz der Worte Jesu ($\rightarrow$ 13,31),
8,38c: Ansage des Kommens des Menschensohns ($\rightarrow$ 13,26 [vgl. 14,62]);

Heilungen und Exorzismen [dazu s. o. Anm. 278]); 9,28 und 10,10: Rückfragen der Jünger im Haus ($\rightarrow$ 7,17, vgl. 4,10); 9,30: Jesus will in Galiläa verborgen bleiben ($\rightarrow$ 1,44b; 5,43a); 10,2: Versuchung durch Pharisäer ($\rightarrow$ 8,11); 10,3–5: Gebot des Mose ($\rightarrow$ 1,44; 7,9f.); 10,13: Suche nach Berührung ($\rightarrow$ 3,10; 5,27f.; 6,56; 8,22); 10,13f.: Jesus sorgt für Kinder ($\rightarrow$ 5,23f.39–43; 7,25f.29f., vgl. 9,17–27); 10,16: Auflegen der Hände ($\rightarrow$ 6,5; 8,23.25, vgl. 5,23; 7,32); 10,18: »niemand … außer einem, Gott« ($\rightarrow$ 2,7); 10,19: Verweis auf die Heiden, Zitat des Eltern-Gebots ($\rightarrow$ 7,8–10); 10,21f: »auf, folge mir nach« ($\rightarrow$ 1,17; 2,14); 10,22b–25: hinderlicher Reichtum ($\rightarrow$ 4,19); 10,45: »ich bin nicht gekommen um …, sondern um …« ($\rightarrow$ 2,17b); 10,46–52: Heilung eines Blinden ($\rightarrow$ 8,22–26); 10,52: »dein Glaube hat dich gerettet« ($\rightarrow$ 5,34).
[347] Folgende Stationen werden genannt: Mk 10,33a: Zug nach Jerusalem ($\rightarrow$ 11,1–11); 10,33b: Auslieferung an Hohepriester und Schriftgelehrte ($\rightarrow$ 14,10f.18–21.41–46.53); 10,33c$_{init.}$: Verurteilung zum Tod ($\rightarrow$ 14,1.55–64); 10,33$_{fin.}$: Auslieferung an »die Heiden« ($\rightarrow$ 15,1.15); 10,34a: Verspottung und Geißelung ($\rightarrow$ 15,17–20a.29–32 sowie 14,65; 15,15b); 10,34a$_{fin.}$: Tötung ($\rightarrow$ 15,24–37); 10,34b: Auferstehung nach drei Tagen ($\rightarrow$ 16,1.6). – Zu 8,31 vgl. auch 12,10 (s. o. Anm. 282), zu 9,31 v. a. 14,41.
[348] Zum »Kelch« vgl. Mk 14,36 (dazu s. o. Anm. 301). Die Wendung βάπτισμα βαπτισθῆναι verweist auf »das Versinken des Menschen im Unheil« (*Delling*, Βάπτισμα 245).
[349] Vgl. zur Sache Mk 14,24; dazu s. o. bei Anm. 303.
[350] Dazu s. o. S. 106 f.
[351] Zu Mk 15,21.27 s. o. bei Anm. 298. Weitere Bezugspunkte bieten 8,29: »Du bist der Christus« ($\rightarrow$ 14,61); 9,2: Jesus nimmt seine drei engsten Jünger mit ($\rightarrow$ 14,33); 9,3: weißes Gewand ($\rightarrow$ 16,5); 9,11–12b: Erwartung des Kommens Elijas ($\rightarrow$ 15,35f.); 9,42: »es wäre besser für ihn …« ($\rightarrow$ 14,21); 10,27: »alles ist möglich bei Gott« ($\rightarrow$ 14,36).
[352] Vgl. zum einen Mk 1,32–34; 3,10–12; 6,5b.55 f. (und für die Jünger V. 12 f.), zum andern 1,28.45; 5,20; 7,36 (samt 3,8$_{fin.}$).
[353] Vgl. Mk 9,9f.: »von den Toten auferstehen« ($\rightarrow$ 12,25–27); 9,23: »alles ist möglich für den, der glaubt« ([zur Deutung des Satzes auf das »dem Glauben« gewährt{e} … Wunder der göttlichen Hilfe« vgl. *Hofius*, Allmacht 136] $\rightarrow$ 11,22–24) und 10,18f.: der eine Gott und die Gebote ($\rightarrow$ 12,28–33).

9,1: Ansage der Nähe der Vollendung (→ 13,30);
10,30a*fin.*: künftige Verfolgung (→ 13,9–13),
10,37*fin.*: Jesu künftige Herrlichkeit (→ 13,26).[354]

Mk 4,35–8,26 hat innerhalb des Markus-Evangeliums insofern ein besonderes Profil, als hier die Darstellung des Wunderwirkens Jesu in analogieloser Weise auf seine Jünger und Anhänger ausgerichtet ist: Sie erfahren auf dem Galiläischen Meer selbst die rettende Zuwendung Jesu (4,37–39; 6,48–51a), treten im Zuge von Heilungen und Speisungen als seine Begleiter (5,37), Gesprächspartner (5,30 f.; 6,35–38; 8,1b–5) sowie Helfer (6,37a–b.39.41.43; 8,6b–7.8b, vgl. 8,19 f.) in Erscheinung[355] und werden zur Deutung des Erlebten angehalten (8,17c–21, vgl. 4,41; 6,52)[356]; sie wirken, mit Vollmacht ausgestattet, als Jesu Gesandte (6,7.12 f.30); und dort, wo er nicht mehr auftreten kann (5,17), verkündet in seinem Auftrag der vom Dämon Befreite, welches Erbarmen ihm durch Jesus zuteilwurde (5,19 f.). Dementsprechend sind die wenigen externen Prolepsen in diesem Passus auf die künftige Tätigkeit der Jünger als Boten Jesu ausgerichtet.[357] Interne Prolepsen auf die nachfolgenden Hauptteile aber fehlen ganz. Stattdessen bietet der Erzähler zwei Textstücke, mit denen er nachträglich Angaben aus dem Eingangsteil seiner Jesuserzählung erläutert – dass Jesus »aus Nazareth« stammt (1,9, vgl. 6,1–6) und der Täufer »ausgeliefert wurde« (1,14, vgl. 6,16.17–29) –, und zwar im Zusammenhang mit der Aussendung der Zwölf zu eigenständiger Wirksamkeit (6,7–13.30), die dadurch ihrerseits über 3,14 f. auf den Beginn des Wirkens Jesu (vgl. 1,16–20) zurück bezogen wird.

Auch hinsichtlich der Dispute mit Skeptikern und Kritikern weist Mk 4,35–8,26 eine spezifische Prägung auf; denn hier kommentiert Jesus, anders als zuvor und danach, die Ablehnung, auf die er stößt, mit offener Polemik.[358]

Mk 1,14–4,34 schließlich ist deutlich als erster Hauptteil gekennzeichnet, der in die Erzählung einführt und alles Weitere fundiert. So enthält der Abschnitt (bis 3,35) eine dichte Folge von Äußerungen, mit denen viele Erzählfiguren auf das Auftreten Jesu reagieren und ihre Stellung zu ihm ebenso eindeutig wie grund-

---

[354] Weitere Bezugspunkte bieten Mk 9,39: Machttat im Namen Jesu (↔ 13,21 f.) und 10,26 f.: Rettung, weil Gott es möglich macht (→ 13,11–13.20).

[355] Dementsprechend finden sich nur in Mk 4,35–8,26 so genannte Geschenk- und Rettungswunder (vgl. dazu *Theißen/Merz*, Jesus, 267 f.). Es ist allerdings zweifelhaft, ob sich diese Erzählungen eigenen Textsorten zuordnen lassen; vgl. *Berger*, Formen 362–367.

[356] Dazu s. o. S. 119.

[357] Vgl. neben Mk 6,8–11 (der proleptische Charakter der Verse wird durch die motivischen Analogien in 9,37.41; 13,9 bestätigt) noch 8,18b–21 (dazu s. o. S. 121): Den nächstliegenden Anhaltspunkt zur Deutung der Anzahl der Körbe, in die die Jünger die Überschüsse bei den Speisungen sammeln haben, bietet ja das Nebeneinander von zwölf Aposteln (3,14) und sieben »Diakonen« (Apg 6,2 f.) in der Jerusalemer Gemeinde (vgl. *Kelber*, Story 39); Mk 8,19 f. dürfte daher auf die nachösterliche Mission der Jünger unter Israel und den Weltvölkern hindeuten. – Anders *Petersen*, Zeitebenen 104 f., der (in 1,16–8,26) nach 4,32 nur noch 8,12 als »antizipatorischen Verweis« wertet; dass »[d]ieser Generation … *niemals* ein Zeichen gegeben werden« wird (a. a. O. 105; Kursivierung F. W.), steht freilich nicht im Text.

[358] Vgl. Mk 6,4 (im Konnex mit V. 6a); 7,6–13 und 8,12 (zum negativen Klang des hier wie in 13,30 par. im Konnex verwendeten Ausdrucks ἡ γενεὰ αὕτη »dieses Geschlecht« vgl. Gen 7,1 sowie Mt 11,16; 12,41 f.; 23,36; Lk 7,31; 11,30–32.50 f.; 17,25 und *Büchsel*, γενεά 661), ferner, im Gespräch mit den Jüngern, Mk 8,15c. Eine vergleichbare Kritik der Gegner Jesu findet sich dann erneut in 12,1–11 (vgl. V. 12). 38–40.

legend zur Sprache bringen: »Unreine Geister« identifizieren ihn als »den Heiligen …« (1,24e–f) bzw. »den Sohn Gottes« (3,11$_{fin.}$);[359] ein Aussätziger schreibt ihm die Macht zu, er selbst könne ihn reinigen (1,40); Augenzeugen seiner Taten preisen die »Vollmacht« (1,27c–d) und Einzigartigkeit (2,12$_{fin.}$) seines Handelns;[360] religiöse Autoritäten werfen ihm vor, Gott zu »lästern« (V. 7),[361] das Sabbatgebot zu missachten (V. 24) und mit dem Herrscher der Dämonen zu paktieren (3,22, vgl. V. 30);[362] seine Angehörigen sagen, er sei von Sinnen (V. 21). Ergänzt werden diese Stellungnahmen durch einige Aussagen Jesu über das Ziel seines »Kommens« (1,38; 2,17), über seine »Vollmacht« als »Menschensohn« (V. 10, vgl. V. 28), den Festcharakter der von seiner Präsenz bestimmten Zeitspanne (V. 19) und »den Willen Gottes«, den Menschen tun, indem sie sich zu Jesus halten und so eine neue Familie bilden (3,34 f.). Zudem nimmt der Erzähler mehrfach auktoriale Wertungen vor: Er spricht vom »Evangelium Gottes«, das Jesus verkündet (1,14), von der »Vollmacht«, die die Hörer der Lehre Jesu bestaunen (V. 22), vom »Glauben«, den Jesus bei Hilfesuchenden entdeckt (2,5a), und vom Gotteslob, das die Zeugen der Heilung des Gelähmten in Kafarnaum anstimmen (V. 12b) – aber auch von der Absicht der Gegner, Jesus zu verklagen (3,2b), und von dessen »Zorn« und Betrübnis über »die Verhärtung ihres Herzens« (V. 5a–b).

Nur die Jünger und Nachfolger enthalten sich im Zuge von Mk 1,14–3,35 jeder Stellungnahme. Auch der Erzähler kommentiert ihre Haltung zu Jesus nicht. Vielmehr beschränkt sich die Darstellung hinsichtlich des Kreises der Anhänger auf Szenen, die zeigen, wie Jesus diesen sukzessive konstituiert.

Jesus ruft Simon und Andreas, Jakobus und Johannes in die Nachfolge (Mk 1,16–20), lässt sie – samt einigen weiteren Begleitern, die er durch seinen ersten Auftritt in der Synagoge zu Kafarnaum gewonnen hat (V. 29$_{init.}$) – Zeugen eine Heilung werden (1,29–31)[363], macht sie dann alle zu seinen Weggefährten für den Zug durch Galiläa (1,36–38, vgl. 2,23), beruft weitere Personen zu Nachfolgern (V. 14), beteiligt seine nun zahlreich gewordenen »Jünger« an seiner Tischgemeinschaft mit Zöllnern und Sündern (V. 15), zieht sich mit ihnen ans Galiläische Meer zurück, wo sie ihm angesichts der Menge derer, die ihm folgen oder zuströmen, ein Boot als Schutzraum bereitstellen müssen (3,7–9), kürt dann auf einem Berg zwölf seiner Jünger zu seinen ständigen Begleitern und Gesandten (3,13–19) und erklärt alle, die sich um ihn versammeln, zu seiner den Willen Gottes erfüllenden Familie (3,32–35).

So entwirft Markus das Bild einer zwar im Kern klar definierten und auch von den Gegnern deutlich geschiedenen, in sich jedoch vielschichtigen und an den

---

[359] In Mk 5,7 erfolgt nur eine entsprechende *Anrede* Jesu durch den Dämon – und zwar ohne »Ohrenzeugen«, sodass kein Schweigebefehl erfolgen muss (vgl. *Meiser*, Reaktion 132).

[360] Die nächste vergleichbare Aussage findet sich in Mk 7,37 (s. o. bei Anm. 24.39 f.).

[361] Insofern in Mk 2,7 Gedanken zitiert werden, kommt der Vers einer auktorialen Wertung des Geschehens nahe. Zur Leserlenkung durch die Frageform vgl. *Fowler*, Reader 133.

[362] Zur »Lästerung« vgl. Mk 14,63 f. Demgegenüber ist der implizite Vorwurf 7,5 relativ harmlos; ähnliches Gewicht hat erst wieder das »Falschzeugnis« 14,58 (s. o. bei Anm. 304 f.).

[363] Nach Mk 1,21a werden die vier Jünger zunächst nicht mehr erwähnt. Im Gefolge von V. 21b, der nur von Jesus spricht, bezieht sich die 3. Person Pl. in V. 22a eher auf die Leute in der Synagoge (ein ähnlich unbestimmter Numerusgebrauch begegnet in 1,32c; 2,3 u. v. ö.); vgl. *Eckey*, Markusevangelium 74. Das bestätigt 1,22b ebenso wie V. 29, dessen merkwürdige Formulierung voraussetzt, dass jedenfalls die Zebedaiden – und dann doch wohl alle vier Jünger – nicht mit in der Synagoge waren.

Rändern offener Anhängerschaft:[364] Wer dazu gehört und wer – wie die Angehörigen Jesu (Mk 3,31) – »draußen steht«, bleibt undeutlich. Hinsichtlich dieser Problematik legt Jesus dann in 4,1–34 dar, dass alles davon abhängt, wie man das von ihm verkündete »Wort« aufnimmt. Ob man womöglich auch zu »jenen, die draußen sind« (V. 11) gehört, dies müssen sich alle Hörer Jesu fragen, bis hin zu den Zwölf.[365] Demgemäß ist das Textstück formal stark hervorgehoben: als umfangreiche Sammlung von Gleichnissen und Bildworten, durch die wörtliche Wiedergabe der öffentlichen Lehre Jesu und deren Verknüpfung mit einer gesonderten Jüngerunterweisung, durch viele externe Prolepsen[366]. Auf diese Weise rundet 4,1–34 den ersten Hauptteil bündig ab.

Der Neueinsatz in Mk 4,35 wird im Übrigen durch den logischen Bruch innerhalb der Erzählung unterstrichen, der mit der Zeitangabe in V. 35a gegeben ist: Von »jenem Tag« kann im Anschluss an 4,33 f. eigentlich nicht die Rede sein, und der Verweis auf den »Abend« wird im Folgenden – anders als an vergleichbaren Stellen[367] – nicht aufgegriffen oder fortgeführt.

Insgesamt zeigt sich, dass auch der differenzierte Einsatz narrativer Stilmittel dafür spricht, das Markus-Evangelium in die fünf Hauptteile Mk 1,14–4,34; 4,35–8,26; 8,27–10,52; 11–13; 14,1–15,39 zu gliedern.[368]

3.5.8 Auswertung

Das in 2.6 entwickelte Verfahren sieht im Anschluss an die Analyse des Erzählstils grundsätzlich noch die Identifikation syntaktisch auffälliger Phänomene vor. Bei einem so langen Text wie Mk 1–16 wäre der dafür erforderliche analytische Aufwand jedoch unverhältnismäßig hoch. Es ist zudem *a priori* unwahrscheinlich, dass sich aus solchen Phänomenen wesentliche Indizien für die hier unternommene Abgrenzung der Hauptteile des Markus-Evangeliums ergeben.[369] Seine syntaktische Struktur wird deshalb nicht eigens untersucht.

In der Zusammenschau der Ergebnisse aus den verschiedenen Arbeitsschritten ergibt sich für das Markus-Evangelium folgende Gliederung:

---

[364] ἀκολουθέω »nachfolgen« wird in Mk 1,18; 2,14c–d ebenso wie in 2,15c; 3,7b verwendet. Eine klare Unterscheidung »der Jesus begleitenden Menge« von einzelnen, die in die »enge *Jüngerschaft*« eintreten (so *Blendinger*, ἀκολουθέω 946), trifft Markus gerade nicht.

[365] Vgl. neben Mk 4,11 f. (dazu s. o. bei Anm. 249 f.) die durchgängige Betonung und Erörterung des »Hörens« in Mk 4,3a.9b.15b.16b.18b.20b.23.24b.33.

[366] Vgl. Mk 4,12.15c.17 (dazu s. o. Anm. 235). 19.20b$_{fin}$.21c.22.24c.25b.d.27–29.32b–c. – Die Sonderstellung von 4,1–34 (und Kapitel 13) betont auch *Shiner*, Technology 158 f.

[367] Vgl. Mk 1,32; 6,35.47; 11,11.19; 14,17; 15,42 und s. dazu o. S. 104.

[368] Gegen *France*, Gospel 11–15, der neben Mk 8,27–10,52 (dem er noch 8,22–26 als Auftakt zuordnet) nur noch zwei weitere große Hauptteile identifiziert: 1,14–8,21 und 11–16.

[369] Man vgl. dazu die Ergebnisse der syntaktischen Analyse von Joh 7,1–10,39 in 3.4.6.

Gliedungsübersicht zu Mk 1,1–16,8d

äußerer Rahmen	Leseanweisung	1,1–3	Überschrift / (←) Schriftzitat (↓)
	Auftakt	1,4–8	vorbereitendes Wirken des Täufers
innerer Rahmen	Grundlegung	1,9–13	Geistbegabung als Gottessohn – Versuchung
	Übergang	1,14–15	Jesu Predigt (der Gottesherrschaft) in Galiläa

(I) 1,14/16–4,34: Wirken in Galiläa als vollmächtiger Bote der Gottesherrschaft – gepriesen und angefeindet, mit offenem Jüngerkreis		1,16–20	Berufung der ersten vier Jünger („Menschenfischer")
		4,1–34	LEHRE in Gleichnissen: Vom rechten Hören – 4,10–25.34b: gesonderte Jüngerunterweisung – 4,26–32: Gleichnisse von der Gottesherrschaft
(II) 4,35–8,26: Wirken rund um das Galiläische Meer als barmherziger Helfer und Hirte ganz Israels – über sich hinausweisend, von den Jüngern nicht verstanden		4,35–41	*erste Bootsfahrt ans Ostufer:* Stillung von Wind und Meer – Unglaube und Identitätsfrage der Jünger
		8,14–21	*letzte Bootsfahrt ans Ostufer:* Gespräch über die Überschüsse bei den Speisungen – Unverständnis
		8,22–26	*Bethsaida:* Blindenheilung
(III) 8,27–10,52: Gang nach Jerusalem im Rückblick und im Ausblick auf d. Geschick des Menschensohns – samt Einweisung der Jünger in d. Weg durch das Leiden zur vollendeten Gottesherrschaft		8,27–30	*bei Cäsarea Philippi:* Petrusbekenntnis („Christus")
		8,31–9,1	Ansage von Tod und Auferstehung Jesu, Disput mit Petrus, Belehrung der Hinzugerufenen
		10,32–45	Ansage von Tod und Auferstehung Jesu, Disput mit Zebedaiden, Belehrung der Hinzugerufenen
		10,46–52	*Jericho:* Blindenheilung („Davidssohn")
(IV) 11–13: Wirken am und im Tempel als „Herr des Hauses" – mit Blick auf die Erhöhung Jesu und sein Kommen vom Himmel, für das es bereit zu sein gilt		11,1–11	*Einzug in Jerusalem:* Jubel über „den im Namen des Herrn Kommenden" / die Herrschaft Davids
		13,3–37	REDE: Über die Zeit bis zur Vollendung – 13,24–27: Ankündigung der Parusie – 13,28–37: Worte von der Nähe des Herrn
(V) 14,1–15,32/39: Passion als Sohn Gottes, dem Heilswillen Gottes gemäß – den Jüngern zum Vorbild und den Weltvölkern zum Heil		14,1–11	*vor dem Passa:* Mordplan (Hoher Rat/Judas) / *Bethanien:* Zurüstung zum Begräbnis („Evangelium")
		15,29–32	Lästerung Jesu durch Passanten („Tempelzerstörer und -erbauer") und Hohepriester etc. („König Israels")
innerer Rahmen	Übergang	15,33–39	Gebet und Tod Jesu – Benennung als Gottessohn
	Abschluss	15,40–47	Augenzeuginnen – Begräbnis
äußerer Rahmen	offener Schluss	16,1–8d	Auffindung des leeren Grabes – Botschaft des „Jünglings" (Auferweckung und Erscheinung)

(Vertikale Randbeschriftungen:) Jesu Werdegang vom (bevollmächtigten) „Stärkeren" zum „Gekreuzigten" (und Auferweckten)

So zeigt sich, wie kunstvoll der Erzähler den Spannungsbogen vom fulminanten Auftakt zum rätselhaften Schluss seines Buches gestaltet,[370] um darin die Grundlegung des Evangeliums durch das Erdenwirken Jesu darzustellen.

---

[370] Dass dieses Werk *aufgrund seines narrativen Charakters* »resists attempts to find one ›absolute‹ structure« (so *Cook*, Structure 51), trifft nicht zu. Gewiss lässt sich ein »absolutes« Ergebnis in der Exegese nie erreichen; mit der Auskunft: »each outline surveyed … points to interesting characteristics of the Markan narrative« (ebd.), entzieht man sich aber der Aufgabe, Gliederungsentwürfe auf ihre Plausibilität hin vergleichend zu überprüfen (s. o. 1.2).

4. Schlussbetrachtung

Im Folgenden gilt es zunächst darzulegen, inwieweit sich, erstens, die einzelnen Untersuchungsmethoden und, zweitens, ihre Kombination in der Anwendung auf die verschiedenen neutestamentlichen Erzählungen bewährt haben. Auf dieser Basis soll sodann eine Liste von Leitfragen formuliert werden, die bei der Gliederung solcher Texte zu bearbeiten sind.

4.1 Evaluation der einzelnen Untersuchungsmethoden

4.1.1 Überblick über das Inventar und vorläufige Bestimmung des Themas

Das Verfahren, auf der Basis eines Überblicks über das Inventar sowohl den Auftakt als auch den Abschluss eines narrativen Textes abzugrenzen und im Vergleich beider Textpassagen dessen Thema zu erfassen, hat in allen fünf Fällen zu einem plausiblen Ergebnis geführt. In der Tat eignet diesem Arbeitsschritt durchweg fundamentale Bedeutung, gibt er doch – bisweilen traditionelle Bezeichnungen korrigierend[1] – Aufschluss darüber, worauf eine Erzählung hinausläuft und welcher Leitgedanke demnach ihre Anlage bestimmt.

Es gilt allerdings zu beachten, dass die aus einem Überblick über das Inventar abgeleitete Abgrenzung des Eingangs- und des Schlussteils einer Erzählung vorläufigen Charakter hat. Erst am Ende der gesamten Untersuchung lässt sich feststellen, auf welcher Hierarchie-Ebene diese Abschnitte in der Gliederung einzuordnen, ob sie also im eigentlichen Wortsinn als Rahmenstücke zu werten sind. Während Letzteres bei Mk 7,31–37; Joh 7,1–10,39 und Mk 1–16 zutrifft,[2] gilt für die übrigen Beispiele jeweils etwas anderes:
– In Mt 13,44 ist zwar V. 44a als (zweiteilige) »Einleitung«, V. 44cγ jedoch »nur« als Schlussnotiz des Hauptteils aufzufassen.[3]
– In Apg 10,1–11,18 stehen sich 10,1f. als Auftakt des ersten Hauptteils (10,1–48), des ersten Großabschnitts (10,1–23) und der ersten Szene (10,1–8) sowie 11,18 als Abschluss des zweiten Hauptteils 11,1–18 gegenüber.[4]
Zudem kann die im Vergleich von Anfang und Ende ermittelte Thema-Angabe aufgrund der Ergebnisse weiterer Analysen ggf. präzisiert werden.[5] Ein Anlass, die aus jener Angabe abgeleiteten Einsichten für die Gliederung zu revozieren oder zu korrigieren, hat sich jedoch in keinem Fall ergeben.

---

[1] Siehe o. 3.1.1 zu Mt 13,44, 3.2.1 zu Mk 7,31–37 und 3.3.1 zu Apg 10,1–11,18.
[2] Siehe o. 3.2.1 und 3.2.7 (zu Mk 7,31f.36f.), 3.4.1 und 3.4.7 (zu Joh 7,1–10 und 10,22–39) sowie 3.5.1 (S. 102–104) und 3.5.8 (zu Mk 1,1–8.9–13[15] und 15,[33]40–47; 16,1–8d).
[3] Siehe o. 3.1.1 und 3.1.6 (S. 50f.).
[4] Siehe o. 3.3.1 (S. 61) und 3.3.7.
[5] Siehe o. 3.2.7 zu Mk 7,31–37, ferner 3.3.7 (S. 76) zu Apg 10,1–11,18 und 3.5.5 (S. 130) zu Mk 1–16.

4.1.2 Thema- und inventarorientierte Analyse

Die kombinierte Orientierung am Thema und am Inventar einer Erzählung erlaubt es, die wichtigsten Schnittstellen und Übergänge im Handlungsverlauf zu bestimmen und eine Grobgliederung zu erstellen. Diesbezüglich ergeben sich aus der doppelten Analyse durchweg kongruente und solide Resultate, die jeweils durch die weitere Untersuchung bestätigt werden. Allerdings muss diese Analyse bei so langen Texten wie dem Markus-Evangelium ergänzt werden durch eine thematische Beschreibung der postulierten Hauptteile, die aufzeigt, welchen spezifischen Beitrag zur Entfaltung des Themas jeder dieser Hauptteile leistet.

Im Übrigen hat die exemplarische Anwendung zwei generelle Schwächen des Verfahrens aufgedeckt: Erstens bietet es für sich genommen nur begrenzte Möglichkeiten, relevante Schnittstellen zu identifizieren; eine Feingliederung setzt weitere Analyseschritte voraus. Dies zeigt sich zum einen an Passagen wie Mt 13,44c und Mk 7,33–35, die innerhalb einer klar umrissenen, konstanten Szenerie konsequent fortschreitende Handlungs- oder Ereignissequenzen darstellen,[6] zum andern an längeren Redeblöcken wie Apg 10,34b–43 oder 11,5–17[7].

Solche Redeblöcke lassen sich freilich infolge ihrer formalen Eigenart, die sie als Repräsentanten einer eigenen Textsorte ausweist, mit Verfahren, die die Struktur einer *Erzählung* erhellen sollen, ohnehin nur in Ansätzen analysieren.[8] Entsprechendes gilt für Passagen, in denen längere Dialoge wiedergegeben werden, wie es z. B. in Joh 8,31–47 geschieht.[9]

Zweitens sind die Anhaltspunkte, die eine thema- und inventarorientierte Analyse für eine hierarchisierende Ordnung der einzelnen Textsegmente liefert, bisweilen entweder unzureichend oder nicht verlässlich:
- Bei Mt 13,44 treten im Zuge dieser Analyse zwei markante Schnittstellen zutage: V. 44a/b und V. 44b/c. Dass sie tatsächlich gleichrangig sind, insofern V. 44b eine Überleitung darstellt, machen erst weitere Untersuchungsschritte deutlich.[10]
- Ähnliches gilt für Mk 1–16: Zwar bestätigt sich im Lauf der gesamten Untersuchung die aus der thema- und inventarorientierten Analyse erschlossene Einteilung des Werkes in fünf Hauptteile (samt Rahmenstücken); dass jene Teile aber auf derselben Gliederungsebene liegen, wird frühestens aufgrund ihrer thematischen Beschreibung plausibel.[11]
- Bei Apg 10,1–11,18 erweist sich die von Thema und Inventar her entworfene Gliederung in manchen Details als unzureichend.[12]

---

[6] Man vgl. die zu den genannten Versen in 3.1.2 und 3.2.2 gewonnenen Einsichten mit dem jeweiligen Gesamtergebnis unter 3.1.6 bzw. 3.2.7.

[7] Siehe o. S. 67 (Anm. 63) sowie S. 69 (nach Anm. 69) im Gegenüber zu den unter 3.3.2 erzielten Ergebnissen.

[8] Dazu s. o. 1.2 bei und in Anm. 20.

[9] Für eine Gliederung dieses Passus und ähnlicher Textstücke innerhalb von Joh 7,1–10,39 bot die Untersuchung des Großabschnitts demgemäß auch kaum eine Grundlage; s. o. 3.4.7.

[10] Siehe o. 3.1.2 im Gegenüber zu 3.1.6 (zumal S. 50 f.).

[11] Siehe o. 3.5.3 (samt 3.5.5).

[12] Siehe o. 3.3.2 (S. 63) im Vergleich mit 3.3.7 (S. 76).

– Bei Joh 7,1–10,39 lassen die Ergebnisse der Analyse zwar eine Grobgliederung zu, nicht jedoch eine Hierarchisierung von Schnittstellen innerhalb der identifizierten Teilstücke.[13]

Die thema- und inventarorientierte Analyse eignet sich demnach als Ausgangspunkt, nicht jedoch als alleinige Grundlage für die Gliederung eines narrativen Textes.

4.1.3 Einbeziehung der Wiederaufnahmestruktur

Der ergänzende Blick auf die einen Text prägenden Wiederholungen und Wiederaufnahmen (von Personen sowie von Gegenständen und Sachverhalten) ermöglicht es, sowohl Schaltstellen, die Vorangegangenes bündeln oder Folgendes vorbereiten, als auch größere Sinnzusammenhänge innerhalb der Erzählung zu identifizieren.

Besonders klare Ergebnisse sind bei kurzen oder doch leicht überschaubaren Texten zu erzielen. Die Analyse der Wiederaufnahmestruktur

– deckt in Mt 13,44 erstmalig den überleitenden Charakter von V. 44b auf,[14]
– lässt in Mk 7,31–37 die Kohärenz des zentralen Passus 7,33–35, die Sonderstellung von V. 36 und die abrundende Funktion von V. 37 erkennen,[15]
– führt in Apg 10,1–11,18 – über die Einsicht, dass hier ein mehrstufiger Erkenntnisprozess abgebildet wird und die beiden zentralen Figuren, Petrus und Kornelius, jeweils als Repräsentanten größerer Gruppen in Erscheinung treten – bereits zu einer in plausibler Weise modifizierten Gliederung der Erzählung.[16]

Bei umfangreicheren Texten wie Joh 7,1–10,39 und Mk 1–16 ist das Verfahren erheblich aufwändiger. Der aufgedeckte Befund ist dann jeweils so vielschichtig, dass er nur mit Umsicht und Vorsicht für eine Gliederung ausgewertet werden kann. Doch wenn man darauf achtet, in welchen kürzeren Passagen diverse Wiederaufnahmen kombiniert sind und in welchen größeren Abschnitten sich sachlich zusammengehörige Wiederaufnahmen häufen, werden Schaltstellen und größere Sinnzusammenhänge gleichermaßen erkennbar und damit eine genauere sowie sachlich zugespitzte Gliederung möglich.[17]

4.1.4 Einbeziehung der Kommunikationsebenen

Die Verteilung metakommunikativer Sätze und die konkrete Ausgestaltung direkter und indirekter Rede innerhalb einer Erzählung lassen – soweit vorhanden[18] – durchweg Rückschlüsse darauf zu, welche Stellen besonders akzentuiert und inwieweit mehrere Passagen jeweils zu einem größeren Sinnabschnitt verbunden sind. Allerdings ist bei der Auswertung des Befundes zu berücksichtigen,

---

[13] Siehe o. 3.4.2 im Gegenüber zu 3.4.7.
[14] Siehe o. 3.1.3 (und vgl. dazu 3.1.6).
[15] Siehe o. 3.2.3.
[16] Siehe o. 3.3.3 (im Anschluss an 3.3.2).
[17] Siehe o. 3.4.3 zur Abgrenzung, Charakterisierung, wechselseitigen Zuordnung und Einteilung von Joh 7,14–52; 8,12–59 sowie 9,1–38; 9,39–10,18, ferner 3.5.4 zur Unterscheidung der fünf Hauptteile des Markus-Evangeliums.
[18] In Mt 13,44 fehlen Passagen direkter oder indirekter Rede völlig.

in welchem Ausmaß der betreffende Text durch die Wiedergabe von Gesprächssequenzen geprägt ist:
- In Mk 7,31–37 stechen die Passagen direkter Rede (V. 34a$_{fin.}$–b.37a$_{fin.}$–c) und indirekter Rede (V. 32$_{fin.}$.36a) schon als solche heraus – und markieren einerseits das Zentrum des Hauptteils sowie den Zielpunkt der ganzen Erzählung, andererseits den Abschluss der Einleitung sowie den Beginn des Schlussteils.[19]
- Texte wie Apg 10,1–11,18 und Mk 1–16, in denen die Erzählfiguren fortlaufend Gespräche miteinander führen, machen es demgegenüber notwendig zu erheben, wo formale und inhaltliche Besonderheiten in der Darbietung der Kommunikation vorliegen und wie sich diese über den gesamten Text verteilen. Eine derartige Bestandsaufnahme ermöglicht es dann hier wie dort, für den Handlungsfortschritt wichtige Episoden, innere Rahmenstücke und Großabschnitte bzw. Hauptteile zu identifizieren.[20]
- Für eine Erzählung wie Joh 7,1–10,39, die ganz überwiegend aus Passagen direkter Rede besteht, empfiehlt sich das gleiche Vorgehen; entsprechende Besonderheiten sind freilich dünner gesät und deshalb nur bei aufmerksamer Sichtung überhaupt zu entdecken.[21]

Wird die Analyse in dieser Weise dem jeweiligen Charakter des Gesamttextes angepasst, verhilft sie regelmäßig dazu, dessen Gliederung zu präzisieren.

4.1.5 Einbeziehung des Erzählstils

Narrative Stilmittel prägen *per se* vor allem die Feinstruktur einer Erzählung. Demzufolge hat deren Länge entscheidenden Einfluss darauf, wie der stilistische Befund für die Gliederung auszuwerten ist:
- In sehr kurzen bis kurzen Texten, wie sie in Mt 13,44 und Mk 7,31–37 vorliegen, lässt schon der Nachweis einzelner oder mehrerer Stilmittel an bestimmten Stellen der Erzählung Rückschlüsse auf deren Aufbau zu.[22]
- In einem Text mittlerer Länge wie Apg 10,1–11,18 weist erst die Häufung diverser Stilmittel in bestimmten Segmenten auf deren Bedeutung für die Gliederung hin.[23]
- Bei einer Erzählung des Umfangs von Joh 7,1–10,39 ist sorgfältig zu prüfen, welche Stellen durch besondere, im Gesamtgefüge des Textes auffällige Stilmittel akzentuiert und welche Abschnitte durch den wiederholten Einsatz bestimmter Stilmittel als Sinnzusammenhänge oder durch die Häufung diverser Stilmittel als Schaltstellen ausgewiesen werden.[24]

---

[19] Siehe o. 3.2.4 (samt 3.2.7).

[20] Siehe o. 3.3.4 und 3.5.6.

[21] Siehe o. 3.4.4.

[22] Siehe o. 3.1.4 (zu dem mit Mt 13,44cα vollzogenen Umschwung in der Darstellung) und 3.2.5 (zur Geschlossenheit des Passus Mk 7,33–35, dem besonderen Akzent in V. 34c und der Sonderstellung der Schlusssätze 7,36b–37).

[23] Siehe o. 3.3.5 (zur Wertung von Apg 11,1 als markantestem Neueinsatz, 10,44–48 als Höhepunkt, 10,17–23 als wichtigem Übergang und weiterer Passagen als Szenen innerhalb der Erzählung.

[24] Siehe o. 3.4.5 zur Identifikation von Neueinsätzen, Schaltstellen (wie Joh 8,31–47 und 9,24–34), Scharnierstücken (wie 7,11–13.40–52; 10,19–21), Brückenköpfen (wie 7,14–24 und 10,7–21), Übergängen (wie 7,30 f./32), größeren Sinnzusammenhängen (wie 8,12–59; 9,1–38) sowie dem Schlussstück 10,22–39 innerhalb von 7,1–10,39.

– Bei einer derart langen Schrift wie dem Markus-Evangelium gilt es für die Grobgliederung zu prüfen, inwieweit die aufgrund vorheriger Analysen postulierten Hauptteile im Rahmen des gesamten Werkes stilistisch gesehen hervorstechende Eigenarten aufweisen.[25]
In dieser differenzierten Weise durchgeführt, ergeben sich aus einer erzählstilorientierten Analyse durchweg wichtige – teils vertiefte, teils neue – Einsichten in die Struktur der untersuchten Erzählung.

4.1.6 Einbeziehung der Syntax

Die syntaktische Analyse ist naturgemäß noch stärker als die des Erzählstils auf Textdetails bezogen. Zur Grobgliederung ganzer Schriften wie etwa des Markus-Evangeliums taugt sie deshalb nicht.[26] In allen anderen Fällen führt sie aber zu weiterführenden Erkenntnissen hinsichtlich des Aufbaus einer Erzählung. Freilich hängt es wesentlich von der Länge des untersuchten Textes ab, wie solch eine Analyse ausgewertet werden kann:
– In einer sehr kurzen Erzählung, wie sie in Mt 13,44 vorliegt, lassen sich Variationen (etwa im Tempusgebrauch oder im Satzbau) unmittelbar als Hinweise auf Schnittstellen im Textaufbau auffassen.[27]
– Etwas längere Texte wie Mk 7,31–37 und Apg 10,1–11,18 erfordern es, zunächst einen Überblick über die syntaktischen Prinzipien zu gewinnen, nach denen eine Erzählung angelegt ist; erst vor diesem Hintergrund kann man Besonderheiten (bei Satzbau und Satzlänge, Satzarten und Satzfolgen, im Wort- und Partikelgebrauch, beim Einsatz von Tempora, Genera, Modi und Numeri etc.) identifizieren, die einzelne Stellen hervorheben. Solche Akzente weisen dann in aller Regel entweder auf Höhepunkte oder auf Schnittstellen bzw. Übergänge, bei Entsprechungen zwischen mehreren Stellen ggf. auch auf Rahmungen innerhalb der Darstellung hin.[28]
– Bei einem so langen Text wie Joh 7,1–10,39 ist im Prinzip das gleiche Vorgehen angezeigt; allerdings können sich dabei aus der Häufung spezifischer syntaktischer Phänomene in bestimmten Teilabschnitten auch Indizien für die Grobgliederung ergeben.[29]
Je nach Textlänge trägt also eine syntaktische Analyse auf unterschiedliche Weise dazu bei, den Aufbau einer Erzählung zu ermitteln.

---

[25] Siehe o. 3.5.7 zur Geschlossenheit und Stringenz der Passions- und Ostergeschichte Mk 14,1–16,8d und zum jeweils besonderen Charakter auch der Abschnitte 11–13; 8,27–10,52; 4,35–8,26 und 1,14–4,34.

[26] Siehe o. die Vorbemerkung zu 3.5.8.

[27] Siehe o. 3.1.5 zu den syntaktischen Differenzen zwischen Mt 13,44a, b und c.

[28] Siehe o. 3.2.6 sowie 3.3.6 zu den syntaktischen Besonderheiten in Mk 7,31–37 und Apg 10,1–11,18.

[29] Siehe o. 3.4.6 (insbesondere zum Kontrast zwischen Joh 7 und 9,1–38 auf der einen, 8,12–59 und 9,39–10,39 auf der anderen Seite).

4.2 Evaluation der Vorgehensweise im Ganzen

Insgesamt hat sich die Kombination der angewandten Untersuchungsmethoden für die Gliederung der exemplarisch in den Blick genommenen Erzählungen bewährt. Dabei kann die Kombination unterschiedliche Effekte haben:
– Oftmals konvergieren die Ergebnisse, die mittels verschiedener Analyseverfahren erzielt werden. Dadurch wird die Plausibilität dieser Ergebnisse entscheidend erhöht.
– Bisweilen führen einzelne Arbeitsschritte zu disparaten Resultaten. In solch einem Fall ermöglicht deren Zusammenschau eine Klärung des Befundes. Dies ist etwa bei der Analyse von Mt 13,44 der Fall, wo erst die abschließende Auswertung deutlich macht, dass V. 44b die Überleitung zwischen dem einleitenden V. 44a und dem Hauptteil V. 44c bildet.[30] Für Apg 10,1–11,18 wiederum führt die vergleichende Betrachtung der Einzelergebnisse zu einer Korrektur der zunächst – aufgrund der thema- und inventarorientierten Analyse – vorgenommenen hierarchischen Ordnung der Textsegmente, zumal im Blick auf 10,1–23 und 10,25–33.[31]
– Regelmäßig ergeben sich aus den stärker auf Form und Sprachgestalt des Textes bezogenen Analysen zusätzliche Gesichtspunkte für dessen Gliederung. Auf diese Weise wird es möglich, die Gliederung im Lauf der Arbeit sukzessive zu verfeinern – wie sich etwa bei Mk 7,31–37 zeigt[32] – und von anfänglich noch bestehenden Unklarheiten zu befreien – wie es z. B. im Zuge der Untersuchung von Joh 7,1–10,39 geschieht[33].
Gerade die Summe der mit verschiedenen Verfahren gewonnenen Einsichten erlaubt es also, eine überzeugende, sowohl den Gesamtzusammenhang als auch den detaillierten Verlauf einer Erzählung erhellende Gliederung zu erstellen.

Was die Reihenfolge der Untersuchungsschritte betrifft, so hat es sich als hilfreich erwiesen, sowohl auf der Inhalts- als auch auf der Gestaltungsebene vom Gesamtgefüge auszugehen und ins Einzelne vorzudringen. Auf diesem Wege kann man die Relevanz, die bestimmte Details für die Gliederung haben, von ihrer Einbindung in das Ganze der Erzählung her erfassen – und somit vermeiden, ihnen übermäßiges Gewicht beizumessen. Die Vorordnung der inhalts- vor die gestaltbezogenen Analysen erscheint ebenfalls als sinnvoll, da sich formale wie sprachliche Gesichtspunkte dann jeweils zugleich erheben *und* – von dem Thema und der gedanklichen Anlage eines Textes her – gewichten, d. h. in ihrer Bedeutung für die Textstruktur erfassen lassen.[34] Selbst bei kurzen Erzählungen wie Mt 13,44 oder Mk 7,31–37, bei denen die Zahl der Stil- und Sprachmerkmale leicht überschaubar ist,[35] legt es sich nicht nahe, andersherum vorgehen. Dann würde nämlich die Analyse der Wiederaufnahmestruktur, die sinnvollerweise an die des narrativen Inventars anschließt, ans Ende der gesamten Untersuchung rü-

---

[30] Siehe o. 3.1.6 (S. 50 f.).
[31] Siehe o. 3.3.7.
[32] Siehe o. 3.2.7 (im Vergleich mit 3.2.2).
[33] Siehe o. 3.4.7 (im Vergleich mit 3.4.2).
[34] Siehe dazu vor allem o. 3.3.4–3.3.6, 3.4.4–3.4.6 sowie 3.5.6–3.5.7.
[35] Siehe o. 3.1.4–3.1.5 und 3.2.4–3.2.6.

cken; und damit käme das Orientierungspotential, dass gerade diesem Verfahren für die Ermittlung des Aufbaus einer Erzählung eignet,[36] allzu spät zur Geltung.

4.3 Leitfragen für die Gliederung neutestamentlicher Erzählungen

Die Ergebnisse der beiden voranstehenden Abschnitte bestätigen die grundsätzliche Praktikabilität der unter 2.6.2 entwickelten Vorgehensweise zur Gliederung neutestamentlichen Erzählungen. Demnach lässt sich der erforderliche Arbeitsgang generell – in Anlehnung an das ebendort dargebotene Schema – anhand folgender Fragen durchführen:

Der nachstehend aufgeführte Fragenkatalog ist je nach Eigenart des untersuchten Textes gemäß den unter 4.1–2 notierten Beobachtungen zu modifizieren. Zudem ist bei Bedarf vorbereitend die Texteinheit abzugrenzen, indem ermittelt wird, welche Zeitangaben, welche Ortsangaben und/oder welche Angaben zur Figurenkonstellation den Text gegenüber seinem literarischen Kontext als relativ abgeschlossene Sinneinheit ausweisen?[37]

I. Zum inhaltlichen Zusammenhang der Erzählung
   a. Zum narrativen Inventar
     1. Welche Fortschritte im Zeitverlauf, welche Ortswechsel und welche Veränderungen der Figurenkonstellation sind im Text markiert?
     2. Welche Absätze im Fortgang der Erzählung lassen sich anhand dieser Markierungen identifizieren?
   b. Zum Rahmen
     3. Welche dieser Absätze zu Beginn und am Ende des Textes heben sich durch markante Veränderungen im Inventar so stark vom Rest der Erzählung ab, dass sie als deren Rahmenstücke zu werten sind?
     4. Welche Querbezüge (Übereinstimmungen, Analogien, Differenzen, Gegensätze) sind zwischen dem vorderen und dem hinteren Rahmenstück der Erzählung festzustellen?
     5. Wie lässt sich anhand dieser Querbezüge der Spannungsbogen beschreiben, der die Erzählung überspannt? Wie also ist deren Thema, d.h. ihr leitender Grundgedanke, zu formulieren?
   c. Zum Verlauf
     6. Welche Stellen im Text sind für den Handlungsfortschritt im Sinne des Themas maßgeblich?
     7. Wie lassen sich die Veränderungen im narrativen Inventar von der thematischen Eigenart der Erzählung her hierarchisieren?[38]
     8. Mit welchen Veränderungen im narrativen Inventar sind die für den Handlungsfortschritt maßgeblichen Stellen jeweils verknüpft? Und wo häufen sich – zugleich oder unabhängig davon – mehrere solcher Veränderungen?

---

[36] Siehe o. 4.1.3.

[37] Dazu s.o. jeweils die einleitenden Absätze zu 3.2–3.4.

[38] Wie mehrfach deutlich geworden ist, haben z.B. in einer auf personale Begegnungen fokussierten Erzählung Veränderungen in der Konstellation der Handlungsträger Priorität (s.o. 2.3 [S. 17], 3.3.2 [S. 62 f.] und 3.4.2 [S. 83 f.]).

9. Welche hierarchische Ordnung der vom Thema und vom Inventar her identifizierten Stellen ergibt sich aus den notierten Verknüpfungen und Häufungen? Welche vorläufige Gliederung lässt sich daraus ableiten?

II. Zur Wiederaufnahmestruktur der Erzählung

  a. Zur Wiederaufnahme von Handlungsträgern

10. Wo im Text werden Handlungsträger erstmalig, wo letztmalig erwähnt? An welchen dazwischen liegenden Stellen wird jeweils die erste Erwähnung – explizit oder implizit[39] – wieder aufgenommen?

11. Welche begrifflichen Substitutionen erfolgen dabei?[40] Wo fungiert die betreffende Erzählfigur als Subjekt, wo als Objekt, wo als Adressat oder Gegenstand der Äußerung einer anderen Person?

12. Wo werden mehrere Handlungsträger durch relationale Bestimmungen oder übergreifende Aussagen miteinander in Beziehung gesetzt?

13. Welche Sinnzusammenhänge innerhalb des Textes werden auf diese Weise markiert? Welche Abschnitte lassen sich daraufhin identifizieren, und wie ist das Verhältnis zwischen ihnen zu beschreiben?

  b. Zur Wiederaufnahme wesentlicher Gegenstände und Sachverhalte.

14. Wo im Text werden wesentliche Gegenstände und Sachverhalte erstmalig, wo letztmalig erwähnt? An welchen dazwischen liegenden Stellen wird jeweils die erste Erwähnung – explizit oder implizit[41] – wieder aufgenommen? Wo werden Sätze, Aussagen oder zentrale Begriffe wörtlich wiederholt?

15. Welche begrifflichen Variationen erfolgen dabei?

16. Wo werden mehrere solcher Gegenstände und Sachverhalte zueinander in Beziehung gesetzt? In welchen Abschnitten kommt es zu signifikanten Häufungen diverser Wiederaufnahmen?

17. Welche Sinnzusammenhänge, welche Schaltstellen sowie Übergänge zwischen verschiedenen Abschnitten und welche Phasen im Erzählverlauf treten auf diese Weise zutage?

III. Zum gestalterischen Zusammenhalt der Erzählung

  a. Zu den Kommunikationsebenen

18. Welche Sequenzen aus metakommunikativen Sätzen und nachfolgenden Passagen direkter oder indirekter Rede enthält die Erzählung? Welche Erzählfiguren treten dabei als Sprecher, welche als Hörer in Erscheinung?

19. Wie sind die Äußerungen der verschiedenen Erzählfiguren formal und inhaltlich zu charakterisieren? Welche Wertungen werden in diesen Äußerungen vorgenommen?

20. Welche Akzente sind mit solchen Sequenzen – sei es als solchen, sei es aufgrund bestimmter formaler oder inhaltlicher Eigenarten im Vergleich aller Kommunikationsvollzüge des Textes – gesetzt?

---

[39] Zu dieser Unterscheidung s.o. 2.4.3 (S. 22 bei Anm. 48 f.)
[40] Dazu s.o. 2.4.3 (S. 24).
[41] Siehe o. Anm. 39.

21. Welche Sinnzusammenhänge werden in der Abfolge solcher Sequenzen oder durch die Häufung eigentümlicher Redeweisen in bestimmten Abschnitten erkennbar?

b. Zu den narrativen Stilmitteln

22. An welchen Stellen wird die formale Kohärenz des Textes durch Wechsel der Textsorte, der Erzählperspektive (auktoriale und aktoriale Fokalisierung,[42] Wertungen und Kommentare, Einblicke in die Erzählfiguren etc.), der Fokussierung oder der Darstellungsintensität beeinträchtigt?

23. An welchen Stellen weist die Erzählung Mängel in der zeitlichen oder logischen Stringenz (Abschweifungen, Prolepsen, Rückblenden, Nachträge oder Lücken, Brüche, Unebenheiten o. Ä.) auf?

24. Welche Teilstücke und Verbindungslinien, welche Schaltstellen und Akzentsetzungen lassen sich innerhalb der Erzählung angesichts der verwendeten oder besonders auffälligen Stilmittel sowie ggf. ihrer Häufung in einzelnen Abschnitten identifizieren?

c. Zu den syntaktischen Phänomenen

25. Nach welchen syntaktischen Prinzipien ist die Erzählung im Großen und Ganzen gestaltet?[43]

26. Welche Satzformen und -konstruktionen stechen (durch Länge, Modus, Tempus etc.) aus der Gesamtanlage des Textes hervor? Welche Partikeln und Konjunktionen fallen besonders auf?

27. An welchen Stellen sind solche Phänomene miteinander oder mit anderen Textmerkmalen (wie z. B. Stilmitteln) verknüpft? Welche Neueinsätze, Übergänge oder Abschlüsse werden auf diese Weise markiert?

28. Wo unterstützt die Häufung bestimmter syntaktischer Phänomene die Abgrenzung größerer Teilabschnitte innerhalb der Erzählung?

IV. Zur Auswertung der Ergebnisse

29. An welchen Stellen konvergieren die verschiedenen Analysen, an welchen Stellen ergänzen sie einander? Welche Grob- und Feingliederung des Textes ergibt sich aus diesem Befund?

30. An welchen Stellen weisen konkurrierende Ergebnisse auf bedeutsame Übergänge innerhalb der Erzählung hin?

Die Bearbeitung dieses Fragenkatalogs ist – wie die exemplarischen Analysen in Kapitel 3 zeigen – aufwändig, aber zielführend. Fundamentale Bedeutung hat dabei die Kombination der inhaltsbezogenen mit den an der Form des Textes orientierten Methoden.[44] Erst sie erlaubt es, eine neutestamentliche Erzählung tatsächlich auf plausible Weise zu gliedern.

---

[42] Dazu s. o. S. 34, Anm. 77, und S. 72, Anm. 74.

[43] Bei sehr kurzen Texten entfällt dieser Arbeitsschritt (s. o. bei Anm. 27).

[44] Es ist deshalb nicht empfehlenswert, sich beim Entwurf einer Gliederung auf entweder die inhaltlichen oder die formalen Aspekte einer Erzählung zu beschränken.

Literaturverzeichnis

Die verwendeten Abkürzungen für Lexika, Reihen und Zeitschriften folgen den Angaben von *Siegfried Schwertner*, Internationales Abkürzungsverzeichnis für Theologie und Grenzgebiete, Berlin / New York ²1992.

Quellen

Biblia Hebraica Stuttgartensia, hg. von Karl Elliger / Wilhelm Rudolph. 5. Auflage, hg. von Adrian Schenker, Stuttgart 1997.

Novum Testamentum Graece, begründet von Eberhard und Erwin Nestle, hg. von Barbara und Kurt Aland / Johannes Karavidopoulos / Carlo M. Martini / Bruce M. Metzger. 28. revidierte Auflage, hg. vom Institut für Neutestamentliche Textforschung Münster/ Westfalen unter der Leitung von Holger Strutwolf, Stuttgart 2012.

Septuaginta. Id est Vetus Testamentum graece iuxta LXX interpretes edidit Alfred Rahlfs. Editio altera quam recognovit et emendavit Robert Hanhart, Stuttgart 2006.

Synopsis Quattuor Evangeliorum. Locis parallelis evangeliorum apocryphorum et patrum adhibitis, hg. von Kurt Aland, Stuttgart ¹³1985, Nachdruck 1988.

Übersetzungen und Hilfsmittel

Balz, Horst / Schneider, Gerhard (Hg.): Exegetisches Wörterbuch zum Neuen Testament, 3 Bände, Stuttgart u. a. ²1992.

Bauer, Walter: Griechisch-deutsches Wörterbuch zu den Schriften des Neuen Testaments und der übrigen urchristlichen Literatur, Berlin / New York ⁵1971 (Nachdruck).

Betz, Hans D. / Browning, Don S. / Janowski, Bernd / Jüngel, Eberhard (Hg.): Religion in Geschichte und Gegenwart, 4., völlig neu bearbeitete Auflage, 9 Bände, Tübingen 1998–2007.

Die Bibel nach der Übersetzung Martin Luthers. Mit Apokryphen. Bibeltext in der revidierten Fassung von 1984, hg. von der Evangelischen Kirche in Deutschland, Stuttgart 1985.

Kleine Jerusalemer Bibel. Neues Testament und Psalmen. Herder-Übersetzung mit dem vollständigen Kommentar der Jerusalemer Bibel, Herderbücherei 1760 (Neuausgabe), Freiburg u. a. 1991.

Blass, Friedrich / Debrunner, Albert: Grammatik des neutestamentlichen Griechisch. Bearbeitet von *Friedrich Rehkopf*, Göttingen ¹⁵1979.

Coenen, Lother / Beyreuther, Erich / Bietenhard, Hans (Hg.): Theologisches Begriffslexikon zum Neuen Testament, 3 Bände, Wuppertal ³1972.

Duden. Rechtschreibung der deutschen Sprache. 21., völlig neu bearbeitete und erweiterte Auflage, hg. von der Dudenredaktion. Auf der Grundlage der neuen amtlichen Rechtschreibregeln, Band 1, Mannheim u. a. 1996.

Freedman, David N. (Hg.): The Anchor Bible Dictionary, 6 Bände, New York u. a. 1992.

Hatch, Edwin / Redpath, Henry A.: A Concordance to the Septuagint and the Other Greek Versions of the Old Testament (Including the Apocryphal Books) in Three Volumes, Grand Rapids (MI) 1987 (Nachdruck; Original: Oxford 1897–1906).

Liddell, Henry G. / Scott, Robert: A Greek-English Lexicon. Revised and Augmented throughout by *Henry S. Jones*. With a Supplement 1968, Oxford 1982 (Nachdruck).

Lüdemann, Gerd / Schleritt, Frank: Arbeitsübersetzung des Neuen Testaments, UTB 3163, Göttingen 2008.

Kittel, Gerhard bzw. [ab Band 5:] *Friedrich, Gerhard* (Hg.): Theologisches Wörterbuch zum Neuen Testament, 10 Bände, Stuttgart bzw. [ab Band 8] Stuttgart u. a. 1933–1979.

Konkordanz zum Novum Testamentum Graece von Nestle-Aland, 26. Auflage, und zum Greek New Testament, 3rd Edition, hg. vom Institut für Neutestamentliche Textforschung und vom Rechenzentrum der Universität Münster, Berlin / New York ³1987.

Septuaginta Deutsch. Das griechische Alte Testament in deutscher Übersetzung, hg. von Wolfgang Kraus / Martin Karrer, Stuttgart ²2010.

Sekundärliteratur

Auerochs, Bernd: Art. »Text I. (Literaturwissenschaftlich)«; in: RGG 8 (⁴2005), 196 f.

Aune, David E.: The New Testament in its Literary Environment, Library of Early Christianity, Cambridge 1988.

Balz, Horst / Schneider, Gerhard: Art. »μογιλάλος«; in: EWNT II (²1992), 1072.

Berger, Klaus: Das Buch der Jubiläen; in: JSHRZ II/3, Gütersloh 1981.

Ders.: Formen und Gattungen im Neuen Testament, UTB 2532, Tübingen/Basel 2005.

Ders.: Gleichnisse als Texte. Zum lukanischen Gleichnis vom »verlorenen Sohn«; in: Karl-Heinz Bender / Klaus Berger / Mario Wandruszka (Hg.): Imago Linguae. Beiträge zu Sprache, Deutung und Übersetzen. FS Fritz Paepcke, München 1977, 61–74.

Blendinger, Christian: Art. »ἀκολουθέω κτλ.«; in: TBLNT II (³1972), 945–947.

Blinzler, Josef: Der Prozeß Jesu. Das jüdische und das römische Gerichtsverfahren gegen Jesus Christus auf Grund der ältesten Zeugnisse dargestellt und beurteilt, Regensburg ³1960.

Böttger, Paul C.: Der König der Juden – das Heil für die Völker. Die Geschichte Jesu Christi im Zeugnis des Markusevangeliums, NStB 13, Neukirchen-Vluyn 1981.

Bovon, François: Das Evangelium nach Lukas. 3. Teilband: Lk 15,1–19,27, EKK III/3, Düsseldorf und Zürich / Neukirchen-Vluyn 2001.

Ders.: Tradition et rédaction en Actes 10,1–11,18; in: ThZ 26 (1970), 22–45.

Breytenbach, Cilliers: Das Markusevangelium als episodische Erzählung. Mit Überlegungen zum »Aufbau« des zweiten Evangeliums; in: Ferdinand Hahn (Hg.): Der Erzähler des Evangeliums. Methodische Neuansätze in der Markusforschung, SBS 118/119, Stuttgart 1985, 137–169.

Brinker, Klaus: Art. »Textstrukturanalyse«; in: Ders. / Gerd Antos / Wolfgang Heinemann / Sven F. Sager (Hg.): Text- und Gesprächslinguistik. Ein internationales Handbuch zeitgenössischer Forschung I/1, Berlin / New York 2000, 164–175.

Broer, Ingo: Einleitung in das Neue Testament, 2 Bände, Studienausgabe, Würzburg 2006.

Büchsel, Friedrich: Art. »γενεά κτλ.«; in: ThWNT I (1933), 660–663.

Bühner, Jan-Adolf: Art. »παῖς«; in: EWNT III (²1992), 11–14.

Bultmann, Rudolf: Art. »ἀναγινώσκω, ἀνάγνωσις«; in: ThWNT I (1933), 347.

Ders.: Art. »εὐφραίνω«; in: ThWNT II (1935), 770–773.

Ders.: Das Evangelium des Johannes, KEK II, Göttingen ³1952.

Ders.: Die Geschichte der synoptischen Tradition, FRLANT 29, Göttingen ¹⁰1995.

Burchard, Christoph: Markus 15,34 [1983]; in: Ders.: Studien zur Theologie, Sprache und Umwelt des Neuen Testaments, hg. von Dieter Sänger, WUNT 107, Tübingen 1998, 108–118.

Ders.: Senfkorn, Sauerteig, Schatz und Perle in Matthäus 13 [1988]; in: Ders.: Studien (s. o.), 77–107.

Burkill, T. Alec: The Syrophoenician Woman. The Congruence of Mark 7,24–31; in: ZNW 57 (1966), 23–37.

Cerfaux, Lucien: Les paraboles du Royaume dans l'Évangile de Thomas; in: Le Muséon 70 (1957), 307–327 = Ders.: Recueil Lucien Cerfaux III, BEThL 71, Leuven ²1985, 61–80.

Conzelmann, Hans: Die Apostelgeschichte, HNT 7, Tübingen 1963.

Cook, John G.: The Structure and Persuasive Power of Mark. A Linguistic Approach, SBL Semeia Studies, Atlanta (GA) 1995.

Crossan, J. Dominic: In Parables. The Challenge of the Historical Jesus, Sonoma (CA) 1992.

Culpepper, R. Alan: Anatomy of the Fourth Gospel. A Study in Literary Design, Foundations and Facets: New Testament, Philadelphia (PA) 1983.

Daise, Michael A.: Feasts in John. Jewish Festivals and Jesus' »Hour« in the Fourth Gospel, WUNT II/229, Tübingen 2007.

Danove, Paul: The End of Mark's Story. A Methodological Study, Leiden u. a. 1993.

Dautzenberg, Gerhard: Art. »διακρίνω«; in: EWNT I (²1992), 732–738.

Delling, Gerhard: Βάπτισμα βαπτισθῆναι; in: Ders.: Studien zum Neuen Testament und zum hellenistischen Judentum. Gesammelte Aufsätze 1950–1968, hg. v. Ferdinand Hahn, Traugott Holtz und Nikolaus Walter, Berlin 1970, 236–256.

Ders.: Lexikalisches zu τέκνον. Ein Nachtrag zur Exegese von 1. Kor. 7,14; in: Ders.: Studien (s. o.), 270–280.

Delorme, Jean: Zeichen und Gleichnisse. Evangelientext und semiotische Forschung, Düsseldorf 1979.

Dewey, Joanne: Mark as Interwoven Tapestry: Forecasts and Echoes for a Listening Audience; in: CBQ 53 (1991), 221–236.

Dibelius, Martin: Die Bekehrung des Cornelius; in: Ders.: Aufsätze zur Apostelgeschichte, hg. von Heinrich Greeven, Berlin ²1953, 96–107.

Dietzfelbinger, Christian: Das Evangelium nach Johannes. Teilband 1: Johannes 1–12, ZBK 4/1, Zürich 2001.

Doering, Lutz: Much Ado about Nothing? Jesus' Sabbath Healings and their Halakhic Implications Revisited; in: Ders. / Hans-Günter Waubke / Florian Wilk (Hg.): Judaistik und neutestamentliche Wissenschaft. Standorte – Grenzen – Beziehungen, FRLANT 226, Göttingen 2008, 217–241.

Dormeyer, Detlev: Das Markusevangelium, Darmstadt 2005.

Ders.: Die Passion Jesu als Verhaltensmodell. Literarische und theologische Analyse der Traditions- und Redaktionsgeschichte der Markuspassion, NTA NF 11, Münster 1974.

Ebner, Martin / Heininger, Bernhard: Exegese des Neuen Testaments. Ein Arbeitsbuch für Lehre und Praxis, UTB 2677, Paderborn u. a. 2005.

Ebner, Martin: Das Markusevangelium; in: Ders. / Stefan Schreiber (Hg.): Einleitung in das Neue Testament, Stuttgart 2008, 154–183.

Ders.: Die Spruchquelle Q; in: Ders. / Stefan Schreiber (Hg.): Einleitung in das Neue Testament, Stuttgart 2008, 85–111.

Eckey, Wilfried: Das Markusevangelium. Orientierung am Weg Jesu. Ein Kommentar, Neukirchen-Vluyn 1998.

Egger, Wilhelm / Wick, Peter: Methodenlehre zum Neuen Testament. Texte selbständig auslegen, Freiburg u. a. ⁶2011.

Eichholz, Georg: Gleichnisse der Evangelien. Form, Überlieferung, Auslegung, Neukirchen-Vluyn ⁴1984.

Erlemann, Kurt: Gleichnisauslegung. Ein Lehr- und Arbeitsbuch, UTB 2093, Tübingen/Basel 1999.

Fendler, Folkert: Studien zum Markusevangelium. Zur Gattung, Chronologie, Messiasgeheimnistheorie und Überlieferung des zweiten Evangeliums, GTA 49, Göttingen 1991.

Feneberg, Rupert: Der Jude Jesus und die Heiden. Biographie und Theologie Jesu im Markusevangelium, HBS 24, Freiburg 2000.

Feldtkeller, Andreas: Identitätssuche des syrischen Urchristentums. Mission, Inkulturation und Pluralität im ältesten Heidenchristentum, NTOA 25, Fribourg/Göttingen 1993.

Felsch, Dorit: Die Feste im Johannesevangelium. Jüdische Tradition und christologische Deutung, WUNT II/308, Tübingen 2011.

Fowler, Robert M.: Let the Reader Understand: Reader-Response Criticism and the Gospel of Mark, Minneapolis (MN) 1991.

France, Richard T.: The Gospel of Mark, NIGTC, Grand Rapids (MI) 2002.

Frey, Jörg: Die johanneische Eschatologie II: Das johanneische Zeitverständnis, WUNT 110, Tübingen 1998.

Friedrichs, Lutz: Art. »Perikopen/Perikopenordnung II. (Christentum)«; in: RGG 6 (⁴2003), 1112–1115.

Funk, Robert W.: The Poetics of Biblical Narrative, Sonoma (CA) 1988.

Genette, Gérard: Die Erzählung. Aus dem Französischen von Andreas Knop, hg. von Jochen Vogt, UTB 8083, München ²1998 (= 2010).

Gibson, Jeffrey B.: The Temptations of Jesus in Early Christianity, JSNT.S 112, Sheffield 1995.

Glombitza, Otto: Der Perlenkaufmann (Eine exegetische Studie zu Matth. XIII.45–6); in: NTS 7 (1969/61), 153–161.

Gnilka, Joachim: Das Evangelium nach Markus, 2 Bände, EKK II/1–2, Zürich u. a. / Neukirchen-Vluyn 1978/⁵1999.

Grelot, Pierre: Le père et ses deux fils: Luc, XV, 11–32. Essai d'analyse structurale; in: RB 84 (1977), 321–348.

Greeven, Heinrich / Güting, Eberhard: Textkritik des Markusevangeliums, Theologie. Forschung und Wissenschaft 11, Münster 2005.

Gülich, Elisabeth / Raible, Wolfgang: Überlegungen zu einer makrostrukturellen Textanalyse. J. Thurber, *The Lover and his Lass*; in: Elisabeth Gülich / Klaus Heger / Wolfgang Raible: Linguistische Textanalyse. Überlegungen zur Gliederung von Texten, Papiere zur Textlinguistik 8, Hamburg 1974, 73–126.

Haacker, Klaus: Dibelius und Cornelius. Ein Beispiel formgeschichtlicher Überlieferungskritik; in: BZ NF 24 (1980), 234–251.

Haenchen, Ernst: Die Apostelgeschichte, KEK III, Göttingen ¹³1961.

Hamilton, Neill Q.: Resurrection Tradition and the Composition of Mark; in: JBL 84 (1965), 415–421.

Harnisch, Wolfgang: Die Gleichniserzählungen Jesu. Eine hermeneutische Einführung, UTB 1343, Göttingen 1985.

Hatina, Thomas R.: In Search of a Context. The Function of Scripture in Mark's Narrative, JSNT.S 232, Sheffield 2002.

Hedrick, Charles W.: The Role of »Summary Statements« in the Composition of the Gospel of Mark. A Dialog with Karl Schmidt and Norman Perrin; in: NT 26 (1984), 289–311.

Holtzmann, Heinrich J.: Evangelium, Briefe und Offenbarung des Johannes. Dritte, neubearbeitete Auflage, besorgt von Walter Bauer, HC IV, Tübingen ³1908.

Ders.: Die Synoptiker, HC I, Tübingen ³1901.

Hofius, Otfried: Die Allmacht des Sohnes Gottes und das Gebet des Glaubens; in: ZThK 101 (2004), 117–137.

Hooker, Morna D.: The Gospel according to St. Mark, BNTC, Peabody (MA) 1991.

Hurtado, Larry W.: Lord Jesus Christ. Devotion to Jesus in Earliest Christianity, Grand Rapids (MI) / Cambridge 2003.

Ders.: The Women, the Tomb, and the Climax of Mark; in: Sean Freyne / Zuleika Rodgers / Margaret Daly-Denton / Anne Fitzpatrick-McKinley (Hg.): A wandering Galilean. FS Sean Freyne, Leiden/Boston 2009, 427–450.

Ibuki, Yu: Die Wahrheit im Johannesevangelium, BBB 39, Bonn 1972.
Iersel, Bas van: Markus. Kommentar, Düsseldorf 1993.

Jeremias, Joachim: Die Gleichnisse Jesu, Göttingen ¹¹1998.
Ders.: Neutestamentliche Theologie. Erster Teil: Die Verkündigung Jesu, Gütersloh 1971 = Berlin 1973.
Jülicher, Adolf: Die Gleichnisreden Jesu, 2 Bände, Tübingen ²1910.
Jüngel, Eberhard: Paulus und Jesus. Eine Untersuchung zur Präzisierung der Frage nach dem Ursprung der Christologie, HUTh 2, Tübingen ⁷2004.

Karrer, Martin: Jesus Christus im Neuen Testament, GNT 11, Göttingen 1998.
Kazmierski, Carl R.: Jesus, the Son of God. A Study of the Markan Tradition and its Redaction by the Evangelist, fzb 33, Würzburg 1979.
Keck, Leander E.: Mark 3_{7-12} and Mark's Christology; in: JBL 84 (1965), 341–358.
Kelber, Werner H.: The Kingdom in Mark. A New Place and a New Time, Philadelphia (PA) 1974.
Kemper, Friedmar: Zur literarischen Gestalt des Johannesevangeliums; in: ThZ 43 (1987), 247–264.
Kim, Tae Hun: The Anarthrous υἰὸς θεοῦ in Mark 15,39 and the Roman Imperial Cult, Bib. 79 (1998), 221–241.
Klauck, Hans-Josef: Vorspiel im Himmel? Erzähltechnik und Theologie im Markusprolog, BThSt 32, Neukirchen-Vluyn 1997.
Klein, Hans: Das Lukasevangelium, KEK I/3, Göttingen 2006.
Kliesch, Klaus: Die Apostelgeschichte, SKK 5, Stuttgart 1991.
Koch, Dietrich-Alex: Inhaltliche Gliederung und geographischer Aufriss im Markusevangelium; in: NTS 29 (1983), 145–166.
Kowalski, Beate: Die Hirtenrede (Joh 10,1–18) im Kontext des Johannesevangeliums, SBB 31, Stuttgart 1996.

Lang, Friedrich G.: Kompositionsanalyse des Markusevangeliums; in: ZThK 74 (1977), 1–24.
Larsen, Kevin W.: The Structure of Mark's Gospel: Current Proposals; in: CBR 3 (2004), 140–160.
Lehnert, Volker A.: Die Provokation Israels. Die paradoxe Funktion von Jes 6,9–10 bei Markus und Lukas. Ein textpragmatischer Versuch im Kontext gegenwärtiger Rezeptionsästhetik und Lesetheorie, NTDH 25, Neukirchen-Vluyn 1999.
Linnemann, Eta: Gleichnisse Jesu, Göttingen ⁴1966.
Lohfink, Gerhard: Wie hat Jesus Gemeinde gewollt?, Freiburg 1982.
Lohmeyer, Ernst: Das Evangelium nach Markus, KEK I/2, Göttingen ²1951 (Nachdruck ⁵1957).
Lohse, Eduard: Art. »υἰὸς Δαυίδ«; in: ThWNT VIII (1969), 482–492.
Lührmann, Dieter: Das Markusevangelium, HNT 3, Tübingen 1987.
Luz, Ulrich: Das Evangelium nach Matthäus. 2. Teilband: Mt 8–17, EKK I/2, Zürich und Braunschweig / Neukirchen-Vluyn 1990.

Marcus, Joel: The Way of the Lord. Christological Exegesis of the Old Testament in the Gospel of Mark, Edinburgh 1993.

Meiser, Martin: Die Reaktion des Volkes auf Jesus. Eine redaktionskritische Untersuchung zu den synoptischen Evangelien, BZNW 96, Berlin / New York 1998.

Menken, Maarten J.J.: Die Feste im Johannesevangelium; in: Michael Labahn / Klaus Scholtissek / Angelika Strotmann (Hg.): Israel und seine Heilstraditionen im Johannesevangelium. FS Johannes Beutler SJ, Paderborn 2004, 269–286.

Merklein, Helmut: Die Jesusgeschichte – synoptisch gelesen, SBS 156, Stuttgart 1994.

Mlakuzhyil, George: The Christocentric Literary Structure of the Fourth Gospel, AnBib 117, Rom 1987.

Moloney, Francis J.: Literary Strategies in the Markan Passion Narrative (Mark 14,1–15,47); in: SNTU 28 (2003), 5–26.

Myers, Ched: Binding the Strong Man: A Political Reading of Mark's Story of Jesus, Maryknoll (NY) [2]1990.

Niebuhr, Karl-Wilhelm: Kommunikationsebenen im Gleichnis vom verlorenen Sohn; in: ThLZ 116 (1991), 481–494.

Öhler, Markus: Elia im Neuen Testament. Untersuchungen zur Bedeutung des alttestamentlichen Propheten im frühen Christentum, BZNW 88, Berlin / New York 1997.

Osborne, Thomas P.: Die lebendigste Jesuserzählung. Das Lukasevangelium, Stuttgart 2009.

Patte, Daniel: Structural Analysis of the Parable of the Prodigal Son: Toward a Method; in: Ders. (Hg.): Semiology and Parables: Explorations of the Possibilities Offered by Structuralism for Exegesis, Pittsburgh (PA) 1976, 71–149.

Peace, Richard: Conversation in the New Testament. Paul and the Twelve, Grand Rapids (MI) 1999.

Pearson, Brook W. R.: New Testament Literary Criticism; in: Stanley E. Porter (Hg.): Handbook to Exegesis of the New Testament, NTTS 25, Leiden u. a. 1997, 241–266.

Pesch, Rudolf: Zur Exegese Gottes durch Jesus von Nazaret. Eine Auslegung des Gleichnisses vom Vater und den beiden Söhnen (Lk 15,11–32); in: Bernhard Casper (Hg.): Jesus. Ort der Erfahrung Gottes, FS Bernhard Welte, Freiburg/Basel/Wien [2]1977, 140–189.

Ders.: Art. »Πέτρος«; in: EWNT III ([2]1992), 193–201.

Petersen, Norman R.: Die Zeitebenen im markinischen Erzählwerk. Vorgestellte und dargestellte Zeit; in: Ferdinand Hahn (Hg.): Der Erzähler des Evangeliums. Methodische Neuansätze in der Markusforschung, SBS 118/119, Stuttgart 1985, 93–135.

Petersen, Silke: Brot, Licht und Weinstock. Intertextuelle Analysen johanneischer Ich-bin-Worte, NT.S 127, Leiden u. a. 2008.

Plümacher, Eckhard: Die Apostelgeschichte als historische Monographie; in: Ders.: Geschichte und Geschichten, WUNT 170, Tübingen 2004, 1–14.

Pöhlmann, Wolfgang: Der verlorene Sohn und das Haus. Studien zu Lukas 15,11–32 im Horizont der antiken Lehre von Haus, Erziehung und Ackerbau, WUNT 68, Tübingen 1993.

Pokorný, Petr: Das Markusevangelium. Literarische und theologische Einleitung mit Forschungsbericht; in: ANRW II 25,3 (1985), 1969–2035.

Porter, Stanley E.: Handbook to Exegesis of the New Testament, NTTS 25, Leiden u. a. 1997.

Powell, Mark A.: What is Narrative Criticism?, Guides to Biblical Scholarship. New Testament Guides, Minneapolis (MN) 1990.

Radl, Walter: Art. »σῴζω«; in: EWNT III ([2]1992), 765–770.

Du Rand, Jan A.: A Syntactical and Narratological Reading of John 10 in Coherence with Chapter 9; in: Johannes Beutler / Robert T. Fortna (Hg.): The Shepherd Discourse of John 10 and its Context. Studies by Members of the Johannine Writings Seminar, MSSNTS 67, Cambridge 1991, 94–115.

Rau, Eckhard: Reden in Vollmacht. Hintergrund, Form und Anliegen der Gleichnisse Jesu, FRLANT 149, Göttingen 1990.

Rau, Gottfried: Das Markusevangelium. Komposition und Intention der ersten Darstellung christlicher Mission; in: ANRW II 25,3 (1985), 2036–2257.

Reed, Jeffrey T.: Discourse Analysis; in: Stanley E. Porter (Hg.): Handbook to Exegesis of the New Testament, NTTS 25, Leiden u. a. 1997, 189–217.

Rengstorf, Karl Heinrich: Die Re-Investitur des Verlorenen Sohnes in der Gleichniserzählung Jesu Luk. 15, 11–32, Wiesbaden (ursprünglich: Köln/Opladen) 1967.

Rhoads, David / Dewey, Joanna / Michie, Donald: Mark as Story: An Introduction to the Narrative of a Gospel, Minneapolis (MN) ³2012.

Ricœur, Paul: Poetik und Symbolik – Erfahrung, die zur Sprache kommt; in: F. Jaeger/B. Liebsch (Hg.), Handbuch der Kulturwissenschaften I: Grundlagen und Schlüsselbegriffe, Stuttgart/Weimar 2004, 93–105.

Roloff, Jürgen: Die Apostelgeschichte, NTD 5, Berlin 1988 = Göttingen 1981.

Ders.: Einführung in das Neue Testament, RUB 9413, Stuttgart 1995.

Schenke, Ludger: JohannesKommentar, Düsseldorf 1998 (durchgesehene elektronische Auflage Mainz 2014).

Ders.: Das Markusevangelium. Literarische Eigenart – Text und Kommentierung, Stuttgart 2005.

Ders.: Joh 7–10. Eine dramatische Szene; in: ZNW 80 (1989), 172–192.

Schille, Gottfried: Die Apostelgeschichte des Lukas, ThHK 5, Berlin 1983.

Schleiermacher, Friedrich Daniel Ernst: Hermeneutik und Kritik. Mit einem Anhang sprachphilosophischer Texte Schleiermachers, hg. und eingeleitet v. Manfred Frank, stw 211, Frankfurt a. M. 1977.

Schleritt, Frank: Der vorjohanneische Passionsbericht. Eine historisch-kritische und theologische Untersuchung zu Joh 2,13–22; 11,47–14,31 und 18,1–20,29, BZNW 154, Berlin / New York 2007.

Schmithals, Walter: Die Apostelgeschichte des Lukas, ZBK NT 3/2, Zürich 1982.

Schnackenburg, Rudolf: Das Johannesevangelium. Zweiter Teil: Kommentar zu Kap. 5–12, HThK IV/2, Freiburg 1971.

Schneider, Gerhard: Die Petrusrede vor Kornelius. Das Verhältnis von Tradition und Komposition in Apg 10,34–43; in: Ders.: Lukas, Theologe der Heilsgeschichte. Aufsätze zum lukanischen Doppelwerk, BBB 59, Königstein/Bonn 1985, 253–279.

Schnelle, Udo: Das Evangelium nach Johannes, ThHK NT 4, Leipzig ³2004.

Schnider, Franz: Die verlorenen Söhne. Strukturanalytische und historisch-kritische Untersuchungen zu Lk 15, OBO 17, Fribourg/Göttingen 1977.

Schürer, Emil: The History of the Jewish People in the Age of Jesus Christ (175 B. C. – A. D. 135). A New English Version, revised and edited by Geza Vermes / Fergus Millar / Matthew Black, Volume II, Edinburgh 1979.

Schulz, Siegfried: Das Evangelium nach Johannes, NTD 4, Göttingen ⁵1987.

Schunack, Gerd: Neuere literaturkritische Interpretationsverfahren in der anglo-amerikanischen Exegese; in: VuF 41 (1996), 28–55.

Schweizer, Eduard: Das Evangelium nach Markus, NTD 1, Göttingen ⁵1978.

Ders.: Das Evangelium nach Matthäus, NTD 2, Göttingen ²1976.

Scott, Bernard B.: The Prodigal Son: A Structuralist Interpretation; in: Semeia 9 (1977), 45–73.

Seidl, Theodor: Art. »Erzählung II. (Biblisch)«; in: RGG 2 (⁴1999), 1500 f.

Sellew, Philip: Interior Monologue as a Narrative Device in the Parables of Luke; in: JBL 111 (1992), 239–253.

Shiner, Whitney: Memory Technology and the Composition of Mark; in: Richard A. Horsley / Jonathan A. Draper / John M. Foley (Hg.): Performing the Gospel. Orality, Memory, and Mark. FS Werner Kelber, Minneapolis (MN) 2011 (Nachdruck), 147–165.232–234.

Siegert, Folker: Das Evangelium des Johannes in seiner ursprünglichen Gestalt. Wiederherstellung und Kommentar, SIJD 7, Göttingen 2008.

Sitanggang, Asigor P.: Passivum Divinum in the Gospel of Mark. Jesus' indirect Reference to God's Presence and Action, Diss. theol. Göttingen 2015.

Söding, Thomas: Glaube bei Markus. Glaube an das Evangelium, Gebetsglaube und Wunderglaube im Kontext der markinischen Basileiatheologie und Christologie, SBB 12, Stuttgart ²1987.

Ders.: Wissenschaftliche und kirchliche Schriftauslegung. Hermeneutische Überlegungen zur Verbindlichkeit der Heiligen Schrift; in: Wolfhart Pannenberg / Theodor Schneider (Hg.): Verbindliches Zeugnis II. Schriftauslegung – Lehramt – Rezeption, Dialog der Kirchen 9, Freiburg/Göttingen 1995, 72–121.

Ders.: Wege der Schriftauslegung. Methodenbuch zum Neuen Testament unter Mitarbeit von Christian Münch, Freiburg u. a. 1998.

Spaulding, Mary B.: Commemorative Identities: Jewish Social Memory and the Johannine Feast of Booths, LNTS 396, London 2009.

Stamps, Dennis L.: Rhetorical and Narratological Criticism; in: Stanley E. Porter (Hg.): Handbook to Exegesis of the New Testament, NTTS 25, Leiden u. a. 1997, 219–239.

Stein, Stephan: Textgliederung. Einheitenbildung im geschriebenen und gesprochenen Deutsch: Theorie und Empirie, Studia Linguistica Germanica 69, Berlin / New York 2003.

Stenger, Werner: »Die Grundlegung des Evangeliums von Jesus Christus«. Zur kompositionellen Struktur des Markusevangeliums; in: Ders.: Strukturale Beobachtungen zum Neuen Testament, NTTS 12, Leiden u. a. 1990, 1–38.

Ders.: Biblische Methodenlehre, Düsseldorf 1987.

Stewart, Eric C.: Gathered around Jesus. An Alternative Spatial Practice in the Gospel of Mark, MATRIX: The Bible in Mediterranean Context, Eugene (OR) 2009.

Stibbe, Mark W. G.: John as storyteller. Narrative criticism and the fourth gospel, MSSNTS 73, Cambridge 1992.

Stock, Alex: Das Gleichnis vom verlorenen Sohn. Strukturale Textanalyse im Problemzusammenhang der Pragmatik ethischer Rede; in: Franz Kamphaus / Rolf Zerfass (Hg.): Ethische Predigt und Alltagsverhalten, München 1977, 79–87.

Ders.: Textentfaltungen. Semiotische Experimente mit einer biblischen Geschichte, Düsseldorf 1978.

Strange, James F.: Art. »Beth-Saida«; in: ABD I (1992), 692 f.

Tannehill, Robert C.: Die Jünger im Markusevangelium – die Funktion einer Erzählfigur; in: Ferdinand Hahn (Hg.): Der Erzähler des Evangeliums. Methodische Neuansätze in der Markusforschung, SBS 118/119, Stuttgart 1985, 37–66.

Ders.: The Narrative Unity of Luke-Acts. A Literary Interpretation II: The Acts of the Apostles, Minneapolis (MN) 1990.

Taylor, Vincent: The Gospel according to St. Mark, London ²1972.

Telford, William R.: Mark, New Testament Guides, Sheffield 1995.

Theißen, Gerd: Lokalkolorit und Zeitgeschichte in den Evangelien. Ein Beitrag zur Geschichte der synoptischen Tradition, NTOA 8, Fribourg/Göttingen ²1992.

Ders. / Merz, Annette: Der historische Jesus. Ein Lehrbuch, Göttingen ³2001.

Theobald, Michael: Das Evangelium nach Johannes. Kapitel 1–12, RNT, Regensburg 2009.

Ders.: Der Primat der Synchronie vor der Diachronie als Grundaxiom der Literarkritik. Methodische Erwägungen an Hand von Mk 2,13–17 / Mt 9,9–13; in: BZ NF 22 (1978), 161–186.

Thyen, Hartwig: Das Johannesevangelium, HNT 6, Tübingen 2005.

Tuente, Rudolf: Art. »δοῦλος«; in: TBLNT III (³1972), 1141–1145.

Vielhauer, Philipp: Erwägungen zur Christologie des Markusevangeliums; in: Ders.: Aufsätze zum Neuen Testament, ThB 31, München 1965, 199–214.

Ders.: Geschichte der urchristlichen Literatur. Einleitung in das Neue Testament, die Apokryphen und die Apostolischen Väter, Berlin / New York 1975.

Vorster, Willem S.: Markus – Sammler, Redaktor, Autor oder Erzähler?; in: Ferdinand Hahn (Hg.): Der Erzähler des Evangeliums. Methodische Neuansätze in der Markusforschung, SBS 118/119, Stuttgart 1985, 11–36.

Weber, Reinhard: Christologie und »Messiasgeheimnis«: ihr Zusammenhang und Stellenwert in den Darstellungsintentionen des Markus; in: EvTh 43 (1983), 108–125.

Weder, Hans: Die Gleichnisse Jesu als Metaphern. Traditions- und redaktionsgeschichtliche Analysen und Interpretationen, FRLANT 120, Göttingen ³1984.

Weiser, Alfons: Die Apostelgeschichte. Kapitel 1–12, ÖTK 5/1, Gütersloh/Würzburg 1981.

Weiß, Bernhard: Evangelium des Markus; in: Ders. / Johannes Weiß: Die Evangelien des Markus und Lukas, KEK I/2, Göttingen ⁸1892, 1–270.

Ders.: Das Johannes-Evangelium, KEK II, Göttingen ⁹1902.

Wengst, Klaus: Das Johannesevangelium. 1. Teilband: Kapitel 1–10, ThKNT 4/1, Stuttgart u. a. 2000.

Wilckens, Ulrich: Das Evangelium nach Johannes, NTD 4, Göttingen ²2000.

Wilk, Florian: »Gut hat er alles gemacht!« Zur Exegese von Mk 7,31–37; in: Hans-Helmar Auel (Hg.): Jesus der Messias. Gottesdienste zur Messiasfrage, Dienst am Wort 134, Göttingen 2011, 151–162.

Ders.: Jesus und die Völker in der Sicht der Synoptiker, BZNW 109, Berlin / New York 2002.

Ders.: Apg 10,1–11,18 im Licht der lukanischen Erzählung vom Wirken Jesu; in: Jos Verheyden (Hg.): The Unity of Luke-Acts, BEThL 142, Leuven 1999, 605–617.

Ders.: Alles neu!? Schriftgebrauch und Christusglaube im Neuen Testament; in: Peter Gemeinhardt (Hg.): Zwischen Exegese und religiöser Praxis. Heilige Texte von der Spätantike bis zum klassischen Islam, Tübingen 2016 [im Druck].

Ders.: Ein für alle Mal!? Zur Verbindlichkeit der Ehe im Neuen Testament; in: LVK-Forum 2/2007, 34–44.

Ders.: Wer bereitet wem den Weg? Überlegungen eines Neutestamentlers zum Verhältnis zwischen Septuaginta und Neuem Testament anhand von Mk 1,2 f.; in: Reinhard G. Kratz / Bernhard Neuschäfer (Hg.): Die Göttinger Septuaginta. Ein editorisches Jahrhundertprojekt. Abhandlungen der Akademie der Wissenschaften zu Göttingen, Neue Folge 22, Berlin/Boston 2013, 185–223.

Witherington, Ben: The Gospel of Mark. A Socio-Rhetorical Commentary, Grand Rapids (MI) 2001.

Wolter, Michael: Das Lukasevangelium, HNT 5, Tübingen 2008.

Zumstein, Jean: Narrative Analyse und neutestamentliche Exegese in der frankophonen Welt; in: VuF 41 (1996), 3–27.

Autorenregister

Stellenregister

Apostelgeschichte

1,5	71
6,2f.	136
9,43	60
10,1–11,18	59f., 63, 70, 72–76, 140–145
10,1–48	63, 66, 68, 73, 76, 140f.
10,1–23	74, 76, 140, 145
10,1–8	63, 74, 76, 140
10,1f.	61, 63f., 67, 69, 72–74, 76, 140
10,1	59f.
10,2f.	62f.
10,2	60, 65, 67f.
10,3–48	61
10,3–33	71
10,3–22	70f.
10,3–8	61, 63f., 72, 76
10,3–6	63, 67, 70, 74, 76
10,3f.	67
10,3	60, 67, 72
10,4f.	61
10,4	62, 65
10,5f.	59, 62, 68
10,5	67f., 70
10,6f.	63
10,7–9	62
10,7f.	60, 63, 67, 76
10,7	62, 67
10,8f.	63
10,9–23	61, 63, 74, 76
10,9–16	63f., 72, 74, 76
10,9f.	63, 76
10,9	60, 65, 67f., 73
10,10–16	62f., 65, 70, 76
10,10–12	63
10,10	60, 63, 68, 73
10,11	72
10,12f.	63
10,13–16	63, 68
10,13–15	65, 70
10,13	60, 62, 66
10,15f.	66
10,16f.	62f.
10,16	62f.
10,17–23	63f., 72–74, 76, 143
10,17–22	67
10,17f.	63, 67f., 76
10,17	59f., 65, 67, 73
10,18f.	63
10,18	68

10,19–23	63, 76
10,19f.	62, 66–70, 72
10,19	60, 65
10,20	65
10,21f.	70
10,21	67
10,22f.	73
10,22	64, 66–69, 71, 73f.
10,23f.	62f.
10,23	60f., 63, 66–68, 74, 76
10,24–48	61, 63, 69, 74, 76
10,24–33	63f., 72
10,24–27	66
10,24f.	63
10,24	60, 63, 67f., 73f., 76
10,25–33	63, 145
10,25–27	69, 71, 74, 76
10,25f.	63
10,25	62, 67f.
10,26f.	63
10,26	67, 70
10,27–44	76
10,27–33	63, 74, 76
10,27	62, 67, 72
10,28–43	70
10,28–33	62, 66f., 70f., 74
10,28f.	62, 67, 70
10,28	65f., 70f.
10,29	64
10,30–33	62, 67f., 70
10,30–32	66
10,30	65, 67
10,31f.	70f.
10,31	65, 67
10,32	59, 68
10,33f.	62f.
10,33	64, 67–69
10,34–44	69
10,34–43	63f., 70, 72, 74, 76, 141
10,34–36	65–67
10,34	59, 68, 73
10,35f.	69
10,35	75
10,36	61, 67, 75
10,37–42	72
10,37–41	67
10,37	67
10,39	68
10,41f.	68
10,42f.	67
10,42	64, 66f., 69, 75

Segen

Herausgegeben von Martin Leuenberger

Das Thema Segen stößt hierzulande in jüngster Zeit wieder vermehrt auf lebhaftes Interesse. Als Abbreviatur für ein gelingendes Leben nimmt es vielgestaltige Phänomene in den Blick, die sich als Variationen eines Grundthemas der Kulturen, Religionen und Theologien präsentieren: Segen wünscht und erstrebt man für sich selbst und andere nach Kräften, ohne ihn freilich je ganz in der eigenen Hand zu haben.

Der vorliegende Band geht unterschiedlichen Segensvorstellungen in religionswissenschaftlicher, biblisch-historischer, judaistischer, kirchengeschichtlicher sowie systematisch- und praktisch-theologischer Perspektive nach. So bietet er einen interdisziplinären Einblick in den gegenwärtigen Forschungsstand, der Theologie, Kirche und Gesellschaft zur Beschäftigung mit dem lebensweltlich ebenso grundlegenden wie attraktiven Thema einladen will.

Mit Beiträgen von:
David Hamidović, Martin Leuenberger, Karl-Heinrich Ostmeyer, Hartmut Rosenau, Christopher Spehr, Ulrike Wagner-Rau

Eine ausführliche Inhaltsübersicht finden Sie auf *www.mohr.de*.

»Sehr lesenswert!«
Manuel Uder in *Gottesdienst* (2016), Heft 5, S. 41

»Eine sehr gelungene Orientierung auf dem aktuellen Forschungsstand!«
Martin Schreiner in *Theo-Web. Zeitschrift für Religionspädagogik* 14 (2015), S. 336–337

»Das Buch gibt einen sehr schönen Überblick.«
Ludger Schwienhorst-Schönberger in *Christ in der Gegenwart* 67 (2015), S. 467

2015. IX, 239 Seiten
(utb / Themen der Theologie 4429/10).
ISBN 978-3-8252–4429-3
Broschur

Mohr Siebeck
Tübingen
info@mohr.de
www.mohr.de

Schriftauslegung
Herausgegeben von Friederike Nüssel

Als Zeugnis von Gottes Heilshandeln mit dem Menschen gilt die Bibel den christlichen Kirchen und Gemeinschaften als zentrale Quelle für alle Fragen des Glaubens, der Lebensführung und Gottesdienstpraxis. Um solche Fragen verbindlichen Antworten zuzuführen, wurden analog zum Judentum auch im Christentum frühzeitig Methoden der Schriftauslegung entwickelt. Die Aufgabe einer methodisch kontrollierten Auslegung der Schrift in sich wandelnden geschichtlichen Kontexten führte schließlich zur Ausdifferenzierung der theologischen Disziplinen. Die Beiträge des Bandes führen in die Grundfragen und aktuellen Herausforderungen der Schriftauslegung ein. Die Autoren zeigen zum einen, wie die theologischen Disziplinen in Bezug auf die komplexe Aufgabe der Schriftauslegung ineinandergreifen, und machen zum anderen deutlich, warum eine wissenschaftlich fundierte Auslegung der Schrift für das Christentum unabdingbar ist.

»Der Herausgeberin ist ein kluges Buch gelungen, das wichtige Denkanstöße für zukünftige Diskussionen enthält.«
Dirk Fleischer in *Das historisch-politische Buch* 63 (2015), S. 423–424

»Fazit: Der Bologna-Prozess hat in den vergangenen Jahren Autoren von Studienfachbüchern zunehmend vor die Herausforderung gestellt, komplexe Sachverhalte didaktisch kompetent und in überschaubaren Formaten zu vermitteln und gleichzeitig dem verstärkten Bedürfnis nach theologischer Interdisziplinarität (Modularisierung) Rechnung zu tragen. All dies ist der Herausgeberin des vorliegenden Bandes und ihren Autoren aus Sicht des Rez. hervorragend gelungen!«
Eckart David Schmidt
Studien zum Neuen Testament und seiner Umwelt 39 (2014), S. 247–252

2014. IX, 270 Seiten
(utb / Themen der Theologie 3991/8).
ISBN 978-3-8252-3991-6
Broschur

Mohr Siebeck
Tübingen
info@mohr.de
www.mohr.de

Dietrich Korsch
Antwort auf Grundfragen christlichen Glaubens
Dogmatik als integrative Disziplin

Die wissenschaftliche Theologie im Protestantismus steht vor der Aufgabe, den Kontakt zur gelebten Frömmigkeit nicht zu verlieren. Dafür muss sie in die Lage versetzen, scheinbar einfach klingende religiöse Fragen, die dem Alltagsbewusstsein entstammen, die aber eine Fülle von Vorannahmen und Implikationen in sich tragen, konzentriert zu beantworten. Diese Kompetenz möchte Dietrich Korsch stärken. Er richtet sich damit an Studierende der Theologie, die auf das Examen zugehen und sich um Integration der Fächer bemühen, an Vikarinnen und Vikare mit den für sie neuen Erfahrungen in der Gemeinde sowie wie an Theologinnen und Theologen in Kirche und Schule, denen solche Fragen in der religiösen Praxis allenthalben begegnen. Auch für die Vorbereitung von Seminaren in Kirchengemeinden und Akademien ist dieser Band geeignet.

2016. XII, 271 Seiten (utb 4560).
ISBN 978-3-8252–4560-3
Broschur

Mohr Siebeck
Tübingen
info@mohr.de
www.mohr.de

Jesus Christus

Herausgegeben von Jens Schröter

Die Beiträge des Bandes behandeln in verständlicher Form Person und Wirken Jesu aus der Sicht der verschiedenen theologischen Disziplinen. Die großen Schriftencorpora des Alten Testaments werden als Deutungsraum des Wirkens Jesu in den Blick genommen, es wird nach dem Verhältnis von Wirken Jesu und Entstehung der Christologie gefragt, es werden Linien der von ihm ausgegangenen Wirkungen durch die Kirchengeschichte gezogen. Aus systematisch-theologischer Perspektive erörtern die Autoren die durch Jesus Christus eröffnete neue Gottesbeziehung, aus praktisch-theologischer Sicht fragen sie nach Formen der Aneignung der Person Jesu im Lichte des christlichen Glaubens. Der religionswissenschaftliche Beitrag beleuchtet Zugänge zu Jesus in anderen Religionen. Die Person Jesu Christi als Zentrum des christlichen Glaubens wird so im vorliegenden Band auf der Höhe des aktuellen Forschungsstandes und in auch für Nicht-Theologen zugänglicher Weise in eine umfassende theologische Perspektive gerückt.

»Es handelt sich um ein wichtiges Buch, weil es ein Plädoyer für mehr Selbstvergewisserung der theologischen Disziplinen ist und – mehr noch – eine leidenschaftliche Ermutigung zu größerer christologischer Tiefenschärfe in allen Bereichen der christlichen Theologie.«
Robert Vorholt in *Theologische Revue* 112 (2016), S. 32–33

»Es handelt sich bei dem neuen TdT-Band um eine Sammlung hochinformativer und dicht geschriebener Essays […].«
Eckart David Schmidt in *Theologische Literaturzeitung* 140 (2015), S. 848–850

»Eine wichtige Neuerscheinung auf der Höhe des aktuellen Forschungsstandes!«
Martin Schreiner in *theo-web* 13 (2014), S. 342–344

2014. XI, 338 Seiten
(utb / Themen der Theologie 4213 /9).
ISBN 978-3-8252-4213-8
Broschur

Mohr Siebeck
Tübingen
info@mohr.de
www.mohr.de